高等院校人文素质教育系列教材

商务与管理沟通
(第 2 版)(微课版)

林 巍 主 编

吴 磊 于海燕 副主编
董黎晖 舒晓楠

清华大学出版社

北 京

内 容 简 介

工作中的每一个人都离不开沟通，本书旨在帮助商务和管理工作者及今后将进入职场的大学生们全面地学习和掌握工作中所需要的沟通技能和方法，具有实用性突出、体现时代特征和培养积极态度三个特点。

全书共分为 14 章，内容具体包括商务与管理沟通概论、沟通中的受众、组织沟通、有效倾听、书面沟通、口头沟通、非语言沟通、团队沟通、会议沟通、会见与面谈、谈判沟通、人际冲突处理、危机沟通和跨文化沟通。

本书适合作为经管类专业学生的专业教材，也可作为其他专业的选修教材，以及作为对沟通感兴趣的社会读者的学习用书。

图书在版编目(CIP)数据

商务与管理沟通：微课版/林巍主编. —2 版. —北京：清华大学出版社，2022.1(2025.6重印)
高等院校人文素质教育系列教材
ISBN 978-7-302-58783-5

Ⅰ. ①商… Ⅱ. ①林… Ⅲ. ①商业管理—人际关系学—高等学校—教材 Ⅳ. ①F715

中国版本图书馆 CIP 数据核字(2021)第 146410 号

责任编辑：梁媛媛
封面设计：刘孝琼
责任校对：周剑云
责任印制：沈 露

出版发行：清华大学出版社
    网 址：https://www.tup.com.cn, https://www.wqxuetang.com
    地 址：北京清华大学学研大厦 A 座   邮 编：100084
    社 总 机：010-83470000   邮 购：010-62786544
    投稿与读者服务：010-62776969, c-service@tup.tsinghua.edu.cn
    质量反馈：010-62772015, zhiliang@tup.tsinghua.edu.cn
    课件下载：https://www.tup.com.cn, 010-62791865
印 装 者：三河市铭诚印务有限公司
经 销：全国新华书店
开 本：185mm×260mm   印 张：15   字 数：360 千字
版 次：2010 年 11 月第 1 版 2022 年 1 月第 2 版 印 次：2025 年 6 月第 3 次印刷
定 价：49.00 元

产品编号：091161-01

近年来，每当与政府和企业领导谈起对大学毕业生培养的规格要求时，他们说得最多的是：现在的大学生综合素质不够强，做人做事的能力不足。当请他们给出一个做人做事的"标杆"时，他们不约而同地说："对于商科类专业的毕业生而言，符合社会和企业需要的'标杆'是：一个认真能干的秘书或助理。"

我们用 QFD(质量功能开发)思路仔细分析、推敲并设计工商管理类专业学生培养体系时，发现"能干"的秘书和助理应具备的素质和技能中，热情、礼貌和公平地待人接物、尊重人、倾听、陈述、写作等，正是 MBA 的"开门课程"——"管理沟通"所主要涉及的。于是在 2007 年，温州商学院开始将这门课作为工商管理类专业学生必修课、其他专业学生选修课。开课十多年以来，学院里已有近万名学生学习了这门课程，其中绝大部分的学生是主动选修的。学生对这门课程的喜爱以及他们学习课程之后的变化和成长，成为我们倾力建设这门课程的强大动力。

为了给学生提供内容更加丰富、学习方式更加活泼、技能方法描述更加简洁而实用的教材，在经过多年的教学，材料和经验都有所积累的情况下，2010 年我们编写出版了《商务与管理沟通》。2020 年，原来的编写团队对第 1 版教材进行了修订，补充和修改了部分内容。本书保持了原先的架构：前 7 章主要介绍一般的沟通技能，后 7 章则介绍常见商务和管理情境中的沟通技能和策略。

在本书的修订过程中，我们依然保持了第 1 版的特色：

(1) 广泛适用性。工作中的每一个人都离不开沟通，因此本书取名叫《商务与管理沟通》，它适合作为经管类专业学生的专业教材，也可作为其他专业的选修教材，以及对沟通感兴趣的社会读者的学习用书。

(2) 实用性。本课程的开设注重结合社会和企业实际的案例分析、技能实训和课后练习，提倡学以致用。因此，每一章都有引导案例，教学内容中也援引较多实例，并安排有练习项目、实训项目和案例分析等。

(3) 培养态度。本课程的教学内容、实训和练习都强调体现诚恳做人、认真做事的理念，要求学生从经常的团队沟通做起，培养热情真诚待人、认真细致做事的态度。

本书由主讲这门课的教师共同编写，林巍担任主编，吴磊、于海燕、董黎晖、舒晓楠担任副主编。其中，第 1 章、第 3 章和第 13 章由林巍编写，第 2 章和第 14 章由舒晓楠编写，第 4 章、第 8 章和第 9 章由吴磊编写，第 5 章、第 6 章和第 12 章由董黎晖编写，第 7 章、第 10 章和第 11 章由于海燕编写。林巍负责全书的统稿工作。

本书备有演示幻灯片(PPT)，各章均录制了一些短视频微课，供有需要的教师、学生和读者参考使用。

由于编者水平有限，而且时间仓促，书中难免还有疏漏和不足之处，欢迎广大读者批评指正。若读者在使用本书的过程中需要帮助，我们将非常乐意提供。

编 者

目　　录

第1章 商务与管理沟通概论

【学习目标】

- 理解沟通对于管理者和职业者的重要性。
- 理解沟通的定义与内涵。
- 了解沟通的分类。
- 掌握沟通过程的模型。
- 了解沟通的要素和障碍。
- 学习运用有效沟通的一般策略。
- 了解影响商务与管理沟通的社会经济变化趋势。

来自火星探测器的启示

商务沟通难题堪称无所不在，即便在浩瀚的太空也难以避免。1999 年 9 月 23 日，在火星探测器登陆火星后不久，美国宇航局的飞行任务控制中心就失去了与探测器的联系。随后的调查表明，导致火星探测器失踪的主要原因在于软件设计方面的一个小差错。

如同许多商业项目一样，火星探测器涉及众多人员，这些人员在不同的地方从事众多相关的工作。比如，那些设计发动机控制软件的程序师在英国工作，他们采用公制计量单位，而负责探测器制造的工程师则在美国工作并采用英制计量单位。双方都想当然地以为采用的是同一计量标准，结果双方都未检查，进而都未发现这一差错。由于项目失败，美国宇航局不仅损失了价值 1.25 亿美元的探测器，浪费历时数载的心血，而且还陷入了被公众质疑的窘境。

其实，这里面的沟通问题并不只限于上述双方缺乏交流。事故调查委员会发现，沟通问题贯穿于项目的全过程：项目团队之间缺乏信息交流，团队与管理层之间缺乏信息交流，甚至团队成员在重要设备与流程方面都缺乏足够的培训。这些沟通问题确实很难克服，即便到了 2007 年 1 月，美国宇航局的承包各方仍然采用不同的计量制进行交流。对于即将实施的月球探测任务，美国宇航局将更为密切地关注各项目团队间的沟通。

(资料来源：[美]基蒂·O. 洛克(Kitty O. Locker)，唐娜·S. 金茨勒(Donna S. Kienzler).
商务与管理沟通(英译本). 赵银德，等译. 北京：机械工业出版社，2008：P3.)

在职业生涯中，无论从事什么工作都会涉及沟通问题。良好的商务与管理沟通，意味着要以对同事、对合作伙伴、对客户有利的方式来共享信息。假如美国宇航局的程序师、工程师和管理人员多加沟通，探测器就不至于失踪。良好的商务与管理沟通就是要建立起能创造成功企业的关系和友谊。加入火星探测器项目的团队若进行了更为有效的沟通，他们就会了解保证其合作者取得成功所需的一切信息。

1.1　沟通的重要性

面对现代日益复杂的社会关系，每一个人都希望在良好的环境中工作，获取和谐、融洽及真诚的同事关系、上下级关系和朋友关系，每一位员工都希望自己的企业拥有良好的人际氛围，每一位组织成员都希望自己是一支上下齐心、精诚团结的团队中的一员，每一个企业都希望在客户、股东、上下游企业、社区、政府及新闻媒体中，塑造出良好的形象。上述理想的状态由一系列相关的要素所构成，其中沟通是基础。沟通虽不是万能的，但没有沟通却是万万不能的。

1.1.1　管理者的沟通角色

当代管理学界著名大师亨利·明茨伯格(Henry Mintzberg)从管理者扮演的角色入手，考察了各项管理工作。他认为管理者扮演了 10 种类型的管理角色，组织中的管理者在承担不同管理角色的时候应该意识到，每种角色对如何进行沟通都提出了不同的要求。具体如下。

(1) 挂名领袖。作为挂名领袖，管理者必须代表组织出席许多法律性和社交性等活动的仪式，可能为公司的活动、剪彩、致辞或代表公司签署法律合同文件或文本等。在承担挂名领袖的角色时，管理者成为观众瞩目的焦点，其举手投足、一言一行都代表着企业的形象，这就对管理者的口头沟通能力和非语言沟通能力提出了很高的要求。一般情况下，挂名领袖要通过微笑、颔首致意等肢体语言，以及铿锵有力的声音、言简意赅的表达来显示企业的自信和能力。

(2) 领导者。作为领导者，管理者主要负责激励和动员下属，负责人员配备、培训和交往，统筹所有下属参与的活动。这个角色也要求管理者擅长面谈等口头语言和非语言沟通形式。领导者可以通过发布书面指令等来影响和改变员工的行为，但仅有书面沟通的形式是不够的，优秀的领导者必然要通过口头和肢体语言来激励和鼓舞员工。面对面的语言沟通加上相应的肢体语言能够更快、更有效地传达管理者的意图。

(3) 联络员。部门的设立将一个整体的企业分割成若干个小组，管理者必然要承担起联络员的角色，及时向相关的部门提供各种信息，使之相互协调。同时，管理者也要维护企业发展起来的外部联络与关系网络，担当企业的公共关系负责人的重任。通常，管理者通过召开跨部门的会议来分配和协调各部门的工作，通过与外部关系人单独会面等方式来协调企业与外部环境的沟通活动。这就要求管理者必须具备优良的会议、面谈等语言和非语言沟通能力。

(4) 监听者。作为监听者，管理者寻求和获取各种特定的、即时的信息，以便比较透彻地了解外部环境和组织内部的经营管理现状，如经常阅读各种报纸杂志、政府报告、财务报表等，并与有关人员如政府官员、大客户、员工等保持私人接触。换言之，管理者充当了组织的内部、外部信息的"神经中枢"。这要求管理者具备基本书面沟通和口头沟通

的技巧，主要是理解和倾听的能力。

(5) 传播者。将与员工工作相关或有助于员工更好工作的必要、重要信息传递给有关人员，就是管理者作为传播者的职责。有些是有关事实的信息，有些则涉及对组织有影响的各种人的不同观点的解释和整合。管理者几乎可以采用所有的信息沟通形式传播信息，如面谈、电话交谈、做报告、书面报告、备忘录、书面通知等形式将相关的信息传播给有关人员。正因为这一点，管理者必须懂得如何运用多种途径，或针对信息内容选择恰当的沟通形式。

(6) 发言人。作为发言人，管理者要通过董事会、新闻发布会等形式向外界发布有关组织的计划、政策、行动、结果等信息。这要求管理者掌握和运用正式沟通的形式，包括报告等书面沟通和演讲等口头沟通形式。

(7) 企业家。作为企业家，管理者常常要充当企业变革的发起者和设计者，他们必须积极探寻组织和竞争环境中的机会，制定战略与持续改善的方案，督导决策的执行进程，不断开发新的项目。这在一定程度上要求管理者具有良好的人际沟通能力，善于通过与他人沟通来获取信息，帮助决策，同时能与他人就新思想、新发展等观点进行交流。

(8) 危机驾驭者。当组织面临或陷入重大或意外危机时，管理者负责开展危机公关，采取补救措施，并建立相应的"预警系统"，防患于未然，消除出现混乱的可能性。这包括召开处理故障和危机的战略会议，以及定期的检查会议。因此，管理者要具备娴熟的会议沟通技巧。

(9) 资源配置者。有的管理者还负责分配组织的各种资源，如时间、财力、人力、信息和物质资源等。其实就是负责所有的组织决策，包括预算编制、安排员工的工作。在执行资源分配时，管理者在很大程度上需要使用书面沟通形式，如批示、指令、授权书、委任状等。

(10) 谈判者。作为谈判者，管理者在主要的谈判中作为组织的代表参与谈判，这包括代表资方与劳方进行合同谈判，或为采购设备、购买专利、引进生产线等与供应商洽谈。这要求管理者掌握谈判的沟通技巧。

由上可见，管理者无论履行什么管理职能，或在扮演什么管理角色，都离不开管理沟通。为了提升管理效率，管理者必须不断地与公司内外的人员，如上司、同事、下属、政府官员、供应商、经销商、顾客等，进行持续而有效的沟通。

1.1.2　职业者的沟通

在工作中，人们必须依赖沟通，无论是对产品与服务的计划，职员的招聘、培训与激励，生产与交货的协调，还是说服顾客购买以及货款结算，都依赖沟通。事实上，对于众多企业及非营利政府组织而言，"产品"所指并非是那些有形的东西，而是指信息或服务。信息与服务的创造与提供是通过沟通来实现的。对任何组织而言，沟通就是要让他人理解自己的观点并借此完成任务。

沟通有多种形式，如面对面交谈、电话交流、非正式会面、展示或演讲、电子邮件往来、书信联络、备忘录、工作报告、博客、文字信息、网络等。以上所有这些沟通形式均

属语言沟通形式，即通过话语进行的沟通。此外还有非语言沟通形式，即借助于图片、计算机图表、公司标识等非语言形式进行沟通。人际间的非语言信号还包括会议的座次安排、办公室的大小以及让来访客人等待的时间长短等。

即便是刚参加工作的人员，也要与人沟通，因为需要阅读资料、接受指令、提出问题，还得与团队中的其他成员协作解决问题。制造企业的员工会对装配线或安全程序进行更新，保险公司的职员则需回复客户的来函。即便是初级职位，也要求就职者具备较高层次的分析、计算与沟通能力。因此，雇主在录用大学毕业生时，沟通能力是他们最为看重的素质之一。

经历了20世纪90年代经济的飞速发展，随着互联网的扩张商业环境更显冷静，沟通技能优势在21世纪初的今天变得尤其重要。一位保险公司的首席信息官曾说："过去，只懂技术也能取得成功；但是，这种情况已成往事。"如今，太多的人在为有限的职位竞争，事业有成的往往是那些善于与客户和同事进行有效沟通的人，这些人善于利用语言来传道授业、倡导激励并建立良好的商务关系。

美国国家写作委员会曾对120家大公司总数近800万名员工进行了调查。结果表明，近70%的被调查者承认，至少对2/3的员工职位有写作要求。最为普遍的要求是写电子邮件和借助视觉工具的展示演讲(如幻灯片)。超过半数的被调查者还列出了经常用到的其他沟通形式，如备忘录与信函(70%)、正式报告(62%)以及技术性报告(59%)等。被调查者还指出，沟通职能几乎无法进行外包。

鉴于沟通技能的极度重要性，善于沟通者往往收入更多。美国语言学家斯蒂芬·雷德(Stephen Reder)发现，在那些取得两年制和四年制学位的人中，写作能力居于前20%员工的平均收入是写作能力排在最后20%员工收入的3倍以上。一位美国的商业咨询师兼畅销书作者指出，在商界赢得名气的秘诀有3个，且这些秘诀都属于沟通技能。这些秘诀是：①写作；②发行电子杂志；③演讲。

与起草正式文件和进行正式口头演讲一样，非正式的倾听、演讲和参与团队工作也起着重要作用。作为组织的新成员，倾听他人的谈话，以便了解自己的工作职责，清楚组织的价值观，在公司内外对小组成员发言、与当地或办公室其他人建立联系、与他人共同参与工作组，这些至关重要。

随着职位的晋升，这些技能仍然十分重要。好的管理者会与其员工保持联络，他们会去餐厅听听员工们的谈话，也会与员工边喝咖啡边聊天；好的管理者会根据听众的规模大小(从一名到数百名，有时甚至达到上千名)来推敲、完善其演讲。为了使组织具有更高的工作效率、更为关注顾客的需要，这些沟通交流显得分外重要。如今，一些管理者常常受命于多位上司，如职能部门(销售或财务部门)负责人、项目负责人或顾客小组负责人。在那些国际咨询企业中，咨询顾问得同时对专业方面的主管和区域主管负责，他们的沟通不仅是多向的，而且要求跨越文化壁垒。

沟通方式选择不当会使个人和组织官司缠身，这类例子不胜枚举。信件、备忘录、电子邮件以及短消息会给公司带来法律责任。当公司被起诉时，原告律师有权调阅由该公司员工所撰写的文件，而这些文件可能被引作证据。例如，雇主在没有充分告知员工的情况

下将其解雇，或者公司明明知道存在安全缺陷却无动于衷。

即便那些并非出自作者本意的文件也可能被引作证据，这就意味着粗心的作者可能会给公司带来本不该承担的责任。例如，公司经理考虑到安全问题而拒绝孩子们参观工厂的信函，可能被员工作为赔偿诉讼的证据。谨慎的作者和演讲者会考虑到其言辞背后更广的社会环境和可能带来的影响。

1.2　沟通的含义

1.2.1　沟通的定义

现在让我们来设想一位公司经理一天的工作情形。

首先，他与约定的部门经理，或与新闻媒体的记者会谈。接着，他批阅了一些文件，然后撰写年度工作报告。或者，他浏览一份地区经理提交的关于改变某项工作流程的备忘录，于是做好心理准备，要为这件事召开一次会议，征求部下的意见，发表自己的看法。接下来，他翻阅一下报纸，看看有什么当地企业界的重大消息……

尽管这只是设想中一天的情形，但在现实生活中，每一位经理一定会遇到诸如此类的问题，上述的每一件事情都可以称为一项沟通。

让我们再来看看现实生活中人们的互不理解和抱怨。例如，父母们常常无法接受年青人的新潮观念，儿女也总是抱怨父母的固执和保守；老师责怪学生不专心学习，学生抱怨老师不理解他们；行政下级抱怨上级家长作风、刚愎自用，上级领导批评下级缺乏责任心、不安心本职工作；企业主管常常哀叹他的部属不好管理，部属们也总在背后议论主管无能、不称职；等等。何以产生如此多的不理解别人，也不被别人理解的情况呢？人们会不约而同地回答：“缺乏沟通。”

沟通是人们生活和工作中经常使用的一个词，对沟通的定义和解释，据统计有 100 种以上。

与“沟通”对应的 communication 这个词既可以译作沟通，也可以译作交流、交际、交往、通信、交通、传达、传播等。这些词在中文中的使用尽管会有些许的差异，但它们本质上都涉及信息交流或交换，其基本含义是“与他人分享共同的信息”。

从管理的角度，沟通可定义为：沟通是人们通过语言和非语言方式传递并理解信息、知识的过程，是人们了解他人思想、情感、见解和价值观的一种双向的途径。沟通是人与人之间交往的一座桥梁。通过这座桥梁，人们可以分享彼此的感情和知识，也可以消除误会，增进了解。

1.2.2　沟通的内涵

第一，沟通是意义上的传递。如果信息和想法没有被传递到位，则意味着沟通没有发生。

第二，要使沟通成功，意义不仅需要被传递，还需要被理解。完美的沟通，应是经过

传递后被接收者感知到的信息与发送者发出的信息完全一致。事实上，一个观念或一项信息并不能像有形物品一样由发送者传送给接收者。在沟通过程中，所有传递于沟通者之间的，只是一些符号，而不是信息本身。语言、身体动作、表情等都是一种符号。传送者把要传送的信息"翻译"成符号，而接收者则要进行相反的"翻译"过程。由于每个人的"信息—符号储存系统"各不相同，对于同一符号常存在着不同的理解。

第三，沟通是人和人之间进行信息传递的过程，在这个过程中，信息发出者和信息接收者都是沟通的主体，信息发出者同时也是信息产生的源泉。信息可以语气、文字或其他表达形式为媒介，沟通的内容除了信息传递外，也包括情感、思想和观点的交流。

第四，在沟通过程中，心理因素无论是对信息发出者还是对信息接收者都会产生重要影响，因此，沟通的动机与目的也直接影响着信息发出者与接收者的行为方式。沟通过程可能是顺畅的，也可能会出现障碍。影响沟通效果的这些障碍既可能产生于心理，也可能源于不良的沟通环境。

沟通涵盖以下五个方面：想说的、实际说的、听到的、理解的、反馈的，具体如图 1-1 所示。

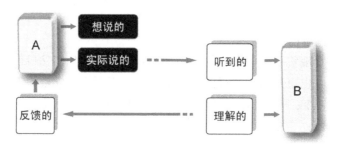

图 1-1　沟通的内涵

该模型中的 A 和 B 分别表示信息的发送者和接收者，而"说"和"听"具有宽泛的含义，分别指"说、做或传递的"，以及"听到、看到或接收到的"。

理想的情况是，听众所反馈的其对信息的理解恰好是信息发出者的初衷或所期望的，但现实往往会令人啼笑皆非。例如，在某高校召开的校长述职大会上，当校长们发言完毕，进入大会的第二项议题时，主持人以洪亮的声音说道："接下来我们进入第二项议题，请各位校长下台就座。"话音刚落，会场一片哗然。可以看到，沟通并不像想象的那样轻而易举，相反，它是一门技巧性很强的学问。

1.3　沟通的分类

1.3.1　沟通信息的分类

沟通的信息是包罗万象的。在沟通中，我们不仅传递消息，而且还表达赞赏、不快之情，或提出自己的意见观点。这样沟通信息就可分为：事实、情感、价值观、意见和观点。

根据沟通时信息所涉及的人的情感、态度、价值观领域的程度深浅，可以把沟通分为两种：浅层沟通和深层沟通。

浅层沟通是指管理工作中必要的行为信息的传递和交换，如管理者将工作安排传达给下属，下属将工作建议告诉主管等。企业的上情下达和下情上传都属于浅层沟通。

深层沟通是指管理者和下属为了有更深的相互了解，在个人情感、态度、价值观等方面较深入地相互交流。有价值的聊天或者交心谈心都属于深层沟通。其作用主要是使管理者对下属有更多的认知和了解，便于依据适应性原则满足他们的需要，激发员工的积极性。

1.3.2　沟通途径的分类

1. 双向沟通和单向沟通

根据沟通时是否出现信息反馈，可以把沟通分为两种：双向沟通和单向沟通。

双向沟通是指一类有反馈的信息沟通，如讨论、面谈等。在双向沟通中，沟通者可以检查接受者是如何理解信息的，也可以使接受者明白其所理解的信息是否正确，并可要求沟通者进一步传递信息。

单向沟通是指一类没有反馈的信息沟通，如电话通知、书面指示等。严格来说，当面沟通信息，总是双向沟通。因为，虽然沟通者有时没有听到接受者的语言反馈，但从接受者的面部表情、聆听态度等方面就可以获得部分反馈信息。

现代企业的沟通，越来越多地从单向沟通转变为双向沟通。因为双向沟通更能激发员工参与管理的热情，有利于企业的发展。

2. 正式沟通和非正式沟通

在组织中，成员间所进行的沟通，因其途径的差异还可分为正式沟通与非正式沟通两类。

正式沟通是指在组织中依据规章制度明文规定的原则进行的沟通。例如，组织间的公函来往、组织内部的文件传达、召开会议、上下级之间的定期情报交换等。按照信息流向的不同，正式沟通又可细分为下向沟通、上向沟通、横向沟通、斜向沟通、外向沟通等几种形式。

非正式沟通和正式沟通不同，它的沟通对象、时间及内容等各方面，都是未经计划和难以辨别的。其沟通途径是通过组织成员的关系，这种社会关系超越了部门、单位以及层次。

1.3.3　沟通方式的分类

1. 语言沟通

建立在语言文字基础上的沟通称为语言沟通，其又可细分为口头沟通和书面沟通两种形式。人们之间最常见的交流方式是交谈，也就是口头沟通。常见的口头沟通包括演说、

正式的一对一讨论或小组讨论、非正式的讨论以及传闻或小道消息传播。书面沟通包括备忘录、信件、组织内发行的期刊、布告栏及其他任何传递书面文字或符号的手段。

1) 口头信息沟通的优、缺点

口头信息沟通是所有沟通形式中最直接的方式。它的优点是快速传递和即时反馈。在这种方式下，信息在最短的时间内被传送，并在最短的时间内得到对方回复。如果接收者对信息有疑问，迅速的反馈可使发送者及时检查其中不够明确的地方并进行改正。此外，上级同下属会晤可使下属感到被尊重、受重视。但是，口头信息沟通也有缺陷。信息在从发送者一段段接力式传送过程中，存在着巨大的失真的可能性。每个人都以自己的偏好增删信息，以自己的方式诠释信息，当信息经长途跋涉到达终点时，其内容往往与最初的含义存在重大偏差。并且，这种沟通方式并不是总能省时，如马拉松式的会议。

2) 书面信息沟通的优、缺点

书面信息沟通具有以下优点：首先，书面记录具有有形展示、长期保存、法律保护依据等优点。对于复杂或长期的沟通来说，这尤为重要。如一个新产品的市场推广计划可能需要好几个月的大量工作，以书面的方式记录下来，可以使计划的构思者在整个计划的实施过程中有一个依据。其次，书面沟通更加周密，逻辑性强，条理清楚。作者所欲表达的信息能被充分、完整地表达出来，减少了情绪、他人观点等因素对信息传达的影响。最后，书面沟通的内容易复制，十分有利于大规模传播。

书面沟通也有缺陷，相对于口头沟通而言，书面沟通耗费时间较长。此外，书面沟通缺乏内在的反馈机制，不能及时地提供信息反馈。

2. 非语言沟通

非语言沟通是指通过某些媒介而不是讲话或文字来传递信息。例如，一位作风专断的主管一边拍桌子，一边宣称从现在开始实施参与式管理，听众都会觉得言辞并非这位主管的本意。在礼节性拜访中，主人一边说"热烈欢迎"，一边不停地看手表，客人便该知道起身告辞的时间已到。事实上，在语言只是一种烟幕的时候，非语言的信息往往能够非常有力地传达"真正的本质"。美国心理学家艾伯特·梅拉比安(Albert Mehrabian)经过研究认为：在人们沟通中所发送的全部信息中仅有 7%是用语言来表达的，而 93%的信息是用非语言方式来表达的。

非语言沟通的内涵十分丰富，为人熟知的领域是身体语言沟通、副语言沟通及物体的操纵等。

1.3.4　沟通主体的分类

沟通按照主体的不同，可以分为人际沟通、群体沟通、组织沟通和跨文化沟通等不同类型。

(1) 人际沟通是指人和人之间的信息和情感相互传递的过程。它是群体沟通、组织沟通乃至管理沟通的基础。

(2) 群体沟通是指沟通发生在具有特定关系的人群中。

(3) 组织沟通，就是涉及组织特质的各种类型的沟通。它不同于人际沟通，但包括组织内的人际沟通，是以人际沟通为基础的。一般来说，组织沟通又可以分为组织内部沟通和组织外部沟通。其中，组织内部沟通又可以细分为正式沟通和非正式沟通；组织外部沟通则可以细分为组织与顾客、股东、上下游企业、社区、新闻媒体等之间的沟通。

(4) 跨文化沟通，是指发生在不同文化背景下的人们之间的信息和情感的相互传递过程。它是同文化沟通的变体。相对于同文化沟通而言，跨文化沟通要逾越更多的障碍。

1.4　沟通的过程模型与要素

从沟通的含义中我们了解到，沟通过程涉及沟通主体(发送者和接收者)和沟通客体(信息)的关系。沟通的起始点是信息的发送者，终结点是信息的接收者。当终结点上的接收者反馈其想法、意见时，他又转变为信息的发送者，最初起始点上的发送者就成为信息的接收者。

1.4.1　沟通的过程模型

沟通是一个反复的过程，图 1-2 所示为基本的沟通过程模型。

图 1-2　沟通的过程模型

由图 1-2 可知，一个完整的沟通过程包括六个环节(即发送者、编码、渠道、接收者、译码、反馈)和一个干扰源(即噪声)。

1. 发送者

信息产生于信息的发送者，它由信息发送者经过思考或事先酝酿策划后进入沟通过程，是沟通的起始点。

2. 编码

编码是指将信息以相应的语言、文字、符号、图形或其他形式表达出来。编码过程十

分重要。通常，信息发送者会根据沟通的实际需要选择合适的编码形式向接收者发出信息，以便其接受和理解。

3. 渠道

渠道是指信息发送的途径或方式。随着通信工具的发展，信息发送的方式也越来越多样化。人们除了通过语言面对面地直接交流外，还可以借助电话、传真、电子邮件来发送信息。信息发送时，发送者不仅要考虑选择合适的方式传递信息，而且要注重选择恰当的时间与合适的环境。

4. 接收者

接收者是信息发送的对象，接收者不同的接收方式和态度会直接影响其对信息的接收效果。常见的接收方式有：听觉、视觉、触觉以及其他感觉等活动。例如在面对面的口头交流中，信息接收者就应该做一个好的倾听者，掌握良好的倾听技能，这是有效倾听的基础。

5. 译码

接收者对所获信息的理解过程称为译码或解码。接收者的文化背景及主观意识对解码过程有显著的影响，这意味着信息发送者所表达的意思并不一定能使接收者完全理解。沟通的目的就是要使信息接收者尽可能理解发送者的意图。信息发送者和接收者采取一种共同语言进行沟通，是正确解码的重要基础。每个人都具有自己独特的个性视角，个体的差异必然会反映在编码和解码过程中，但是，如果沟通双方能以诚相待、精诚合作，沟通就会接近理想状态。

6. 反馈

信息接收者对所获信息做出的反应就是反馈。当接收者确认信息已收到，并对信息发送者做出反馈，表达自己对所获信息的理解时，沟通过程便形成了一个完整的闭合回路。反馈折射出沟通的效果，使发送者了解信息是否被接收和理解。反馈使人与人之间的沟通成为双向互动过程。在沟通过程中，信息接收者应该积极做出反馈；另一方面，信息发送者也可以主动获取反馈。例如，直接向接收者发问，或通过察言观色来捕捉接收者对所获信息的反应。

7. 噪声

对信息传递过程产生干扰的一切因素都称为噪声。噪声对信息传递的干扰会导致信息失真。常见的噪声源有以下几个方面。

(1) 价值观、伦理道德观、认知水平的差异会阻碍相互理解。

(2) 健康状况、情绪波动以及交流环境会对沟通产生显著影响。

(3) 身份地位差异会导致心理落差和沟通距离。

(4) 编码与解码所采用的信息代码差异会直接影响理解与交流。

(5) 信息传递媒介的物理性障碍。

(6) 模棱两可的语言。

(7) 难以辨认的字迹。

(8) 不同的文化背景。

在沟通过程中，噪音是一种干扰源，会影响编码或解码的正确性，并会导致信息在发送与接收过程中变得模糊和失真，从而影响正常交流与沟通。为了确保有效沟通，通常要有意识地避开或弱化噪声源，或者重复传递信息以增加信息强度。

1.4.2　沟通的要素

从沟通模型理论可知，一个完整的沟通过程要经过多个环节，同时还要受到各种噪声的干扰，因此，一个良好的沟通应该充分考虑七个基本要素：信息发送者、信息接收者、目的、信息、渠道、环境及反馈。

1. 信息发送者

信息源于发送者，信息是否可靠、沟通是否有效与发送者的可信度密切相关。影响发送者可信度的重要因素有身份地位、良好意愿、专业知识、外表形象及共同价值，这些因素有助于在听众面前建立起自己的可信度。例如，通过强调自己的头衔、地位，可以加强可信度；通过向听众表达良好意愿，并指出听众的利益所在，可以使听众产生信任与认同感；显示出自己的专业技术背景，或向听众叙述相关的经历，有助于在听众中建立起专业或权威的形象；注重外表形象设计与展示，运用诙谐幽默的语言，有助于拉近沟通的距离。

2. 信息接收者

为了确保有效沟通，了解信息接收者及其需求是非常重要的。在沟通前应该了解他们究竟是怎样的人：他们是积极主动的还是消极被动的？是主要听众还是次要的？另外，还应该了解背景材料：他们对于沟通的主题了解多少？他们需要了解哪些新的信息？

掌握了这些信息，就明确了对听众该说些什么，知道在什么情况下可以运用一些专业术语，在什么情况下叙述应该更通俗易懂一些。此外，了解听众对沟通信息是否感兴趣、感兴趣的程度等，也有助于把握沟通前行的方向。如果听众对沟通主题兴趣浓厚，就不必费心考虑如何去唤起他们的热情与兴趣，可以开门见山、直奔主题。而对于那些对沟通主题兴趣不大的听众，就应该设法激发他们的热情。通过强调信息中可能使听众受益的内容，更有效地唤起听众关注的热情。

3. 目的

信息发送者应该明确其信息传递的目的。由于信息传递的目的是基于工作目标及相应的行动举措，因此，一旦明确了工作目标和行动举措，就应该确定沟通的目的。例如，某空调制造企业销售部门某年度的工作目标是继续保持上一年的市场份额，并要求第二季度完成 500 万台的销售任务。销售部经理针对工作目标向各主管提交了一份市场计划，其目的就是希望主管们能够同意并支持这个计划，同时通过会议和演讲等方式，使各地销售代

表了解目前的市场形势、企业的工作目标以及相应的营销策略。

4. 信息

为了使信息顺畅地传递至听众并使其易于接受，策略性地组织信息模块是至关重要的。从人的生理角度来看，人们因感受新鲜事物而产生的记忆兴奋与过程密切相关，由图 1-3 可知，在过程的初始阶段及终止阶段，听众的记忆最深刻。

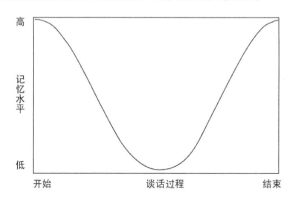

图 1-3　听众的记忆曲线

例如，不能期待听众对一个为时 1～2 小时的报告会自始至终保持满腔的热情及高度的兴趣。因此，在组织信息内容的时候，应该特别注重开头与结尾，把最重要的内容注入开场白中或融入后面结尾部分，切忌将主要观点和内容淹没在漫无边际的中间阶段。

5. 渠道

沟通渠道通常是指沟通媒介。一般来讲，传统的沟通渠道主要有三种：口头、书面和非语言。随着 5G 技术的迅猛发展和充分应用，如手机、电子邮件、电话会议、视频会议、微博、微信等网络沟通手段给企业内部和外部沟通的方式、内容、效率带来了巨大的变化。不同的情况下采取的沟通渠道应该有所不同。一般来说，口头沟通渠道主要用于即时互动性沟通，沟通内容具有一定的伸缩性，无须严格记录，沟通形式活泼，富有感情色彩。书面沟通渠道主要用于要求严谨、需要记录备案的沟通。而网络沟通跨越了时空的界限，相比其他沟通渠道无疑具有巨大的优势。

6. 环境

沟通总是在一定的环境中发生的，任何形式的沟通都会受到各种环境因素的影响，如上司与下属的谈话在上司的办公室和在厂区的花园里进行，其效果和感受都会不同。

具有不同文化背景的人相互沟通时，文化背景差异会对沟通产生显著的影响。如北方人大多生性豪放，交流时喜欢开门见山、直来直去；而南方人沟通时多倾向于委婉表达。人们在社会中所处的地位也对沟通产生了直接的影响，一般地位高者在沟通过程中显得自信而主动，地位低者则显得卑微而被动。

沟通环境可包括心理背景、物理背景、社会背景和文化背景。

(1) 心理背景。心理背景指的是沟通双方在沟通时的情绪和态度，如激动、兴奋、愤

怒、热情、冷淡等。在日常生活中不难发现，心情好则情绪好，情绪好说话也悦耳。

(2) 物理背景。物理背景指的是沟通发生的场所，如在家里、在办公室、在学校等。

(3) 社会背景。社会背景指的是沟通双方的社会角色关系，涉及对沟通方式的预期。如果双方对沟通方式的预期相符，就能彼此接纳对方；反之，就无法进行有效沟通。

(4) 文化背景。文化背景指的是沟通双方所代表的文化。沟通者长期的文化积淀，决定了沟通者较稳定的价值取向、思维模式、心理结构及行为依据。文化背景可以涵盖国家的、地区的、行业的、企业的、部门的以及个体的等不同层级。

7. 反馈

反馈是指给信息发送者的提示，使其了解信息接收者是如何接收信息并理解信息的，从而使信息发送者根据需要调整信息。

在面对面的沟通中，连续不断的反馈是必要的，因为不论是对一个人还是对一群人讲话，都不可能完全了解听众在瞬间的反应，如果不断追踪接收者的反应，就能修正自己的信息或者意向，甚至原先想要达到的目的。

1.4.3　沟通的方式

人们会根据不同的沟通目的、听众及沟通内容等选择不同的方式与他人沟通。对于沟通方式的选择往往取决于两个方面的因素，即信息发送者希望对内容控制的程度以及听众参与的程度。沟通方式的选择情况如图 1-4 所示，其中，纵轴代表信息传递者对内容控制的程度，横轴代表听众参与的程度。

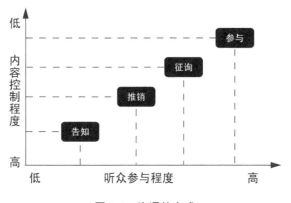

图 1-4　沟通的方式

(1) 告知。告知是指听众参与程度低、内容控制程度高的方式，如传达有关法律及政策方面的信息、做报告、做讲座等。

(2) 推销。推销是指有一定的听众参与程度，对内容的控制上带有一定的开放性的方式，如推销产品、服务、建议和观点等。

(3) 征询。征询是指听众参与程度较高，对内容的控制上带有更多的开放性的方式，如咨询会、征求意见会、问卷调查、民意测验等。

(4) 参与。参与是四种沟通方式中听众参与程度最高、控制程度最低的一种方式，如团队的头脑风暴、董事会议等。

沟通方式的选择完全取决于沟通目的、听众和信息内容。有时可以选择单一的方式，有时也可结合运用多种方式。

1.5　沟通中的障碍

实践中从信息发送者到信息接收者的沟通过程并非都是畅通无阻的，其结果也并非总是如人所愿。有时候，由于上述诸多沟通要素的存在、各种干扰源的不可避免，致使沟通过程中出现这样或那样的障碍，从而导致沟通失败或无法实现沟通的目的。信息沟通中的障碍是指导致信息在传递过程中出现的噪音、失真或停止的因素或原因。主要包括以下内容。

1. 发送者导致的障碍

(1) 目的不明。若发送者对自己将要传递的信息内容、交流的目的缺乏真正的理解，即不清楚自己到底要向对方倾诉什么或阐明什么，那么，信息沟通的第一步便碰到了无法逾越的障碍。因此，发送者在信息交流之前必须有一个明确的目的和清楚的概念，即要通过什么渠道向谁传递什么信息并达到什么目的。

(2) 表达模糊。无论是口头演讲或书面报告，都要求表达清楚，使人一目了然、心领神会。若发送者口齿不清、语无伦次、闪烁其词，或词不达意、文理不通、字迹模糊，都会产生噪声，并造成传递失真，使接收者无法了解对方所要传递的真实信息。

(3) 选择失误。对传送信息的时机把握不准，缺乏审时度势的能力，会大大降低信息交流的价值。信息沟通通道选择失误，则会使信息传递受阻，或延误传递的恰当时机，直接影响信息交流的效果。

(4) 形式不当。当我们使用语言(书面或口头)和非语言即肢体语言(如手势、表情、体姿等)表达同样的信息时，一定要相互协调，否则会使人"丈二和尚摸不着头脑"。

2. 接收者导致的障碍

(1) 过度加工。接收者在信息交流过程中，有时会按照自己的主观意愿，对信息进行"过滤"和"添加"。如报喜不报忧，所传递的信息往往经过层层"过滤"后或变得支离破碎，或变得完美无缺。又如由决策层向管理层和执行层所进行的下行沟通，经过逐级领会而"添枝加叶"，使得所传递的信息或断章取义、或面目全非，从而导致信息的模糊或失真。

(2) 知觉偏差。接收者的个人特征，诸如个性特点、认知水平、价值标准、权力地位、社会阶层、文化修养、智商、情商等将直接影响到对被知觉对象即传送信息的正确认识。人们在信息交流或人际沟通中，往往习惯于以自己为准则，对不利于自己的信息选择视而不见，甚至颠倒黑白，以达到防御的目的。

(3) 心理障碍。由于接收者在人际沟通或信息交流过程中曾经受到过伤害或有过不良的情感体验，对信息传送者心存疑惑、怀有敌意，或由于内心恐惧、忐忑不安，就会拒绝

接收对方所传递的信息，甚至抵制参与信息交流。

(4) 思想差异。由于接收者认知水平、价值标准和思维方式上的差异，往往会出现发送者用心良苦而仅仅换来"对牛弹琴"的局面，或者造成思想隔阂或误解，引发冲突，导致信息交流的中断以及人际关系的破裂。

1.6 有效沟通的策略

认识到沟通障碍的存在，妥善处理并使排除沟通障碍变成可能，解决沟通中的思路、理念上的问题和障碍以及沟通中的方法、手段等技术问题就显得非常重要。下面分析克服障碍达成有效沟通的策略。

(1) 使用恰当的沟通节奏。"条条大道通罗马"说的正是有多种途径达到目标的意思。面对不同的沟通对象，或面临不同的情境，应该采取不同的沟通节奏，这样方能事半功倍；否则，可能造成严重的后果。如在一个刚组建的项目团队，团队成员彼此会小心翼翼、相互独立，若此时采取快速沟通和参与决策的方式，可能会导致失败。一旦一个团队或组织营造了学习的文化氛围，即组建了学习型组织，就可以导入深度会谈、头脑风暴等开放式的沟通方式。

(2) 考虑接收者的观点和立场。有效的沟通者必须具有"同理心"，能够感同身受、换位思考，站在接收者的立场，以接收者的观点和视野来考虑问题。若接收者拒绝其观点与意见，发送者就必须耐心、持续地改变接收者的想法。发送者甚至需要反思：我自己的观点是否正确？

(3) 充分利用反馈机制。在沟通时要避免出现"只传递而没有反馈"的状况，一个完整的沟通过程包括信息接收者对信息做出反应，只有确认接收者接收并理解了发送者所发送的信息，沟通才算完整与完成。要检验沟通是否达到目标，发送者只有通过获得接收者的反馈才能确定，可采用提问、倾听、观察、感受等方式。

(4) 以行动强化语言。中国人历来倡导"言行一致"，语言上说明意图，只不过是沟通的开始，只有转化为行动，才能最终真正提高沟通的效果，达到沟通的目的。如果说的是一套，做的又是另一套，言行不一致，这种所谓的沟通结果是可怕的。家长要求子女努力、上进，树立积极向上的人生观，而自己却沉湎于赌博，试想这种开导式沟通会有效吗？在企业中，传达政策、命令、规范之前，管理者最好能够确定它们能否真正转化为行动。只有树立了以行动支持语言的信誉，管理沟通才能真正达到目的，才能在企业内部建立起一种良好的相互信任的文化氛围，并使企业的愿景、价值观、使命和战略目标能够付诸实施。有这样一句名言："说你能做的，做你所说的。"说的正是这个道理。

(5) 避免一味地说教。有效沟通是彼此之间的人际交往与心灵交流，仅仅试图用说教的方式与人交往就违背了这个原则。当发送者一味地打算全面传达其信息时，很难对接收者的感受、反响做出反应，当其越投入、越专注于自己要表达的意思时，越会忽略接收者暗示的动作或情绪、情感方面的反应，其结果就会引发接收者对其的反感与"敬而远之"。

1.7　商务与管理沟通的趋势

商务活动和商务沟通都在不断地发生变化。商业企业、政府机构及非营利组织在以下八个方面的变化趋势影响着商务与管理沟通。

1. 技术手段的应用

5G(第五代移动通信)技术的快速应用促使生产力提高、沟通成本降低。正是得益于科技进步，人们只要使用自己的手机，就可以实现即时沟通。此外，科技使得全球各地之间的沟通更加紧密。几乎所有在办公室工作的员工都要求会使用即时通信软件，会进行文字处理，会发送电子邮件，会使用电子表格、数据库和演示软件等。便捷的电子工具使用，有助于提高办公效率，同时也带来信息过载、数据安全与隐私保护等一系列重要问题。

2. 强调质量和顾客需要

过去，工业化国家的顾客如果感到不满意，他们就会把自己的经历告诉大约 15 人。如今，在互联网上，只需敲击一下键盘，你就可告诉 150 人，或者 1500 人，甚至更多。注重质量和顾客需求的核心仍然在于沟通。集思广益、团队协作等工作方法通常能收到事半功倍的效果。

3. 企业家精神

自主创业变得越来越热门。企业家必须处理公司内部所有的沟通工作：雇用、培训、激励及绩效评估员工；答复顾客的投诉；起草调查问卷；撰写商业计划书；向风险投资家宣传企业；营销公司的产品和服务。

4. 团队协作

越来越多的公司依赖团队协作来完成工作。团队协作能充分发挥每个成员的优势和才能，解决问题、做出决策。通常，团队分为跨职能团队(成员来自不同工作岗位和职能部门)和跨文化团队(不同国籍、不同文化背景但在同一家公司工作)。团队协作的优势在于让人们能够更好地学会明确问题、解决问题与共同领导，学会与他人合作，而不是简单地把工作分配给别人，学会以积极的方式来处理冲突，并激励每个人尽全力工作。

5. 多样性

团队注重与他人一起工作，即便他们具有不同的背景。公司的成功必须依靠每个成员的智慧、信念和汗水。这就要求管理者做事要更富弹性并掌握更多的跨文化沟通知识，以便挖掘员工潜力。

6. 全球化与外包

在全球经济中，进出口贸易为初级形式。越来越多的公司在全球各地设立办事处和工厂。仓库、工厂或办公室可能只是公司所有工作场所的一部分。外包意味着把本来由本公

司生产的产品和服务交由外面的企业来做。公司可进行外包的业务有：技术服务、客户服务、税收服务、法律服务、会计服务、利益沟通、产品制造和市场营销。

跨越文化与国界的人际沟通与在同种文化背景中的沟通相比，所面临的挑战要多得多。要想在国际市场上立足，必须在了解彼此文化差异的基础上，灵活、机智地与来自不同国家和文化的人沟通，即具备所谓跨文化沟通能力。本书第 14 章将对跨文化沟通进行深入分析。

7. 遵守法律并关注伦理

美国大企业平均每年要花费上百万美元用于法律开支。对企业而言，公开而开放的沟通，即让各方都有讨论公司政策的机会，使人人都明了被提议或否决的内容，往往有利于减少法律诉讼的产生。

伦理问题不像法律诉讼那样可以明码标价。关注伦理就是要实事求是，做到货真价实。公司必须关注更为广泛的伦理道德问题：努力成为模范环保公民，为员工提供良好的工作条件；服务于企业所在社区等。例如，在商务与管理沟通方面，语言、图表和公文的设计在语气上是否对读者友好？是否尊重读者？是否公正地反映了公司的最佳面与公司的诚信责任？图片是有助于读者的理解还是让人更为迷惑？版面设计是否使阅读更为容易还是使读者错过重点？

8. 强调工作弹性

在传统的职场中，上司吩咐什么，员工就做什么。如今，人们则是根据顾客、同事以及任何其他相关者的需求来做事。上司帮助团队成员完成各自的工作，若期限紧迫，他们也会协助同事工作。他们足智多谋，知道如何查询信息以及如何解决问题。如果需要，他们也会加班，也愿意变换职位甚至工作地点。

在扁平化组织里，员工要做许多类型的工作。如今的秘书可能要做调查工作、安排会议甚至负责记录部门的费用支出。虽然有越来越多的顾客使用 ATM 机存取款，但银行依然保留柜员以帮助顾客解决更加复杂的问题并促销金融产品。

你的父母可能会在同一家公司工作一辈子，你也可能那样做，但你必须做好找工作的准备——不仅在你毕业后，而且得贯穿于你的整个职业生涯中。这也就意味着要不断地学习，要与新技术、实事的变化以及人们新的交往方式与时俱进。

习   题

一、思考题

1. 为什么说商务和管理活动中没有沟通是万万不行的？

2. 什么是沟通的完整定义？

3. 结合实际，分析为什么说沟通是复杂的、困难的？

4. 噪声如何在整个沟通过程中构成影响？

5. 沟通要素中哪几个方面特别重要？为什么？

6. 列举本章中未论及的沟通障碍，并给出克服这些障碍的方法。

二、案例分析题

上级与下级的沟通

无论是杰克·韦尔奇领导下的通用电气、山姆·沃尔顿领导下的沃尔玛，还是赫布·凯莱赫领导下的西南航空，公司内部几乎每一位员工都能清楚地了解这些领导者的主张，也都知道他们对员工有什么期望。因为他们是优秀的沟通者，也是公司员工良好的工作伙伴，他们一直在密切留意员工和公司运营的情况。为了了解下情，他们乐于与员工讨论工作，并且乐此不疲。因此，他们非常清楚公司的运营状况，甚至是细节。

正是这些领导者的积极主动与员工沟通的意愿和非凡的沟通力，强化了他们对整个公司的影响力；他们对公司事务的热情参与，也大大激发了员工的工作激情，从而推动公司迅速成长。

由于长期受到儒家伦理道德观念的濡染，中国人逐渐形成了一种固有的行为方式，那就是所谓的"听话"：孩子要听大人的话，晚辈要听长辈的话，下级要听上级的话……这种单向的服从式的管理模式，阻碍了人与人之间的正常沟通，使之变成了一种自上而下的灌输，这对于我们的工作和生活是很不利的。

(资料来源：余世维. 有效沟通. 北京：北京大学出版社，2009.)

请思考以下问题：

(1) 西方优秀的企业领导者在沟通方面有什么特点？

(2) 中国传统企业的管理模式可能会造成哪些沟通障碍？你认为有哪些可行的方法来克服上述障碍？

微课视频

扫一扫获取本章相关微课视频。

1-1 沟通的定义和内涵.mp4   1-2 沟通模型.mp4   1-3 沟通障碍.mp4   1-4 有效沟通策略.mp4

第2章 沟通中的受众

【学习目标】

- 掌握沟通中不同类型受众的分析方法。
- 掌握如何选择向受众传递信息的渠道。
- 理解如何使传递的信息适合受众。
- 掌握如何识别并挖掘受众利益。

受众分析很流行

受众分析是打造产品及确立传递信息的必需工具。

凯丽是一家服装连锁店经营颇为成功的商务休闲时装品牌的销售副总。一年前，商务正装品牌的销量出现下滑，公司请她负责两个时尚品牌。她所面临的问题是：因为这两个时尚品牌有着不同的外观，而且采用不同的方式面向不同的顾客，那么该如何促销呢？她认为解决之道在于关注受众。

第一步就是对每个品牌的目标受众进行调查。凯丽的团队对不同品牌的消费者进行了采访，观察他们的购物行为并走访他们的家庭。他们发现顾客中存在两类不同的风格和动机。商务正装品牌的顾客看重的是如何在特定商务环境里穿着得体；而商务休闲时装品牌的顾客则把它视为身份的象征。

第二步是将每个时尚品牌的目标顾客视作分离的群体，分别叫"安"和"美"。然后根据每类顾客的理念和价值观来进行决策。她们发现"安"类顾客追求"精致""平淡"与"深奥"，而"美"类顾客则注重"休闲""非正式""愉悦""活力"与"生机勃勃"。

培养适合于每类顾客需求和风格的时尚品牌的关键在于了解受众。两年后，这家公司的净收入上升了500%。

(资料来源：[美]基蒂·O. 洛克(Kitty O. Locker)，唐娜·S. 金茨勒(Donna S. Kienzler).
商务与管理沟通(英译本). 赵银德，等译. 北京：机械工业出版社，2008：P27.)

受众分析是任何沟通过程的第一步，也是开发产品和确立传递信息的基本工具。为了更有效地与受众进行沟通，必须知道受众是谁、他们属于什么群体以及拥有什么样的价值观。

知晓谈话对象是成功沟通的基础。沟通时，你得先确定受众，了解受众的动机并且要懂得如何与他们沟通。

2.1　受众的确定

分析受众的第一步就是要确定受众是谁。一般公司的信息沟通具有多重受众，具体说明如下。

(1) 看门人。他们有权阻止文案传递给其他受众，因此也有权决定你的文案能否被传递到主要受众。有时，看门人就是让你起草文案的主管；有时，看门人就是公司的高层管理者；有时，看门人来自公司外部。

(2) 主要受众。他们可以决定是否接受你的建议或者是否按你的提议行动。各种文案只有传递到主要受众，才能达到预期的目的。

(3) 次要受众。他们可能受邀对你的提议发表意见，或者在你的提议获得批准后负责具体实施。

(4) 辅助受众。他们可能会接触到你的这些提议，但不会做出反应。辅助受众包括"只读"型受众。

(5) 监控型受众。他们虽然无权阻止文案的传递，也不直接参与文案的实施，但他们拥有政治、社会和经济方面的权力。监控型受众密切关注着你与主要受众间的信息沟通，并依据对信息的评估来决定是否采取行动。

在现实生活和工作中，一个人可以充当两个受众的角色。主管常常既可能担当主要受众的角色，也可能担当看门人的角色。

例如，唐英是一家广告公司的客户经理助理。上司让她起草一份关于客户新推出的一款产品的市场营销计划书。她的主要受众是客户公司的执行委员会，由他们决定是否采用她的计划书。次要受众为客户公司的市场营销人员，他们会被征求意见。其他次要受众还包括广告策划人员、文案撰写者和发布广告的传媒，这些人在方案获得批准后会负责具体实施。在她将计划书交给客户之前，需经上司批准，所以她的上司是看门人。阅读该计划书的同事则是她的辅助受众。

再如，乔光明在一家银行的数据处理部门工作。他每月都要撰写工作进度报告。最近，他参与了一个储户支票管理系统的实施。他的上司是主要受众，要对其工作绩效进行评估，所以乔光明很想积极表现。上司还有可能在他写给银行总裁的备忘录中引用乔光明所写的进度报告中的某段文字，因为总裁想知道该系统的缺陷何时能改进，因此总裁又成了主要受众。次要受众包括银行客户服务部人员，他们负责回答储户对新系统的提问并处理对新系统的投诉。次要受众还包括向银行销售系统硬件的计算机公司销售代表，他们希望弄清楚银行工作人员是否能有效地使用那些设备。

确定受众的目的是了解受众、适应受众、满足受众的需求。

多年来，沃尔玛在零售业一直占据着统治地位，靠的是所提供的各种各样的"天天低价"产品。标准化战略及由此而生的规模经济帮助沃尔玛成为零售业巨人。不过，这也可能成为沃尔玛的致命伤。"沃尔玛给所有人提供所有商品。"沃尔玛前首席执行官爱华多·卡斯特罗—怀特(Eduardo Castro-Wright)解释说："你最终还是无法做到对每个人提供

周到服务，因为你缺乏专门针对这部分顾客的产品。"为遏制销售量下滑的势头并提高公司的竞争力，怀特引入了六种人口群体的概念，这样区域经理可通过对商店产品组合的本地化来更好地适应其顾客。

- 位于南美裔人口聚居区的商店举办提供新鲜食品的大型农产品销售活动，商店也布置得富有拉丁文化特色。
- 位于大量"空巢"家庭地区的商店提供较少的儿童用品，提供较多的医药类商品。
- 位于芝加哥城外的一家新都市风格的商店为了满足当地顾客的需要，将用来展示节奏、蓝调与说唱音乐等的店面扩大到 4 倍，还增加了童装和未成年人用品的供应。

除了商品的本土化，沃尔玛还实施员工的本土化。为了更好地了解当地消费者的需要，那些曾经住在公司总部阿肯色州本顿维尔地区的经理现在则被要求住在当地。

2.2　受众分析的方法

受众分析最重要的工具就是共识和移情。移情就是从对方的角度来考虑问题，就是与对方有同感；要利用对人和对公司的了解来预测对方最可能的反应。

例如，分析阅读水平。诸多人口统计变量中最富相关性的是受众的识字水平。然而，即使在发达国家，受众的识字水平也不理想。据美国教育考试服务中心所做的一项国际研究报告，在 17 个工业化国家中，美国成年人在课文理解、文件解释以及基本数学技能方面的能力排在第 10 位。与 35 岁以上的美国成年人相比，美国年轻人较其他国家的同龄人则落后得更多。从总体上看，45%的受访美国成年人的阅读水平低于高中毕业生。这对公司里的工作者而言就是一个挑战，在面向员工或者顾客传递信息时，需要使用短句和简单的词汇，甚至需要使用图形，以更有效地表达意思。

2.2.1　分析个体

在与公司内外一起共事的人进行交谈或书面沟通时，有时需要将他们作为个体而加以分析。你或许早就与受众相识。通过与受众交谈、与认识受众的其他人交谈或观察受众，就可以轻松地获得关于受众的更多信息。比如，你了解到公司的某位经理不喜欢使用电话，你自然就知道得用电子邮件来说明你的请求；另一位经理因习惯周五否决他人的请求而出名，这样你就知道得避开周五。

迈尔斯—布里格斯性格分类法(Myers-Briggs Type Lndicator)是开展受众分析的一种有效工具。

该工具采用四对对立因素来确定人际间的性格差异。常见的一对是：外向型—内向型，用来衡量个人对集中注意力和产生活力的偏爱程度。外向型者通过与他人互动来产生活力，而内向型者的活力则来自自身。

迈尔斯—布里格斯性格分类法中的另外三对对立因素为：知觉型—直觉型；理智型—

情感型；果断型—谨慎型。

- 知觉型—直觉型因素衡量的是接受信息的方式。知觉型者通过感知来接受信息；直觉型者则注重事物间的联系。
- 理智型—情感型因素描述的是个人做出决策的方法。理智型者进行决策时会理性考虑选择或行动所带来的逻辑结果；情感型者则依据影响来进行决策，考虑的是对他们自己或相关人员而言重要的东西。
- 果断型—谨慎型因素描述的是个人如何应对外部世界。果断型者讲究计划性，喜欢有秩序并寻求统一；谨慎型者讲究灵活性和自发性，寻求可能性。

对对立因素的叙述反映了人们的某种偏好，就像写字时人们使用左右手时各有偏好。必要时，我们可以强迫自己反偏好而动，但是改起来并不容易。

你可以去心理咨询机构做迈尔斯—布里格斯性格分类的测试，了解一下自己的性格类型。有些公司出于构建团队或帮助个人发展的目的，也让全体员工参加迈尔斯—布里格斯性格分类测试。

如表 2-1 所示，如果能了解受众的长处，说服力就会提高。商务沟通的很多原则反映了管理者所具备的最常见的性格类型。开门见山、言简意赅的写作风格符合果断型者的性格，在美国，75%的管理人员属于果断型；注重逻辑推理的风格符合理智型者的性格，在美国，80%的经理属于理智型。

表 2-1　迈尔斯—布里格斯性格分类法在说服性工作中的应用

受众类型	所应用的策略	理　由
内向型	使用备忘录，先让受众思考你的建议，然后再做出反应	内向型者喜欢先思考再发言，书面文案能让他们有足够的思考时间
外向型	在非正式场合口头表达自己的观点	外向型者喜欢边干边想，需要他人的鼓励，爱好口头表达，不爱动笔写
知觉型	分步给出推理，实事求是	知觉型者喜欢按部就班地得出结论，他们想搞清楚为什么有些事重要，但他们更愿意相信自己的经验而不是别人的看法。这类人注重实事求是，希望周围人也是如此
直觉型	先描述整体情况，再强调建议的创新之处	直觉型者善于解决问题，勇于创新，对细节不屑顾及
理智型	通过逻辑推理而非情感来说服对方。尽管会伤害一部分人，但能很公平地做决策	理智型者依据逻辑推理和抽象分析，对情感因素往往不以为然
情感型	说明建议既能满足员工的情感需要，又能使公司受益	情感型者深知他人及其感觉，他们极富同情心，喜欢和谐
谨慎型	说明已考虑过所有的可能性，然后询问对方	谨慎型者总想确定所有的具体决策选择，深思熟虑，故决策较迟
果断型	尽早表达建议	果断型者喜欢快速决策，做出一个结论后马上转入另一个主题

2.2.2　分析受众群体

在许多组织背景下，应以全体而不是个体的形式来分析受众。例如：

- 通知欠了很多所得税的纳税人。
- 使用我们提供的会计服务的客户。
- 有小孩子的员工。

这些提法关注的是受众成员间的共同点。尽管简单的概括不一定能涵盖群体中的每一位成员，但在对所有成员传递同一信息时，必须将其共同之处概括出来。有时，不必做调查就能很容易地推断出那些拖欠大量所得税人员的心态；有时，数据库可以提供有用的信息；有时，则应考虑进行原始调查。

了解受众关心的重点，就可以将信息组织得让受众感觉自然，就可以选择最有效的说服方法。

例如，一家电力公司使用价值观和生活方式分类法把目标受众细分为两类，并找出这两类受众集中地区的邮编，结果提高了谈话过程的参与度。该公司准备了两种不同的邮件，对应不同的目标受众，结果发现参与谈话的人数增加了 25%。

又如，丰田公司努力向日本和欧洲市场而不是美国市场推出昂贵的雷克萨斯混合动力车。日本的富人注重燃油的节省，而美国买家则看重性能。

文化并非只是表面的价值观阐述，公司真正的文化体现在员工行动中。可以思考下面的这些例子。

- 某公司悬挂在走廊上的标牌声称"信任"是公司的动力之一。然而，恰恰是这家公司，在员工每次进出公司办公大楼时都会检查其随身物品。
- 在某公司的员工感谢日这一天，公司会在早上供应酥饼，接着是来自公司总裁的电子邮件致谢，下午聚会则供应食物和点心。然而，在该活动的宣传单上写着"到上司那里取票并缴费 30 元"。
- 某跨国公司宣称致力于工作/生活价值观，制订了一个很好的计划以帮助管理人员做好工作和生活的平衡。公司准备召集 80 名高层管理人员来讨论该计划，但将开会日期安排在某个周末。

2.2.3　分析组织文化与话语群体的关系

对受众所处的组织文化以及受众所属的话语群体务必保持敏感。组织文化指的是该组织一整套的价值观、态度和理念。借助语言形式，组织文化体现在组织的传奇经历、故事和英雄人物中，也体现在员工手册之类的文件中。当然，组织文化也以非语言的形式体现在空间、资金和权力的分配中。话语群体是指在沟通渠道、方式与风格、讨论的主题和形式以及证据内容等方面享有共同点的群体。

在崇尚平等和个人主义的公司，可以直接写信给首席执行官，并称呼其为同事。但在有些公司，得严格遵守指挥链。即使你知道真正的决策者是谁，你还得通过顶头上司来传

递信息以表示对上司的顺从。有些公司鼓励用简短的文案，有些则要求用长且完整的公文。有的组织文化倡导大胆试验；另一些则倾向于周密考证每个细节后，再提出变革方案。符合组织文化的沟通更有可能获得成功。

可通过回答下列问题来分析组织文化。

- 该组织架构是阶层式的还是扁平式的？首席执行官与底层员工间间隔多少阶层？
- 组织的升迁原则是什么？奖励的依据是资历、受教育程度、个人威望、成本节约还是对顾客的服务态度？奖励范围是否只限于少数高层人物，还是机会人人均等？
- 组织是鼓励差别化，还是追求平均主义？是强调独立性与创造性，还是提倡随大流、听从指挥？
- 内部有哪些故事？谁是领军人物？谁是落后分子？
- 友谊和社交有多重要？员工对目标认同的一致程度和对共同追求的专注程度如何？
- 行为、语言和衣着的正式程度如何？
- 工作空间是什么样子？员工是在办公室、小房间还是大房间工作？
- 组织的目标是什么？是赚钱，还是为顾客或客户服务？是传播知识，还是为社区做贡献？

可通过回答下列问题来分析话语群体。

- 信息传递采用什么样的渠道、格式和风格？
- 人们谈论什么？不谈论什么？
- 需要怎样和多少论据才有说服力？

公司文化可以有很大的不同。例如，一些计算机公司因拥有体育场馆、游泳池和乒乓桌、备货齐全的快餐店以及可以穿休闲工作装而出名。广告代理商 Crispin Porter+Bogusky 公司，员工出行靠自行车及滑板。天然食品制造商 Whole Foods 则注重营造合作的氛围，每个部门，比如肉品部或蔬菜部，属于分散型团队，绩效奖金属于整个团队而非个人。

同一领域的两家公司也会呈现迥然不同的文化。在宝洁公司收购吉列公司时，期待世界第一大牙刷生产商欧乐(Oral-B)和第二大牙膏生产商佳洁士能够顺利联姻。不过，企业之间的文化差异还是带来了一些问题：吉列员工发现宝洁公司的企业文化刻板、决策缓慢。此外，吉列员工还了解宝洁公司那些著名的缩略语，比如 CIB(顾客是上帝，Consumer is boss)和 FMOT(客户看见产品并形成第一印象的时刻，first moment of truth)。宝洁员工注重发送备忘录，而吉列员工则强调召集会议。

国际文化差异也会影响企业文化。许多亚洲企业显得较为保守：它们强调在办公室面谈而不注重远程办公；强调集体努力而不是个人主动性；欣赏员工在办公室工作到深夜甚至周末加班。

通过查阅网站获取企业文化的信息，通过访问公司打听沟通惯例并观察员工，这样做有助于你确定该公司是否是你想为之工作的地方。考虑这些因素是很有必要的，因为能够适应公司文化的新员工相比那些不能适应公司文化的员工满意度更高。

2.3　选择恰当的信息传递渠道

沟通渠道就是传递信息的媒介。不同的沟通渠道在信息传递的速度、准确度、成本、传递的信息量、信息接收者的人数、效率及信誉促进能力等方面有差异。因受众、目的及沟通情境的不同，渠道也有优劣之分。

例如，书面文案比电子邮件要正规，比较适合于以下情况。

- 提供大量而复杂的数据资料。
- 说明众多的具体细节。
- 减少不必要的情绪宣泄。

口头文案适合于以下情况。

- 动之以情说服受众。
- 让受众关注特定问题。
- 解决冲突并达成共识。
- 修改计划。
- 让受众迅速采取行动或做出答复。

有时，要选择正确的渠道确实比较困难。在办公室，我们为了有效地传递信息，通常面临多种选择，如电子邮件、电话、访问、贴在同事计算机上的便条等。幸运的是，增长迅速的电子沟通渠道，确实提供了很多方案。比如：

- 通用汽车公司提供网上视频系统来实现与代理商的沟通。
- 为了销售更多的小说，某出版集团举办网上写作比赛。
- 雅诗兰黛等公司利用案例互动性网站来发布消息并开办网上论坛。

有创意的信息传递渠道比比皆是。例如：将广告呈现在酒店的淋浴窗帘或机场的行李输送带上。

2.4　运用受众分析来调整传递的信息

将合适的信息输出给合适的受众常常是人们成功的模式。如果对受众了如指掌，且语言表达能力强，就会下意识地进行受众分析和信息调整。例如，2020 年春节前夕正值期末考试，温州商学院一位学生在网上发出一个帖子："王小二，如果考试作弊，回家你妈妈不给你压岁钱。"该帖得到很多大学生的响应和转帖，一时间"考试不要作弊"这一重要提示在大学生中广为传播。

对以下问题的回答将有助于开展受众分析。

- 受众对信息的初始反应。
- 受众对信息的需求量。
- 需要克服的障碍。

- 需要强调的积极面。
- 受众对信息的语言、结构及形式的期望。
- 受众运用公文的情况。

2.4.1 受众对信息的初始反应

1. 受众会重视这一信息吗?

对自身事业发展很重要的信息,受众不但会关心,而且还会采取行动。反之,他们可能会忽视。

2. 你提供的信息会如何影响受众对所用语言的反应

受众与你本人或所在组织的交往以及信息主题会左右他们对新信息的反应。如果受众对你本人及所在组织有好感,其会比较积极;反之,受众可能会对信息内容和表达方式吹毛求疵。

2.4.2 受众对信息的需求量

1. 受众对信息内容已经了解的程度

受众对信息内容的了解程度易被高估。对于你所在部门外的人而言,他们可能并不真正了解你所从事的工作。即使对曾经在你所在部门工作过的人而言,也有可能已经忘记了具体细节。对于公司外的人而言,那就更不用说了。

如果你所提供的信息对受众来说是全新的,你就必须做到以下几点。

- 通过术语界定、概念解释、举例及避免缩写等方法将信息内容尽量表达清楚。
- 将新信息与受众已掌握的信息联系起来。
- 通过对新信息进行分段和加标题等方式归类新信息,以便受众理解。
- 让你的读者或部分目标受众对公文草稿进行试读,以便了解他们是否能领会并运用你所写的内容。

2. 受众的知识是否需要更新

个人经验对我们的期望和行动有支配作用。如果想改变受众对某件事情的认识,必须做到以下几点。

- 在信息表达时先对受众的认识予以认可。
- 用举例或统计数据来说明变革的必要性,或说明受众的经验在此不适用。
- 在不伤面子的前提下,提示受众情况已变,态度和方法也应有所改变。

3. 获得受众的赞同

在向受众传达背景或过往信息时,可以用以下方法。

- 采用"如你所知""正如你记得的那样"等开场白,以避免让对方觉得你认为他们根本不懂你在说什么。

- 采用从句来表达那些过时的或显而易见的信息。
- 将需要提示或内容过长的信息单独成段并加注适当的标题，或列入信函或备忘录的附录。

2.4.3　需要克服的障碍

通常为了克服与受众之间的沟通障碍，作为信息的发出者要思考并回答：受众会反对所要讲述的内容吗？受众会按要求行事吗？

1. 如果受众反对你所讲述的内容

- 决心已下的人通常反对改变。如果受众反对你所讲述的内容，你就必须开头先讲与受众的共同点或共同立场，尽量使观点清楚、明确。
- 避免使用会激怒受众的言论。
- 尽量减少关于说明或要求方面的篇幅。可能的话，在下次沟通时再提及此类内容。
- 说明你的建议是现有最好的解决方案，尽管不是十全十美的。

2. 怎样让受众按你的要求行事

每个人都有自己的看法、习惯和心目中的自我形象。要一个人做与此相悖的事，首先得说服对方，让对方改变态度、习惯或自我形象。然而，人们往往不愿进行改变。

如果你的要求费时、复杂或会遭遇心理方面的障碍，你就必须做到以下几点。

- 尽量简化要求。例如，使用能快速填好的表格。
- 将复杂要求细化成清单，以方便受众在完成时进行核对。这一清单也有助于得到完整的答复。
- 说明你的要求与受众的想法部分一致。
- 说明这样做不仅对你和你的公司有好处，而且对受众也有好处。

2.4.4　需要强调的积极面

1. 你的提议能给受众带来哪些利益

强调受众的利益有助于说服受众相信你的提议是好主意，因此，要充分利用你所要传递的信息中的利益部分。

- 将好消息放在文章的首段。
- 充分利用那些一般性的好消息所带来的受众利益。

2. 与受众有哪些共同的经历、兴趣、目标和价值观

团结一致的感觉有时比公文内容更能说服对方。如果受众与你拥有共同的经历、兴趣、目标和价值观，那么就可以采用如下方法。

- 考虑运用生动而有趣的事例谈论与受众的共同之处。细节部分应有趣、新颖，否则听起来会像做报告。

● 公文的开头称谓和结束语要让受众对这个正式或非正式群体产生归属感。

2.4.5　受众对信息的语言、结构及形式的期望

1. 受众喜欢怎样的写作风格

优秀的作者应根据受众的偏好来调整其风格。有些读者认为采用缩写形式显得太随便，有些读者则认为传统商务写作风格显得过于生硬。写作时，应注意以下几点。

● 根据对读者的了解，选用关系不远不近、气氛友善有度的风格。
● 如果在打电话和面谈时直呼其名的话，公文中的称谓也可以用其名字称呼对方。

2. 是否存在会引起受众反感的敏感性或禁忌性词汇

如需要得到受众的同意或认可，必须做到以下几点。

● 避免使用令多数受众产生过激情绪的词语。例如，罪犯、女权主义者、极端主义者、自由主义者等。
● 根据与对方的交往经历，替换那些会使对方敏感的词汇。

3. 受众所需信息的具体程度怎样

如果受众认为所提供的信息不够具体或不符合需要，那么信息传递也就不会成功。如果与受众相识，可以直接问清楚对方希望了解细节的程度。如果是写给并不十分熟悉的受众，则应当注意以下几点。

● 尽可能提供所有的具体信息，以便对方了解并据此采取行动。
● 将所有信息按标题分类，以便读者迅速找到其最感兴趣的内容。
● 参照从前传递给同一受众的公文的具体程度。如果那些公文传递比较成功的话，不妨参照。

4. 受众对直接或间接的行文结构的偏好如何

因受众个性和文化背景的不同，所偏好的行文结构也会有所不同。若遵循受众偏好的行文结构，就能取得事半功倍的效果。

5. 受众对篇幅、版式、脚注等形式上的要素是否有要求

如果公文的篇幅、版式和脚注格式符合受众的要求，那么效果可能就好。如果不符合受众的要求，则必须做到以下几点。

● 认真修改公文。篇幅相对较短的公文，应确保内容能包含基本观点；而篇幅较长的公文，则要避免废话连篇。
● 让抽样受众试读，以检验所选用的格式是促进还是干扰受众对文章的理解。

案例：获利的处方

奥斯特先生的三家药店都是很小的药店，它们坐落在费城最破烂的地方。不过，他每年的经营额高达500万美元，是美国药店年均销售额的3倍多。

有一次，他注意到有位售货员在用打字机而非计算机打印药品标签。这位售货员解释道：事实上她是在翻译药品的标签。对众多讲西班牙语的顾客来说，英文标签毫无意义，他们有时因害怕搞错药的剂量而宁可放弃买药。

奥斯特先生将这一简单的服务措施编制成程序，只需按一下键盘，约 1000 种常见药品的标签就可以在英语和西班牙语之间转换。借助这一营销利器，他的生意开始蒸蒸日上。

随着亚裔移民潮的到来，他的生意又一次腾飞了，因为他用越南语标记药品。不久，在其另一家分店，每天大约开出 400 张处方，其中，50%用英文标记，30%用西班牙语标记，另有 20%用越南语标记。

2.4.6 受众运用公文的情况

1. 受众在何种环境下使用公文

在安静的办公室里可以安心阅读公文。但如果在上下班的火车上或电梯里阅读公文，其实际效果可想而知。因此，物理环境决定了阅读公文的难易程度。

为了便于受众在办公室之外的地方阅读公文，有必要做到以下几点。

- 在文稿上留下足够的空白。
- 文稿设计应便于单手携带。
- 将内容编号。这样即便被打断，也能马上找到停顿处。
- 给公文加塑料封皮，以免损坏。

2. 受众是将公文当作一般性证明、具体指南，还是诉讼依据

了解受众会如何利用公文，有助于正确选择最合适的行文结构和详细程度。例如，如果被用来决定是否起诉一家违反环保条例的公司，环境保护部门的调查报告就必须列出很多细节。相反，如果是一份关于要求使用防污设备的公司内部备忘录，则不必提供那么多的详细资料，所需要的是由生产这种设备的厂商提供的有关设备安装和维护的说明。

如果公文被用作一般性证明，有必要做到以下几点。

- 设主题栏，以便于存档和查询。如果是在线公文，则要使用若干关键词，以便在数据库中搜索该公文。
- 使用小标题，以方便读者浏览。
- 提供联系人和办公室电话，以便读者在需要咨询时能联络到相关人员。
- 对那些现在明了但半年或一年后易被忘记的细节要一一列明。

如果公文被用作具体指南或说明，有必要做到以下几点。

- 确保每一步骤按时间顺序排列。
- 对每一步骤进行编号或附上可以在相关方格内打钩的框，这样便于读者核对哪些步骤已完成。
- 当单一步骤很多时，可将其归类为 5～7 个分步骤。
- 将注意事项置于公文的开头，在应用具体步骤前，再加以重复。

如果公文被用作诉讼依据，有必要做到以下几点。

- 既要给出附有日期和精确数据的具体观察记录，也要给出基于观察所得的推论。
- 将所掌握的信息完整地提供给律师，这样在进行诉讼准备时可以选择需要使用哪一部分。

2.5　受众分析的应用

受众分析是一种强有力的工具。具体可参见以下案例。

拼多多是近年来国内发展最快的电商平台，新登录这个平台的人都会惊讶，只要你留意过某种商品，立刻就会出现大量类似产品的图片和信息，好像拼多多知道你的心思。其实是这个平台具有跟踪用户的在线浏览记录的功能，取得受众关注和可能购买某些商品的数据。目前，这一思路已被越来越多的企业所采用。

任天堂公司(Nintendo)认为，其成功很大程度上是因为拓展了受众的概念。公司受众的一个重要组成部分是超级游戏玩家，一个喜欢博客的群体。如果任天堂公司仅仅倾听他们的意见，那么公司的受众可能只有这些人。相反，任天堂公司通过开发 Wii 游戏扩大了受众的范围。Wii 游戏是超级游戏玩家从未想象过的一种游戏，聚集了那些从未想拥有一个系统的众多新用户。

普尔特住房建筑商(Pulte Homes)在顾客买房时进行顾客调查，若干年后还会进行回访，以确定顾客是否依然满意。该公司声称这一做法增加了"回头客"生意和口碑生意在总业务量中的比例，不到五年该比例从 20%增加到了 45%。

英国最大的零售商乐购公司(Tesco PLC)鼓励消费者报名办理俱乐部卡，从而在竞争中击败了沃尔玛英格兰公司。这种卡不仅为消费者提供打折优惠，还能为公司提供受众分析信息。当乐购公司在印度市场及其近邻的巴基斯坦市场增加了亚洲香草和民族食品的供应时，消费者数据表明这些产品也深受白人消费者的欢迎，于是乐购公司决定在卖场内增加对这类产品的销售。

案例：男模特

就增加销售量而言，如何适应你的受众显得十分重要。时尚产业近年来注意到了这一趋势，并开发出了面向普通男孩的策略。

过去几年中，男模行业的发展趋势是选用那些苍白瘦削的男孩，或是选用与此完全相反的身体健壮、皮肤呈古铜色的阳刚男人。选用男模的目的是吸引那些日常生活中的为男性购买服装的女性。

鉴于越来越多的男性开始自己购买衣服，时尚产业正在努力瞄准那些普通男孩。自 2007 年的时装秀以来，范思哲(Versace)、艾力斯(Perry Ellis)、达克•布朗(Duckie Brown)等品牌的设计者开始选择那种更为现实的、有着邻家男孩外表的男模特。使用普通人做模特这一趋势有助于减少普通年轻人购物时的心理压力。

(资料来源: [美]基蒂•O. 洛克(Kitty O. Locker)，唐娜•S. 金茨勒(Donna S. Kienzler). 商务与管理沟通(英译本). 赵银德，等译. 北京: 机械工业出版社，2008: P38.)

2.6　受　众　利　益

运用受众分析就可以创造出有效的受众利益，即受众在接受你的服务、购买你的产品、执行你的政策或听取你的意见后所得到的好处。在告知性文案中，可以用受众利益来解释为何要遵循你所公布的政策，并说明该政策是好的。在说服性文案中，可以用受众利益来阐明采取行动的原因，并消除受众的抵触情绪。否定性文案则不使用受众利益。

2.6.1　采用受众利益的标准

采用受众利益应符合以下四条标准。每条标准都对应着受众利益沟通的技巧。

1. 受众利益应适合受众

针对不同受众的写作也许应强调不同的受众利益。假设你从事产品生产并试图说服经销商来经销该产品。商品广告引用了面向顾客的种种优点，诸如颜色漂亮、线条流畅、使用方便、经久耐用、价格公道等。不过，这些优点难以说服经销商。商店中的货架是很珍贵的，没有哪家经销商会乐于承揽经销某产品的所有品牌和型号。那么，经销商为什么会选中你的产品呢？为了增强说服力，从经销商角度来看的利益有：营业额、利润额，以及旨在唤起顾客认同和兴趣的全国性广告宣传以及旨在吸引顾客的特别展示等。

2. 强调内在激励因素和外在激励因素

内在激励因素是指那些因使用某种产品或做了某件事而自动带来的利益。外在激励因素则是"附加"利益，并非一定是因为使用了产品或做了事情，而是有人凭借权力决定给予的某种利益。例如，有个运输公司发现，称呼驾驶员姓名而不是他的工作号码会深深影响驾驶员对公司的满意度。

案例：零售商对在线顾客的分析

是否想过你在网上的一举一动会被人注视？在线零售商会观察消费者的在线行为和爱好，并据此制定策略以增加销量。根据对购物者的行为和人口统计特征分析，在线零售商可采用的策略有差别定价、提供折扣和免费送货。

- 网上销售商 Overstock.com 自称如果顾客点击五次，公司就可以判断出顾客的性别和所在的时区。这些分类有助于公司决定采取怎样的促销手段易被消费者所接受。
- eBay 公司会根据访问者过去的浏览习惯和地理位置采用不同的主页展示。
- 圆想公司会提前通知老顾客关于打折的消息，并且对他们专设降价柜台。
- 根据浏览器与服务器的实时信息，科罗娜服饰公司(Kiyonna)提供给消费者不同的商品。

(资料来源：[美]基蒂·O. 洛克(Kitty O. Locker)，唐娜·S. 金茨勒(Donna S. Kienzler). 商务与管理沟通(英译本). 赵银德，等译. 北京：机械工业出版社，2008 年：P.40.)

3. 对受众利益进行逻辑证明并具体阐释

所谓受众利益是一个声明或主张,告诉受众通过做某事可以获得益处。因此,说服受众需要两个步骤:一是阐明利益必定会产生,二是向受众解释利益。

如果所宣称的利益存在逻辑错误或缺乏正确性,那就会难以令人信服。因此,有必要进行利益修改以使其具有逻辑性。

例如,逻辑错误:将客户资料导入 Excel 软件可节省你的时间。

分析:假如你之前没有使用过 Excel 软件,那么短期内你需要花费更长的时间来处理客户资料。也许使用旧系统是一个不错的主意。

修改利益:如果将客户资料导入 Excel 软件,只需轻点几下按钮就可准备好月度预算。

逻辑正确只是一个方面,同样重要的是让受众清楚逻辑推理的过程,并提供足够证据向受众证明所说的利益必然会发生。描述时要做到生动、具体和正确。

4. 从受众的角度来考虑利益

如果不从受众的角度来考虑利益,那么这些利益听起来会显得有些自私,也不会达到应有的效果。

2.6.2　确定并开发受众利益的方法

通过头脑风暴你可以想出许多受众利益,也许是你所需利益的两倍。接着,你可从中挑选出那些对受众最有效的利益或最容易设计的利益。最先想到的利益不一定是最佳的。

如果受众利益很难确定或很难设计,不妨采用以下步骤来确定并设计受众利益。

(1) 确定受众的感受、恐惧和需求激励因素。

(2) 确定产品或公司政策中符合上述需求的客观特色。

(3) 说明这些产品或公司政策如何满足受众的需求。

美国联邦快递公司通过承诺提供通宵服务,并且能够让顾客跟踪包裹的沿途信息,从而成为业界巨人。"过去我们认为我们只是在销售货物运输服务。"公司主席、总裁兼首席执行官弗雷德里克·史密斯(Frederick Smith)解释说,"实际上,我们销售的是心态平和。"

2.7　针对多重受众的书面或口头沟通

许多商务与管理公文并不是针对单个受众的,而是面向众多受众的。如果这些受众具有共同的兴趣和知识水平,就可应用前面给出的针对个人或同类群体的原则。不过,不同受众成员常常具有不同的需求。

研究表明,多与公司内外的受众面谈、接触,对于提高公文写作水平大有帮助。与受众及评论家交谈可以促使作者在构思时考虑读者因素,了解不同读者间的社会关系,通过口头而非只是采用文案形式来协调彼此间的冲突。这样,作者既会考虑内容,又会顾及结

构和风格问题，也会强调一些读者共有的观点和立场，从而减少定稿前进行修改的遍数。

习　　题

一、实训题

1. 确定受众。

分别指出以下情形中的看门人、主要受众、次要受众、辅助受众及监控型受众。

(1) 一个学生创业团队计划建一商业网站。为了筹集启动资金，他们制订了一个商业计划，准备向金融机构寻求帮助。

(2) 刘丽兼职公司的老总让她直接给潜在顾客发邮件，告诉他们成为公司旅行俱乐部成员的好处。收信人为该公司 65 岁以上的顾客。

(3) 许多顾客曾写信投诉某宠物食品公司，反映他们的宠物在吃了该公司的宠物食品后得了病。为此，公司的首席执行官要求负责公共关系的杨瑞起草一份新闻公报，通知顾客留意这些被污染的食品。同时，该告示希望宠物主人在此问题没有解决之前不要用听装食品喂养宠物。

2. 针对不同受众，确定并设计受众利益。

假设你想鼓励人们做下列事情。

(1) 增强体质。

  受众：等待就业的大学毕业生；

     从事繁重搬运工作的工人；

     工作时需要久坐的教师；

     患高血压的病人；

     经常出差的经理。

(2) 就内部装修征求建议。

  受众：囊中羞涩的年轻人；

     有幼儿的家长；

     购新家具或添置家具者；

     从单身宿舍移居到小型公寓或单元房的白领；

     装修样板间的建筑商。

(3) 征求投资策略方面的建议。

  受众：应届大学毕业生；

     年收入超过 10 万元的人；

     有幼儿的家长；

     10 年内退休者。

(4) 园艺。

  受众：有幼儿的家长；

     住公寓者；

关注减少使用杀虫剂的人；

支出拮据者；

退休人员；

青少年。

(5) 购买手提电脑。

受众：大学生；

上门服务的财务规划师；

经常出差的销售代表；

利用幻灯片做报告的人。

(6) 教成年人阅读。

受众：退休人员；

商务人士；

立志做老师的学生；

高中生和大学生；

贫困问题关注者。

(7) 在豪华旅馆度假。

受众：极度疲劳想放松一下的人们；

喜欢观赏景色和了解当地风情的游客；

在度假期间希望与办公室联络的商人；

有幼儿的家长；

想在周末娱乐的运动员。

练习要求：

(1) 确定能满足这些受众的需求。除了共同需求之外，至少确定一种对各群体都特别重要的需求。

(2) 确定一种能满足受众需求的产品或服务。

(3) 撰写一两段关于产品或服务的受众利益(注意要换位思考)。

3. 个体分析。

迈尔斯—布里格斯性格分类法利用四对性格特征来测试人们的行为。例如，具有ESTJ(外向、直觉、情感、果断)性格的人具有严谨、循规蹈矩、快速决策的特征。

你可以进行免费的精神肌肉图解指标(Mental Muscle Diagram Lndicator)测试，这是一种基于迈尔斯—布里格斯性格分类法的测试。查看你的性格类型，检验其准确性并打印结果。

练习要求：

(1) 与小组同学分享你的测试结果，并讨论性格特征测试的准确性。确定与你的性格特征不符之处，并考虑这些差异会如何影响项目协作。

(2) 使用相同的测试方法测试班里其他同学的性格特征。向全班同学简短描述你的性格特征，并解释你的性格特征对小组协作的积极影响与负面影响。

(3) 对结果做一简短的备忘录并上交给指导教师，评估这些结果如何反映你的性格特征的情况，并提出这些特征会如何影响你的学习或工作。

4. 说服学生负责任地使用信用卡。

许多大学生的信用卡透支现象严重。你想提醒你所在大学学生要负责任地使用信用卡。

请回答下列关于你所在大学学生有关情况的问题。

(1) 这些学生来自哪些社会群体？

(2) 这些学生是否经常收到信用卡申请表的邮件？是否有些组织通过设立摊位来吸引学生申请信用卡？

(3) 对于那些急需资金的人，大学或社会可提供的资源有哪些？哪些学生过度透支信用卡？

(4) 接触这些大学生的最佳途径是什么？

(5) 对于那些透支现象严重和需要阅读公文的学生，哪种口吻的公文效果最佳？

二、案例分析题

1

A 公司是一个经销家居纺织品和服装的公司，在公司的管理例会上，市场部经理冯娜对公司网络沟通部门的负责人刘莎说，最新调查显示网上购物的人群中有 20% 是老年人。

冯娜解释说："他们不愿甘居人后。他们想很快适应并成为精明的网络交易者。但是网站却无法适应他们。"

刘莎回答道："目前，网站是根据所提供产品的类别来划分空间的。我们设有产品建议空间，主要针对孩子、大学生、中学生、年轻的都市职业人士和家庭，但是没有直接面向老年人的。"

冯娜说："的确如此，如果不能迎合他们的需要，我们将很可能失去成千上万的顾客。"

"对，这是一个需要立即加以注意的大好机遇。至于如何使我们公司的网站对老年人更有针对性，我会让张特汇集初步想法。实际上，我们甚至可以设立一个完整的、只面向老年人的空间。人们可以通过公司的主页链接到该空间。其空间设置可以满足老年人的特殊需求。"刘莎说。

练习要求：

就张特的沟通计划做一个针对老年人的受众分析。

(1) 确定其感受、担忧以及促使他们在线购买 A 公司产品的需求。

(2) 分析他们会购买什么样的产品，他们的购买方式与 A 公司现有顾客的购买方式有什么不同。

(3) 确定该网站应如何满足这些特殊群体的需求。

(4) 分析什么样的网站设计风格比较适合这一群体。

2

一个做医学养生的公司，拥有多个理疗连锁店。他们为秋季新项目的推出，录制了对外(潜在顾客和老会员)和对内(员工)的视频。请观看视频并分析。

(1) 受众需求和利益。

(2) 视频演说是否满足受众需求？

(3) 沟通选择了怎样的信息传递渠道？是否恰当？为什么？

(4) 如果你是本文案的修改者，将对文案进行怎样的修改完善？

 微课视频

扫一扫获取本章相关微课视频。

2-1 受众的确定.mp4

2-2 选择恰当的信息传递渠道.mp4

2-3 需要克服的障碍.mp4

第3章 组织沟通

【学习目标】

- 掌握组织沟通在管理中的作用。
- 识别纵向、横向沟通中的障碍。
- 掌握非正式沟通的特点。
- 了解组织沟通的方式。

低效的"生产性促进委员会"

有一家美国工厂正面临着生产成本居高不下和工人士气低落的问题，因而决定参照日本的全面质量管理小组的做法，将员工吸收到提高生产性的活动中。公司高层管理人员提出了在工厂各部门中设立"生产性促进委员会"的想法。他们对此寄予很高的期望，相信这项活动不仅会提高生产的效率，同时还会促进工人士气的显著改善。"生产性促进委员会"是按如下方式组织和开展活动的：在该厂各部门内设立一个这样的委员会，让每个成员都加入其中。各部门的委员会领导班子均由三个人组成：部门负责人、基层工会代表、该部门成员选举出来的一名员工。委员会的人数在 6~31 人之间，委员会人数不等是因为各部门的规模大小不同。各委员会每周开会 1 次，每次开会 30 分钟，研究如何促进本部门的生产性。委员会的建议直接呈递给工厂经理。各部门负责人组成的调查小组来研究生产性促进委员会的运作情况。在与各委员会的领导们会谈以后，调查小组向工厂经理提交了一份报告，列示了生产性促进委员会未能取得预期结果的五大原因。

(1) 员工和领导人员普遍有一种担心，害怕生产性促进活动开展的结果会使人失去工作。

(2) 领导人员缺乏召开生产性促进委员会会议的经验。

(3) 感觉高层管理者并不会认真地考虑生产性促进委员会的建议。

(4) 很难在 30 分钟的生产性促进委员会会议上解决什么问题。

(5) 员工和领导人员对他们作为生产性促进委员会成员的角色缺乏应有的了解。

(资料来源：王凤彬.MBA 管理学教学案例精选.上海：复旦大学出版社，2009，P143～144.)

讨论：
假定你是经理，在考虑了生产性促进委员会失败的五个原因后，你会具体采取什么行动？

完全可以想象，如果缺少沟通，组织将陷入瘫痪，变得毫无作为。缺少沟通的组织，犹如无声电影，滑稽可笑；缺少沟通的组织，死寂得可怕。而沟通犹如画龙点睛的神来之笔，使组织顿生灵气，变得生机勃勃。

从本质上讲，管理沟通涵盖组织沟通的方方面面，其中包括组织内部沟通和组织外部

沟通。组织沟通则是自我沟通能力和人际沟通技能在组织特定沟通形式中的综合体现。这些特定沟通形式包括纵向沟通、横向沟通、群体和团队沟通、会议沟通、面谈和危机沟通等。

人际沟通是组织沟通的基础。因为说到底,在组织沟通中,仍然是人们相互进行沟通,组织目标最终是要靠人来实现的。

组织沟通与一般意义上的沟通的区别主要在于:组织沟通特定的情境是工作场所,所以它既具有一般人际关系中沟通的特点,同时又是工作任务和要求的体现。因此,只要不是独自工作,几乎所有的人都要与他人进行沟通。沟通可以说是组织管理的基础,任何组织的任何工作都离不开沟通。

3.1 组织沟通与管理

成功的管理必定要依赖有序的组织沟通。本小节从以下方面来研究组织沟通与管理的关系:组织沟通与管理职能以及组织沟通的作用。

3.1.1 组织沟通与管理职能

通常,管理职能被划分为四大类:计划、组织、领导和控制。

1. 计划

计划就是设置目标,并确定由当前所处的位置到达预期目标的最佳路径的过程。这个过程包含一系列决策:确定任务,在各种方案中选择未来的行动路径,并确定如何配置现有的资源,如员工、资金、设备、渠道或时间等。

计划是企业有效运作的基础,这不仅是指计划本身,还包括使组织成员充分了解计划,明确组织目标,理解行动方案。为了完成计划,实现预定目标,必须依靠有效的组织沟通,尤其是与下属的沟通。因此,就计划职能而言,其中所发生的沟通基本上包括制订计划之前向下属搜集信息、意见和想法,以及计划制订之后向员工传达,帮助他们认识任务。从现代管理的观点来看,上司还必须不断地对下属授权,让下属更多地参与目标实施的过程和方案的选择,从而增进组织成员上下级间的相互信任,精诚合作,携手努力,实现组织目标。这里,授权、参与都是从提高沟通效果的角度来增大实现目标的机会。从这个意义上讲,沟通就是组织的"生命线",它传递着组织的发展方向、期望、过程和目标(见表3-1)。

表3-1 四项管理职能中所涉及的沟通类型

计 划	组 织	领 导	控 制
阐明目标	发布命令	授权职责	绩效评估
分担计划	分配工作量	培训	控制生产进度
实施计划	安排职位	激励	撰写进展报告

2. 组织

管理者为实现目标而进行资源配置，设立一个正式的职权分明的职位或职务结构，这是组织的主要职能。具体来说，在进行组织工作时，管理者设定职位框架，并从权利、责任和要求等方面描述每个角色，同时根据人员特点，进行人员与工作匹配，使人员结成一定的工作关系。因此，组织的过程就是全面调动和充分利用人力资源的过程。好的组织工作可以确保人们在完成工作的过程中相互配合并协调一致，能够更有效、更顺利地完成工作。好的组织工作同时也为领导和激励工作设置了一个宽阔的工作平台，扫清了结构上的障碍。组织是一个系统，组织中任何一个部分的变化都会对整个系统产生连带的影响，组织成员之间的协调互动过程本质上就是沟通过程。显然，管理沟通为人员与工作的协调一致提供了"润滑剂"。

3. 领导

管理者通过自身的行为活动对员工施加影响，使其为实现组织目标而努力工作，这是领导者的重要职能。作为管理者，既要有权威，更要有对事物发展的前瞻性眼光，同时还要具备一定的感召力，能引导其追随者同步前进，努力完成任务。

越来越多的研究和实践表明，建立在职位基础上的权威对追随者行为所施加的影响极为有限，现代人更愿意追随那些能够满足大家需要、实现共同愿景的领导者。因此，管理者必须借助组织沟通来展示自身的人格魅力、知识才华和远见卓识，淡化地位与权威的作用，只有如此，才能赢得追随与支持。

4. 控制

评估并纠正员工行为，并促成计划完成的各种活动是控制的基本职能。控制是否有效与计划实施的成败密切相关。为了使员工的行为符合计划实施的规范要求，需对管理加以有效控制，即根据计划设定规范，定期开展绩效评估，及时发现、纠正并消除偏差，进而保证行动的方向与质量，最终完成计划。从实质上讲，控制就是不断地获得反馈，并根据反馈制定对策，确保计划得以实现的过程。这个过程也有赖于管理沟通的正常开展。

由表 3-1 不难看出，管理的四项职能的执行都与沟通休戚相关，同时计划、组织、领导和控制又是不可割裂的有机整体，四项职能的相互衔接和相互协调也离不开组织沟通。

3.1.2　组织沟通的作用

有效的组织沟通对于企业的经营活动起着至关重要的作用。

1. 降低经营模糊性

企业经营的原动力是盈利。有效管理则是企业不断发展壮大的必然保证，而有效管理需要完善、高效的沟通网络体系保驾护航。因为太多的因素会诱发组织内部模糊和不确定性的产生，稍纵即逝的信息、突如其来的变化、变幻莫测的环境，这些都可能使公司在一个极其模糊的状况下做出决策。这种不确定性是不可避免的，健全、完备、高效的沟通网络可以降低这种固有的模糊性。

2. 实现有效管理

有效的组织沟通是企业成功实施管理的关键。所有重要的管理职能的履行完全依赖于管理者和卜属间进行的有效沟通。在做出重要决策前，管理者有必要从公司各部门人员处获得信息，然后将最终决策反馈给下属，以执行决策。为了激励员工，管理者需要和员工一起设立目标，并指导他们如何正确履行职责。为了进行有效的业绩评估，管理者需要给员工提供有关他们工作的反馈，并解释评估的依据。

3. 满足员工对信息的需要

在当今社会中，必须进一步认识人类需要，才能更好地应对现实中雇员越来越多地想了解有关管理信息的新问题。研究表明，与人需要空气、水等基础生存物质一样，人对公司的发展方向和运营状况方面的信息的需求也日趋迫切，尽管不同的人对信息内容的需求表现出很大的差异性。有的人关心与工作相关的信息，他们想弄明白他们工作的性质是什么，怎样做好本职工作，怎样与其他相关领域的人合作，他们的工作对组织实现总体目标起到怎样的作用；有的人则更关心企业的发展与未来。但不管对信息内容的需要如何，今天的员工都需要了解更多有关企业的各类信息。这种对信息的需求只有通过组织内发达畅通的沟通渠道来实现。如果沟通的需要不能通过正式渠道得到满足，必然会通过非正式渠道得到满足。如果忽略了这一点，或不能充分认识这一点，可能会给管理工作造成隐患。

4. 构建工作关系

高效的组织鼓励并帮助建立内部员工与员工、员工与工作的关系。因工作而结成的关系在许多方面影响着员工的工作表现。而良好的沟通渠道则有助于留住积极向上的员工，构建和维持员工与工作的关系。这对于更好地激励员工、提高员工的绩效无疑会产生正面的效用。

3.2　组织沟通的渠道

组织沟通渠道是指信息在组织中沟通时流动的通道，这些流动的通道可以分为两种：正式渠道和非正式渠道。正式渠道是通过组织正式结构或层次系统进行的，非正式渠道则是通过正式系统以外的途径来进行的。在组织中，这两种渠道是同时存在的，管理者应该有效地利用这两种渠道来提高组织沟通的效率。

3.2.1　正式沟通

正式沟通是指由组织内部明确的规章制度所规定的沟通方式，它和组织的结构息息相关，主要包括按正式组织系统发布的命令、指示、文件，组织召开的正式会议，组织正式颁布的法令、规章、手册、简报、通知、公告，组织内部上下级之间和同事之间因工作需要而进行的正式接触。按照信息的流向，沟通可以分为上行、下行和横向三种形式。

1. 下行沟通

1) 下行沟通的定义和形式

下行沟通是指信息从组织中的高层结构向低层结构传递的过程。发信者是上级、管理层、组织的代表，受信者是下级、工作群体和团队、全体员工。下行沟通的内容通常是组织决策、规章制度及其解释依据、工作目标和要求、对工作业绩的反馈等经营管理中正式的和严肃的内容。下行沟通的媒介包括文件、通知、手册、报告会议、口头指示等。

下行沟通是组织中最重要和最强大的沟通流程，尽管大部分管理者说"让员工随时都能知道公司的事情"，但许多针对员工的调查都显示：员工想知道的信息并没有从正式沟通中得到。今天的员工已经清楚地意识到他们和他们的工作是整个组织的一部分，他们想知道公司的财务运作方式，公司的利润及其与整个经济状况的关系，想知道公司为何要裁员和员工为何被解雇，薪资如何确定，公司如何做到对员工们的公平待遇，增进生产力对他们自己有何意义，以及当公司面对外部压力、攻击和竞争时该怎样回应。如果组织提供的信息在质量和时间上无法满足员工的要求，员工们便可能会从其他渠道获得他们想要的信息，如小道消息、大众媒体；他们也可能会失去对公司的信心而出卖手中的股票；还可能会投诉。

2) 下行沟通的障碍

造成不良下行沟通的原因是多方面的，具体有以下几点。

(1) 公司发展所带来的组织结构的复杂化。当公司规模较小时，管理层与员工有频繁的面对面接触；随着公司的成长，出现了更多的层次和职权结构，这就可能导致信息延误、送错人或根本就没发送的情况。

(2) 对沟通的忽视。许多公司不断地修订长期目标和短期目标，却很少注意用有效的沟通去传达这些目标，以让全体员工都理解并接受它。

(3) 主管们很少检查自己的沟通技巧。一些主管养成了一些与下属沟通的方式和习惯，但从不考虑这些方式和习惯是否恰当，是否还需要改进或者存在更加有效的方式，甚至也不知道信息是否被接收或正确地接收了。

(4) 管理层把信息当作权力和工具。有些管理者会有意隐瞒真相和信息，或者将其作为奖赏给予个别员工，这可能会直接导致组织内部的冲突。

(5) 传递中信息的遗漏和曲解。组织结构的层级越多，信息传递中的遗漏和曲解就越多，而不恰当的沟通媒介也会给信息传递造成损失。一项著名的关于美国公司管理沟通状况的调查显示，信息在下行传递中，好像经过一个个漏斗而层层过滤，如果总经理的原始信息是 100%的话，传递经过五个层次，到达最后一个受信者那里时，很可能就只剩下20%了，80%的信息因为各种原因而丢失了。

3) 改进下行沟通的策略

首先，应从高层管理者做起。所有层次的员工都想听到高层的观点、希望和鼓励，如同他们希望高层也能倾听他们的想法一样。上层要多深入基层，多花时间在各层级的员工

身上，加强走动、管理，才能建立起上下级之间的良好信任和沟通关系。

其次，来自上层的信息必须是确实可靠的。不管是好消息还是坏消息，都必须是真实的、明确的。信息在某一情况下可能是一种意义，而在另一情况下可能是另一种意义，因此应当使信息明确、简洁，不要有意隐藏信息的某种意义。

最后，利用多种渠道、使用多种方式进行沟通。比如，现在很多大型公司的主管通常每周要和他的员工举行讨论会，每天使用即时通讯软件或电子邮件和下属高频率地沟通，重要的消息还要发布在公司的内网上。

2. 上行沟通

1) 上行沟通的定义和形式

上行沟通是指信息从组织的低级结构向高级结构传递的过程，即由下级到上级的沟通：发信者与受信者的关系与下行沟通正相反，沟通的内容主要是下级的工作汇报、工作总结、当前存在的问题、工作行为和反应、申诉、建议和意见等。依靠上行沟通，组织和管理层可以了解下级和整个组织工作及运营状况，了解员工对工作和组织的态度，以及时发现问题、解决问题。上行沟通状况是评价一个组织气氛的关键内容，在有效的上行沟通中，组织可以建立一种和谐而富有建设性的氛围，这种氛围对于人力资源的开发与管理具有重要作用。

2) 上行沟通的障碍

(1) 组织内上行沟通的每一步骤几乎都会有信息过滤和扭曲的发生，尤其是当明确了解决某些事件有可能对自己有利时，对信息的过滤就会发生在上行通道上。

(2) 在一些公司，中层管理者很快学会快速回应高层主管感兴趣的事情，或者及时报告好消息而延迟报告坏消息，他们希望在上级知道之前把问题解决或消除掉。

(3) 有时上行沟通不畅，是由于沟通链上出现了瓶颈(截取信息者)，而这个瓶颈可能是主管的秘书或行政助理，他们过滤所接收到的信息，并传送他们认为主管应该知道的信息。这个瓶颈也可能是力图升迁者，他们占有信息资源以显示自己的优势；也可能是竞争者，他们希望自己或自己的部门比其他人或部门更好而截留了可能有利于其他人和部门的信息。

(4) 主管与下属的关系不良，缺乏信任，双方又不肯花时间去相互了解和真诚沟通时，下属就会不愿意向上级提供信息。

3) 改进上行沟通的策略

定期实施员工调查可了解员工对组织和工作的感觉；设立员工意见箱；允许员工提出问题和看法，并得到高层管理者的解答；制定恳谈会制度，定期举行高层管理者与员工的座谈会，与下级员工进行对话和交流；公司内部刊物设立有关栏目，对员工的疑问予以解答；开发申诉程序，使员工的不满及时得到处理；对管理者的沟通技能进行培训，提高他们的沟通技能；建立上下级之间定期直接交流的制度。

3. 横向沟通

1) 横向沟通的定义和形式

横向沟通是指发生在同一工作群体的成员之间、同一层级的工作群体之间，以及任何不存在直线权力关系的人员之间的沟通。根据沟通主体是否来自同一管理层，可以将横向沟通分为两种：一种是指同一层级中成员的平行沟通，包括各部门管理者之间和成员之间的相互沟通；另一种是指处于不同层级但没有隶属关系的人员之间的交叉沟通(也称斜向沟通)。横向沟通代表了沟通者之间的共事关系，除了上行和下行的纵向沟通以外的所有组织沟通都可以视为横向沟通，如各部门经理间的沟通、团队成员之间的沟通、某部门经理与其他部门工作人员的沟通等。

横向沟通的存在是为了增强部门间的合作，减少部门间的摩擦，满足部门与部门间的信息共享，并最终实现组织的总体目标。横向沟通在加强个体与个体间、群体与群体间的理解，促进其合作和深化其感情方面十分重要，因此有许多企业正式规定了这种沟通方式。但在多数情况下，横向沟通是为了简化上行沟通、下行沟通这类烦琐的垂直交流，或者是为了加快工作速度，使信息更有效和准确地传递而进行的正式或非正式的沟通。然而，通常非正式的横向沟通在有上级的支持或者与上级达成共识时才能有效地发挥其上述功能，否则会被认为是越权、越级的行为，从而引发个体间或群体间的冲突。如某公司的开发部门经理收到某地举办产品展示会的邀请函，于是和市场部门协商，决定联合参加这个展示会。然而，就在一切准备就绪的时候，上级主管得知此事，认为这个展示会对公司的意义不大，决定不参加。结果两天的准备工作不仅浪费了两个部门的人力、物力，还使市场部门对开发部门大为不满。

不同目的和内容的横向沟通所采用的媒介不同。跨部门的横向沟通常采用会议、备忘录、报告等形式。而对于部门内员工的横向沟通，更多的是使用口头交谈、备忘录、工作日志等形式。由于沟通主体互相熟悉，有着相似的业务背景，此类沟通的效果通常比较理想。对于部门员工与其他部门管理者的沟通，使用面谈、信函和备忘录比较合适。

2) 横向沟通的障碍

由于不存在等级差异，沟通主体是平等的，这样的沟通应该更加有效。然而事实上，横向沟通的现状却令人担忧，因为没有权力关系的约束，许多沟通主体采取事不关己、高高挂起的态度，使横向沟通成为组织沟通中最难以控制、效果最不理想的沟通方式。

首先，部门化是横向沟通的最大障碍。很多情况下，一些部门为了达到自己的目标，无视其他部门乃至整个组织的利益而擅自行事，许多人也认为没有必要去了解其他部门正在发生的事情。部门经理们看不到彼此沟通的需要，甚至还会由于利益、目标的差异而冲突不断。

其次，公司战略和组织结构所产生的主次之分也导致沟通不畅。在许多公司，市场部被评价为最有权威的部门，因为公司面对的最大不确定性就是能否卖出产品，而能对组织的不确定性产生直接影响的就是市场部。但在一些公司，如 Intel 公司的工程师要比 P&G 公司的工程师更有影响力。因为 Intel 公司是高度技术导向的，为保持其产品在质量和技术方面的领先优势，公司强烈依赖他们的工程师。这样的事实容易导致组织部门有高低等级之分的成见，市场部或研发部认为本部门天生比其他部门重要，显然，类似的情况会降低正常的横向沟通的效果。

再次，空间距离也是障碍之一。许多企业将生产部门放在市郊乡村，而将市场营销部门置于市中心；而对于跨国公司来说，这种空间距离更是介于国家之间。因此，部门间面对面的交流相对较少，横向沟通可能会不够及时和深入，从而使沟通效果难以控制。

最后，员工之间、部门之间为工作资源、职位和认可的竞争与冲突，也是横向沟通常见的障碍。你拥有的资源越是稀缺和不可替代，你在组织中的影响力就越大。有时，为了保持这种稀缺性和不可替代性，人们可能会采取被认为是不合逻辑的行为。如不愿透露自己的工作技巧和经验；编撰专门的语言和术语以防止别人了解他们的工作；或故意神秘行事，使工作看起来显得比实际更复杂和更困难。

3) 改进横向沟通的策略

建构真实的组织结构图，标明职权关系，加强沟通流程的管理，减少员工方面的不必要猜疑；准确制定个人的工作说明，使每一个员工明确知道自己的工作内容、方法及工作关系，列出垂直和平行的沟通关系，并创造条件促进沟通；鼓励定期的会议或其他交流信息的方式。如果部门间能定期举行会议，互通情况，会减少传言的消极影响。另外，组织需要对冲突进行有效的管理。

3.2.2 非正式沟通

正式沟通的优点是沟通效果好，比较严肃而且约束力强，易于保密，可以使信息沟通保持权威性。以重要消息和文件传递组织的决策等一般都采取这种形式。但它又存在沟通速度慢、刻板、易于使信息失真等缺点。因此组织为顺利进行工作，必须依赖非正式沟通以补充正式沟通的不足。

非正式沟通是一类以社会关系为基础，与组织内部明确的规章制度无关的沟通方式。它的沟通对象、时间及内容等各方面都是未经计划和难辨别的。因为非正式组织是由于组织成员的感情和动机上的需要而形成的，所以其沟通渠道是通过组织内的各种社会关系，这种社会关系超越了部门、单位及层次。非正式渠道不是由管理者建立的，所以管理者往往很难控制。非正式渠道无所谓好坏，主要在于管理者如何运用。在相当程度上，非正式沟通是形成良好组织氛围的必要条件，相比较而言这种渠道有较大的弹性，可以是横向的和斜向的，而且信息传递速度很快。

在很多情况下，来自非正式沟通的信息反而易于获得接收者的重视。由于这种沟通一般是以口头方式，不留证据、不负责任，有许多在正式沟通中不便于传递的信息却可以在非正式沟通中透露。

非正式沟通往往具有如下一些特征：①非正式沟通的信息往往不是完整的，有些是牵强附会的，因此无规律可循；②非正式沟通主要是有关感情或情绪的问题，虽然有些也和工作有关，但常常也会带上感情的色彩；③非正式沟通的表现形式具有多变性和动态性，

因此它传递的信息不但随个体的差异而变化，而且也会随环境的变化而变化；④非正式沟通并不需要遵循组织结构原则，因此传递速度较快，而且一旦这种信息与其本人或亲朋好友有关，则传递得更快；⑤非正式沟通大多数在无意中进行，其传递信息的内容也无限定，在任何时间和任何地点都可发生。

根据专家的研究，组织中 80%的小道消息有可能是正确的。但组织并不能过分地依赖这种非正式沟通途径，因为这种信息遭到歪曲或发生错误的可能性较大，而且往往无从考证，尤其是与员工个人利益或团队利益紧密相连时(如晋升、待遇、裁员等)，常常会发生所谓"谣言"，这种谣言的散布往往会给组织带来较大的麻烦，比如会严重阻碍组织变革的推进，造成组织内部的人身攻击，打击团队士气，等等。当然管理者可以采取一些策略降低谣言的消极影响，使组织的沟通系统更为有效。具体的策略有以下几种。

(1) 有些谣言可不予理会。许多受谣言困扰的人和组织宁愿不做任何事，让时间自行熄灭谣言，甚至公共关系专家也较喜欢采取这种方法。因为反谣言行动可能会助长谣言的火焰，并给组织带来负面的压力，许多人本来不去倾听谣言，而反谣言行动反倒引起人们的注意了。

(2) 尽快告知事实。信息内容被了解后传播的速度最快，尤其当涉及朋友和同事时，人们会传递更多的丰富化了的传言。因此，不管是解雇、升迁或停职，必须让员工尽早知道真相，如果他们无法从公司获得信息，就会有小道消息产生。

(3) 直接说明某些决策或计划的保密性，而不遮掩、躲避，这或许不能减少谣言，但比让人们胡乱猜测更好些。有可能的话，明确公开进行决策的时间表，以减少人们的焦虑。

(4) 教育员工认识谣言的不良影响。举行讲习会或讨论会，对员工进行教育，使员工了解谣言产生的原因、对组织的影响与控制方法。

(5) 设立行动计划小组，使管理者可以与谣言传播者进行必要的沟通。

3.2.3　组织沟通渠道的表现形式

组织沟通渠道可分为正式渠道和非正式渠道两种基本类型，每种渠道又有许多种表现形式。

1. 正式渠道的形态

无论是上行、下行还是横向的信息，在组织中都可以通过正式的和非正式的沟通方式进行流通，沟通流程在组织中能够快速地变更和组合其形态。当这些形态或模式被人们习惯性地使用时，就形成了各种沟通网络。根据研究，以 5 人为一群体，沟通网络包括链式、环式、Y 式、轮式和全通道式五种基本的形态，分别代表五种不同的组织权威系统(见图 3-1)。

(1) 链式沟通。在组织系统中，它相当于一个具有 5 层的纵向沟通渠道，信息可自上而下或自下而上依次传递。那么处于两端的人只能与其靠近的处于内侧的一人发生沟通关系，而位于中间的人则可以与两人发生联系。也就是说处于最低层的人只能做上向沟通或接受经过层层传递可能已失真的信息，成员士气低；处于最上层的人向下传递信息，领导地位明显。这种网络有利于庞大的组织系统实行分层授权管理。

(2) 环式沟通。环式沟通可看成链式沟通的封闭结构，由此成员之间能依次进行彼此沟通和联系。每个成员都能与身边的人进行沟通，地位无明显的区别，集中化程度低，士气和参与积极性较高。如果需要创造一种高昂的士气和企业文化，可以利用这种网络形态。

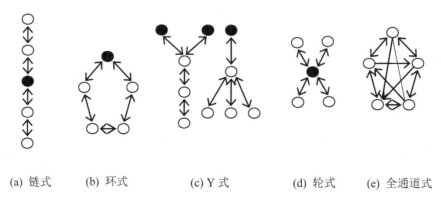

| (a) 链式 | (b) 环式 | (c) Y式 | (d) 轮式 | (e) 全通道式 |

图 3-1　沟通网络的种类

(3) Y式沟通。一个成员位于网络中心，代表两个主管人员分别向下级传递信息，或者下级向两个上级传递信息，权力较为集中。其交点，即网络的中心，成为信息的中转点，由它来选择自上而下或自下而上的信息，为主管节约时间。该形态一般适合于主管事务繁忙，需要有人(秘书)为其过滤信息以减少时间的浪费。但因设立了一个人为的机构(秘书)而有可能使信息失真、秘书掌权。这种结构可演化为另一种形态，主管通过秘书与三个下级发生沟通关系。

(4) 轮式沟通。上级与下级可发生沟通联系，而下级之间不能进行沟通联系，主管直接领导控制四个成员，形成一个权威系统，网络集中化程度高。组织成员的满意度和士气较低，但便于直接控制，组织的时间效率也高。此形态适合于接受了紧急任务或必须抢时间完成的攻关项目。

(5) 全通道式沟通。这种网络集中化程度低，员工之间都能进行互相沟通，无中心人物，是一个开放式的系统，士气高昂，民主气氛浓厚。

2. 非正式渠道的形态

非正式渠道作为一种自然状况下出现的沟通方式，又呈现出什么样的形式呢？一般来说，可将它们归为四种类型，如图 3-2 所示。

(1) 单串型。信息在非正式渠道中依次传递，即一个人转告另一个人，他也只能再转告一个人。

(2) 饶舌型。信息由一个人 A 告诉其他所有人，其中 A 是非正式沟通中的关键人物。

(3) 集合型。在沟通中，可能有几个中心人物，由他们转告若干人。A 将信息传递给特定的 B、C、D，再由他们传递出去。

(4) 随机型。信息由 A 随机传递给某些人，这些人又随机地传给另一些人。即想告诉什么人便告诉什么人，并无一定的中心人物或选择性。

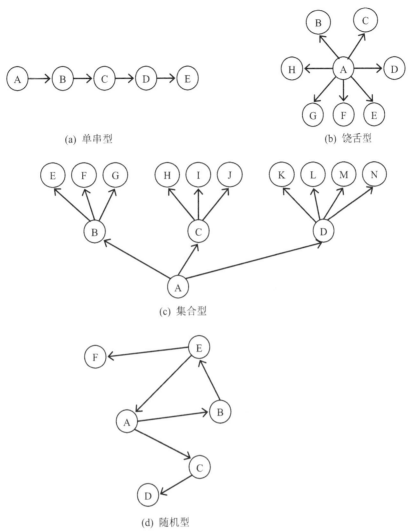

图 3-2　非正式渠道的四种形态

3.3　组织沟通的方式

所谓组织沟通方式，指的是组织沟通所采取的具体方法和手段，有时也称为沟通方法。组织在沟通的过程中可选择的方式有许多种，即使在同一沟通过程中，也可以组合多种方法或者不断变换方式方法。组织对外沟通可采用的方式有广告、谈判、游说、公关等。在组织内部的沟通中，也有指示与汇报、会议与个别交流、书面、口头等多种方式。

3.3.1　组织内部的沟通方式

1. 指示与汇报

指示是上级指导下级工作、传达上级决策经常采用的一种下行沟通方式，它可以使一

个项目启动、更改或终止。而汇报则是下级在总结工作、反映情况、提出建议时进行的一种上行沟通方式。

指示一般是通过正式渠道进行沟通的，具有权威性、强制性等特点。指示可以具体分为书面指示和口头指示、一般指示和具体指示、正式指示和非正式的指示等。在决定指示是书面的还是口头的时候，应考虑的问题是：上下级之间的信任程度和关系持久性，以及避免指示的重复性等。如果上下级之间信任程度较高，持久性较好，则采用口头指示和通知即可。对于重要的决议或命令，为了避免争执和增加权威，或是为了对所有有关人员宣布一项特定的任务，则应该用书面指示。

汇报则多是下级向上反映情况、提出设想、汇报思想时经常采用的一种沟通方式。汇报也可分为书面汇报、口头汇报、专题汇报或一般性汇报、非常正规的汇报或较为随意的汇报。有些汇报不仅仅要用书面的形式，而且还要加上口头的方式。有些汇报则只需要书面或口头的方式。不同的组织，其对于汇报方式的规定也是不同的。

2. 会议与个别交流

组织内部沟通的本质是组织成员间交流思想、情感或交换信息。而采取开会的方式，就是提供了交流的场所和机会。个别交流则是指组织成员之间采用正式或非正式的形式，进行个别交谈，以交流思想和情感，或征询谈话对象对组织中存在的问题和缺陷的看法，或对其他员工的看法和意见等。相比较而言，会议这种沟通方式具有如下一些特点。

(1) 会议可以集思广益，与会者在意见的交流过程中可以获得一种满足，在意见交流后，也会产生一种共同的见解、价值观念和行动指南，而且还可以使相互之间的关系更密切。

(2) 会议可以使人们了解决策的过程，从而更加竭尽全力地执行会议的决议。

(3) 通过会议，人们可以发现未曾注意到的问题，并加以认真研究和解决。

而个别交流则具有无拘无束、双方都感到亲切并且相互信任的优点，这对双方统一思想、认清目标、体会各自的责任和义务都有很大的好处。而且在个别交流中，人们往往愿意表露真实思想，提出一些不便于在会议场所提出的问题和意见，从而使沟通双方在认识、见解等方面更容易一致。

3. 内部刊物与宣传告示栏

对于许多规模较庞大的组织，各成员很难坐到一起召开会议，也难以通过个别交流法进行沟通，那么内部刊物就是一种较好的替代方式。内部刊物主要是反映组织最近的动向、重大事件以及一些提醒成员、激励成员的内容。不同的组织，内部刊物的形式、周期、内容差异很大，所以沟通的效果也就千差万别了。

宣传告示栏则是另外一种类型的沟通方式，我们可以发现，许多组织在其公众场合都有海报栏、信息栏。这是一种非常有效的组织沟通方式。它具有成本低、沟通面广、沟通较为准确和迅速的优点。随着信息技术的飞速发展，公共宣传告示栏已向无形化转变，比如微信公众号等。而且内部刊物也在向这种无形化的方面转变，较普遍的方式是在内网OA上进行通告。

4. 意见箱与投诉站

当组织内部沟通出现障碍时，下层员工的各种设想、意见很难反映到上层。即使组织沟通系统正常，也会因为沟通过程中信息的"过滤""扭曲"等原因而使员工的思想传递受阻，所以一般组织中都设有意见箱，以便高层领导能够直接收到下层传达来的信息。当下级的正当权益得不到有效的保护，而通过沟通来解决又失败后，往往可以通过企业内部的投诉站来加以协调。

5. 领导见面会与员工座谈会

在组织中还有一种比较重要的沟通方式，便是定期的领导见面会和不定期的员工座谈会。领导见面会是让那些有思想、有建议的员工有机会直接与主管领导沟通。员工座谈会则是在管理者觉得有必要获得第一手的关于员工真实思想、情感的资料，而又担心通过中间渠道会使信息失真时所采取的一种领导与员工直接沟通的方法。员工座谈会是由上级发起的，上级领导是沟通的主动方，而领导见面会则是应下层的要求而进行的沟通。

除了这里所列的几种沟通方式之外，组织内部沟通方式还有许多种，如举办讲座、郊游、联谊会、聚餐等各种正式或非正式的沟通方式。

3.3.2　组织外部的沟通方式

组织是生存于一定的环境之中的，除了要进行内部沟通以外，还必须处理好与其周围的公众、同业者、政府以及供应商和消费者之间的关系，有效地同其他组织进行业务往来和合作，这些都离不开沟通。组织对外沟通的方式与内部沟通方式有很大的不同，大概可以分为公关(是公共关系的简称)、CI 策划、商务谈判等几种沟通方式。

1. 公关

公关作为组织对外沟通中最基本、最重要的方式，是组织处理好与顾客、供应商、经销商以及媒体关系的基本方法。它主要是通过组织与顾客等其他公众之间的信息交流与沟通来实现的。这种方式可以细分多种具体的方法。如可以用产品展示会的形式向公众传递产品的有关性质，并接受顾客对产品的评价；可以利用电视、报刊等各种媒体做广告，或者通过征答的形式收到公众的反馈；可以通过召开记者招待会的形式促进组织与媒体的沟通等。

2. CI 策划

在当今的社会中，广告无处不在，无时不有。色彩缤纷的广告已经很难在人们的记忆中抢占一席之位了，单靠广告这种方式对外沟通信息已经变得越来越无效了。为了更为有效地对外传递和沟通信息，CI 策划应运而生。CI(也称 CIS，Corporate Identity System，企业形象识别系统)是一种有关公司个性特征、经营理念、经营风格的高度浓缩体，具有简洁明了、便于识别和记忆的特点，已经被许多公司和组织证明是一种非常有效的沟通方式。

3. 商务谈判

当组织与其他组织需要进行合作时，往往要相互摸清底细，并且相互交流各自的目

的、需求，以便能够使合作对双方均有所收获。而这一切信息的交换在很大程度上都是通过商务谈判这种沟通方式来完成的。美国谈判学会会长杰勒德·尼尔伦伯格(Gerard I. Nierenberg)认为，谈判是人们改变相互关系而沟通意见，为取得一致而相互沟通的一种行为。

4. 与顾客直接接触沟通

当今，在企业管理中存在的一个重大问题是管理者高高在上，脱离了基层员工，脱离了顾客，从而也就脱离了发现问题和创新的源泉。他们被成堆的数据报表、无休止的会议所纠缠，而不佳的企业经营状况却并没有得到改善。与顾客直接接触沟通，就是要不拘泥于形式，通过各种可能渠道、各种方式与顾客直接地、不断地保持沟通联系，这不仅是保留顾客的绝妙办法，而且是企业不断创新、改进老产品、推出新产品的源泉。深入接触顾客，倾听顾客的意见，建立与顾客畅通的沟通渠道，有时会给企业带来非常大的收获。

5. 顾客调查

顾客调查是企业与顾客沟通的基本内容，通过调查，有助于把握顾客需求的现状及变化趋势，从而采取相应的措施以达到更高程度的顾客满意水平。顾客调查的办法多种多样，其具体运用视调查对象与调查目的而定。常用的形式是问卷调查和聘请专业调查公司。但是一般的调查方法往往仅限于发现调查表里的意见及需求，要进一步探寻顾客潜在性的意见，还需要采取一些特殊的方法。这些方法包括：设立专门的咨询柜台，了解顾客的迫切期待与愿望；从日常与顾客的交谈中，努力搜寻可供参考的线索；同时并用多种方法，将所得结果交叉整理，进行系统分析；当顾客从同行业的其他公司转移到本公司，或从本公司流失或正要流失时，再三询问他们转移的原因，以便找出问题的关键点。

习　　题

一、思考题

1. 组织沟通的作用是什么？
2. 纵向沟通存在的障碍有哪些？如何克服？
3. 组织沟通的渠道有哪些？
4. 简述组织外部沟通和内部沟通方式的特点。

二、案例分析题

美邦公司的企业员工意见沟通制度

美邦是一家拥有11 000名员工的大公司，在多年前就认识到员工意见沟通的重要性，并且不断地加以实践。现在，公司的员工意见沟通系统已经相当成熟和完善。特别是在近年，面临全球的经济不景气，这一系统对提高公司劳动生产率发挥了巨大的作用。

公司的员工意见沟通系统是建立在这样一个基本原则之上的：个人或机构一旦购买了美邦公司的股票，他就有权知道公司的完整财务资料，并得到有关资料的定期报告。本公

司的员工也有权知道并得到这些财务资料和一些更详尽的管理资料。美邦公司的员工意见沟通系统主要分为两个部分：一是每月举行的员工协调会议，二是每年举办的主管汇报和员工大会。

1. 员工协调会议

早在 20 年前，美邦公司就开始试行员工协调会议，员工协调会议是每月举行一次的公开讨论会。在会议中，管理人员和员工代表共聚一堂，利用这个机会，将公司政策和计划讲解给代表们听，相互之间进行广泛的讨论。

在员工协调会议上都讨论些什么呢？这里摘录一些资料，可以看出大致情形。

问：公司新自动餐厅的四周墙上一片空白，很不美观，可不可以搞一些装饰？

答：公司工会在作福利方面的预算，准备布置这片空白墙。

问：管理部门已拟工作 5 年后才有一个星期的休假，管理部门能否放宽规定，将限期改为 3 年？

答：按公司的惯例在多方面做了很大的努力，诸如团体保险、员工保险、退休金福利计划、增产奖励计划、意见奖励计划和休假计划等。我们将继续秉承以往精神，考虑这一问题，并呈报上级，如果批准了，将在整个公司实行。

问：可否对刚病愈的员工行个方便，使他们在复原期内，担任一些较轻松的工作？

答：根据公司医生的建议，给予个别对待，只要这些员工经医生证明，每周工作不得超过多少小时，但最后的决定权在医生。

问：公司有时要求员工星期六加班，是不是强迫性的？如果某位员工不愿意在星期六加班，公司是否会算他旷工？

答：除非重新规定员工工作时间，否则，星期六加班是属于自愿的。在销售高峰期，如果大家都愿加班，而少数不愿加班，应仔细了解其原因，并尽力加以解决。

要将 11 000 多名职工的意见充分沟通，就必须将员工协调会议分成若干层次。实际上，公司内有多个这类组织。如果有问题在基层员工协调会议上不能解决，将逐级反映上去，直到有满意的答复为止。事关公司的总体政策，就一定要在首席代表会议上才能决定。总部高级管理人员认为意见可行，就立即采取行动；认为意见不可行，也得把不可行的理由向大家解释。员工协调会议的开会时间没有硬性规定，一般都是提前一周在布告牌上通知。为保证员工意见能迅速逐级反映上去，基层员工协调会议应先开。

同时，美邦公司也鼓励员工参与另一种形式的意见沟通。公司在各处安装了许多意见箱，员工可以随时将自己的问题或意见投到意见箱里。

为配合这一计划实行，公司还特别制定了一些奖励规定，凡是员工意见经采纳后产生了显著效果的，公司将给予优厚的奖励。令人欣慰的是，公司从这些意见箱里获得了许多宝贵的建议。如果员工对这种间接的意见沟通方式不满意，还可以用更直接的方式来面对面地和管理人员交流。

2. 主管汇报

美邦公司主管汇报涉及员工大会的情况，每年的股东财务报告、股东大会情况等，公司员工每人都可以收到一份详细的公司年终报告。

这份主管汇报有多页，包括公司发展情况、财务报表分析、员工福利改善、公司面临的挑战以及对协调会议所提出的主要问题的解答等。公司各部门接到主管汇报后，就开始

召开员工大会。

3. 员工大会

员工大会都是利用上班时间召开的，每次人数不超过 250 人，时间大约两个半小时，大多在规模比较大的部门里召开，由总公司委派代表主持会议，各部门负责人参加。会议先由主席报告公司的财务状况和员工的薪金、福利、分红等与员工有切身关系的问题，然后便开始问答式的讨论。

这里有关个人问题是禁止提出的。员工大会不同于员工协调会议，提出来的问题一定要具有一般性、客观性，只要不是个人问题，总公司代表一律尽可能予以迅速解答。员工大会比较欢迎预先提出问题的方式，因为这样可以事先充分准备，不过大会也接受临时性的提议。

下面列举一些讨论的资料。

问：本公司高级管理人员的收入太少了，公司是否准备采取措施加以调整？

答：选择比较对象很重要。如果选错了参考对象，就无法做出客观评价，与同行业比较起来，本公司高层管理人员的薪金和红利等收入并不少。

问：本公司在目前经济不景气时，有无解雇员工的计划？

答：在可预见的未来，公司并无这种计划。

问：现在将公司员工的退休基金投资在债券上是否太危险了？

答：近几年来债券一直是一种很好的投资，虽然现在比较不景气，但是立即将这些债券脱手，将会造成很大损失，为了这些投资，公司专门委托了几位财务专家处理，他们的意见是值得我们考虑的。

美邦公司每年在总部要举行 10 余次员工大会，在各部门先后举行 100 多次员工大会。那么，美邦公司员工意见沟通系统的效果究竟如何呢？

在 20 世纪 80 年代全球经济衰退中，美邦公司的生产率平均每年以 10%以上的速度递增。公司员工的缺勤率低于 3%，流动率低于 12%，在同行业中处于最低水平。

(资料来源：胡巍. 管理沟通原理与实践. 济南：山东人民出版社，2003：P101.)

分析：

(1) 美邦公司是怎样具体实施员工沟通制度的？

(2) 仔细分析美邦公司员工意见沟通系统的总体指导原则是什么，依据是什么。

(3) 既然美邦公司的这种方法能取得如此效果，为什么至今采用这种方法的公司不多？

微课视频

扫一扫获取本章相关微课视频。

3-1　横向沟通.mp4　　　　　3-2　上行沟通.mp4　　　　　3-3　下行沟通.mp4

第4章 有效倾听

【学习目标】

- 理解倾听的重要性，增强倾听意识。
- 明确倾听的特征和类型。
- 掌握克服倾听障碍的策略。
- 提高提问质量，促进有效倾听。

圣诞节的悲剧

那是一个圣诞节，一位美国男士为了和家人团聚，兴冲冲地从异地乘飞机往家赶，一路上幻想着团聚的喜悦情景。但恰在此时，老天却变脸了，这架飞机在空中遭遇了猛烈的暴风雨，飞机脱离航线，上下左右颠簸，随时随地都有坠毁的可能。空姐也脸色煞白、惊恐万状地吩咐乘客写好遗嘱放进一个特制的口袋。这时，飞机上所有人都在祈祷，也就是在这万分危急的时刻，飞机在驾驶员的冷静驾驶下终于平安着陆，于是，大家都松了口气。

这个美国男士回到家后异常兴奋，不停地向妻子描述在飞机上遇到的险情，并且满屋子转着、叫着、喊着……然而，他的妻子正和孩子兴致勃勃地分享着节日的愉悦，对他经历的惊险没有丝毫兴趣。男人叫喊了一阵，却发现没有人听他倾诉，他死里逃生的巨大喜悦与被冷落的心情形成强烈的反差。在他妻子去准备切蛋糕的时候，他却爬到阁楼上，用上吊这种古老的方式结束了从险情中捡回的宝贵生命。

(资料来源：洛杉矶时报. 2016.12.26.)

一个在飞机上遭遇惊险却大难不死的美国人回家后反而自杀了。设想一下：如果当时他的家人能够仔细倾听他的遭遇，并给予他及时的关心和安慰，这场悲剧是否可能避免？

倾听在商务和管理沟通中的重要性，再怎么强调也不为过。一项研究表明，管理者这样安排他们的时间：19%用于读；22%花在写上；26%参与说；33%在倾听。这说明倾听在管理沟通中占有主导地位。擅长倾听的管理者往往通过倾听，在与上级、同事、下属以及顾客的交谈中获得有价值的、最新的信息，进而对这些信息进行思考和评价，以有的放矢地做好有效沟通。倾听对于建立相互信任的关系十分重要。戴尔·卡耐基(Dale Carnegie)说过："在生意场上，做一名好听众远比自己夸夸其谈有用得多。如果你对客户的话感兴趣，并且有急切地想听下去的愿望，那么订单通常会不请自到。"

然而，要掌握良好的倾听技能，需要进行一系列的学习和训练。

4.1 倾听的特征

工作中的倾听比课堂上的听讲要复杂得多。很多课堂上的讲课往往组织严谨，通过给出标记或不断重复重点部分来帮助听课者领会其含义。可是，谈话通常会跑题。某份报告的截止日期等重要信息可能被夹杂在其他项目的截止日期等相关信息中。此外，课堂上听课主要是为了获取信息。然而，在与同事和朋友交往时，除了倾听之外，还要了解情绪的变化。当员工流露出受冷落或工作压力过大的情绪时，必须及时加以处理。但是只有意识到这种情绪，才能有的放矢。

同时，倾听是一种美德，是一种尊重，是一种与人为善、心平气和、谦虚谨慎的姿态。沟通高手同时也是倾听高手，倾听是成熟人最基本的素质，智者善听，仁者善听。倾听是用耳听，用眼观察，用嘴提问，用脑思考，用心灵感悟。

倾听是把感官、感情和智力的输入综合起来，寻求其含义和理解的智力和感情过程。只有接收者理解了发送者的实际信息，倾听才是有效的。接收者的有效倾听，对于使反馈达到最高水平和在对待别人和接受别人方面表现出来的开放性，都是至关重要的。

归纳起来，听可分为以下五种不同的表现形式。

1. 不听

因信息发送者或接收者等原因，听者基本没有听，双方的沟通是无效的，信息发送者很容易看出信息接收者的这种行为。在实际工作中一定要分析这种行为产生的原因，并克服这种行为。

2. 假装听

由于某种原因，被迫假装听，其实听者并没有将注意力集中在说话者身上，只是体态形式上表现出基本的听的动作而已。信息发送者只要略加注意就能发现信息接收者的这种行为。在实际工作中一定要分析这种行为产生的原因，并克服这种行为。

3. 有选择的听

有选择的听也称随意听，或者是社交性倾听，这种形式极为普遍。此种听不用太投入，依据信息的价值和重要程度有选择性地倾听。

4. 全神贯注的听

全神贯注的听是指集中思想和注意力综合分析以及评价信息发送者的信息。全神贯注的听不仅是用心地倾听，而且还要正确分析信息发送者的信息，理解并将复杂纷乱的内容变成有价值的信息。这种倾听者注重所听信息的主要内容及重要细节，主要运用在商务合作、合同、进度报告、财务信息、重要汇报等方面。

5. 站在对方的角度听

站在对方的角度听是倾听中的最高境界，能设身处地地站在信息发送者的立场和角度理解和分析所接收的信息，与信息发送者产生共鸣。

4.2 有效倾听在商务活动中的作用

对于商务人员来说，有效倾听在实际沟通过程中的作用如下。

1. 获得相关信息

就像美国管理学家汤姆·彼得斯和南希·奥斯汀提到的一样，有效的倾听可以使商务人员直接从对方口中获得相关信息。众所周知，在传递信息的过程中，总会有或多或少的信息损耗和失真，经历的环节越多，传递的渠道越复杂，信息的损耗和失真程度就越大。所以，经历的环节越少，信息传递的渠道越直接，人们获得的信息就越充分、越准确。

2. 体现对对方的尊重和关心

当商务人员认认真真地倾听对方谈话时，对方可以畅所欲言地提出自己的意见和要求，这除了可以满足他们表达内心想法的需求外，也可以让他们在倾诉和被倾听中获得关爱和自信。对方希望得到商务人员的关心与尊重，而商务人员的认真倾听则可以使他们的这一希望得以实现。通过有效的倾听，商务人员可以向对方表明，自己十分重视他们的需求，并且正在努力满足他们的需求。

3. 创造和寻找商务成交的时机

倾听当然并不是要求商务人员坐在那里单纯地听那么简单，商务人员的倾听是为达成交易而服务的。也就是说，商务人员要为了交易的成功而倾听，而不是为了倾听而倾听。在倾听的过程中，商务人员可以通过对方传达出的相关信息判断客户的真正需求和关注的重点问题，然后，商务人员就可以针对这些需求和问题寻找解决的办法，从而令客户感到满意，最终实现成交。

4. 引导和鼓励对方开口说话

认真、有效的倾听的确可以为商务人员提供许多成功的机会，但这一切都必须建立在对方愿意表达和倾诉的基础之上，如果对方不开口说话，那么纵使倾听也是枉然。为此，商务人员必须学会引导和鼓励对方谈话。

因此，在商务活动中有效倾听应遵循以下一般原则。

- 保持兴趣。应当抱有一定的理由或目的来倾听，找出发送者的信息的价值和意义，保持兴趣。
- 暂停判断。至少在开始时应当如此，要把注意力集中在发送者的全部信息上，而不是急于下结论。
- 排除干扰。要能够抵御噪声、景象和他人影响等因素引起的精力分散，一心关注发送者。
- 延迟反馈。在对发送者做出反馈之前，稍微暂停一下，判断准确后再提供反馈。
- 复述信息。当发送者的信息带有感情色彩或不清楚时，要复述出来，以得到确认。

- 找准意图。通过信息的全部内容和感受，找出信息背后的真实意图。
- 插空思考。利用思维速度(400～500个词/分钟)和讲话速度(100～150个词/分钟)的时间差距，思考听到的内容，为做出准确的判断做准备。

4.3 倾听错误及其克服

人们在倾听中常会出现问题，如受情绪状态的影响、刻板印象、接收信息时的非理性等。

倾听错误可能是由你自身的情感反应及由此而产生的精力不集中所致，尤其是当话题富有争议时。倾听者应该注意说话者的情绪变化，以便了解说话者的用意，如果有必要的话，还能争取时间冷静地思考。换位思考的方式也适用于倾听。如果倾听者全神贯注地听，而不是想着如何进行回应，就会更有效地理解说话者的意思。过多考虑自己的反应，很容易导致错过很多重要信息。

一些倾听错误是由于倾听者没有抓住重点而造成的。因此，要注意所要了解的要点，并集中精力倾听这些内容。

分心和不良情绪会使倾听者误解说话人的意思。要减少因误解而导致的倾听错误，必须注意以下几点。

- 复述说话者所说的内容，让他或她来纠正你的理解。
- 在谈话结束后，与其他人，特别是下一位说话者，核实一下你的理解是否正确。
- 谈话结束后，要记下那些对最终期限或业绩评价产生影响的重点。
- 不要忽略自己认为没有必要的指令。在采取其他对策之前，与指令发出者核对，了解发出该指令的理由。
- 考虑他人的背景和经历。为什么这一点对说话者很重要？他或她说这句话可能意味着什么？

倾听意味着你尊重说话者。感知性反应(acknowledgment response)——点头、哼哈、微笑、皱眉——都说明你在倾听。但是，请记住，倾听时的反应往往随文化的不同而不同。

以积极的态度去倾听也有助于我们克服倾听错误。在积极式倾听中，接收者会积极地通过语言与情感反馈信息来向说话者表明他对所听到的内容的理解。进行积极反馈的策略有以下四种。

- 解释内容。用自己的话把意思反馈给对方。
- 了解说话者的感觉。确定你听出来的说话者的感觉。
- 要求对方提供信息或者进行阐明。
- 帮助对方解决问题。(我该怎么做才能给予帮助？)

很多人不只是了解说话者的话，而是会即刻对说话内容进行分析，或寻求解决问题的方法，或取消对问题的讨论。那些遇到困难的人最需要知道的是我们明白他们的处境。表4-1列出了一些有碍沟通的响应方式以及可能的积极响应。命令或威胁式响应相当于告诉对方：我不想听你讲。说教式响应、批评性响应具有攻击性。将问题大事化小式响应方

式表明不重视，甚至会否认他人的能力，认为对方只是将一些较大的问题处理得尚可而已。建议式响应则意味着拒绝讨论问题。即刻做出响应会减轻对方感受到的痛苦，但也会令对方因自己看不到如此明显的答案而感到自卑。即使从客观上讲建议很不错，但其他人还没做好倾听的准备，通常而言，这种未经仔细考虑的建议并不能解决实质问题。

积极倾听需要时间和精力，即使是经验丰富的积极倾听者也会有闪失。积极倾听能够减少因沟通有误而引起的冲突。不过，当双方的期望值有明显的差异或一方打算改变另一方时，仅靠积极倾听是无济于事的。

表 4-1　阻碍式响应与对应的积极响应

阻碍沟通的响应方式	可能的积极响应
命令式响应、威胁式响应 "我不管你怎么做。只要在周五之前把报告交给我就行。"	解释内容 "你是说，周五之前你没有时间完成报告。"
说教式响应、批评式响应 "你应该比谁都清楚，本部门的问题不宜在会上公开。"	了解感受 "好像本部门的问题使你很不安。"
将问题大事化小式响应 "你不喜欢那样。但你应该了解一下本周我要完成的任务有多少。"	索取信息或要求解释 "问题的哪一部分最难解决？"
建议式响应 "那么，你为什么不将所有要做的事都列出来，看看哪些事情最重要呢？"	提供帮助，一起解决问题 "我能做点什么吗？"

4.4　有效倾听的策略

有效倾听不是一种天生的本能(有听力障碍者除外)，而是一种需要不断学习和锻炼的技巧。为了达到良好的沟通效果，就必须不断地修炼倾听的技巧。

1. 集中精力，专心倾听

这种策略是有效倾听的基础，也是实现良好沟通的关键。要想做到这一点，商务人员应该在与对方沟通之前做好多方面的准备，如身体准备、心理准备、态度准备以及情绪准备等。疲惫的身体、无精打采的神态以及消极的情绪等都可能使倾听归于失败。

2. 不随意打断对方谈话

随意打断对方谈话会打击对方说话的热情和积极性，如果对方当时的情绪不佳，而你又打断了他们的谈话，那无疑是火上浇油。所以，当对方的谈话热情高涨时，商务人员可以给予必要的、简单的回应，如"噢""对""是吗""好的"等。除此之外，最好不要随意插话或接话，更不要不顾对方喜好而另起话题。

3. 谨慎反驳对方观点

对方在谈话过程中表达的某些观点可能有失偏颇，也可能不符合你的口味，但是你要记住：在商务活动中顾客永远都是上帝，他们很少愿意听到商务人员直接批评或反驳他们的观点。如果你实在难以对对方的观点做出积极反应，那么可以采取提问等方式改变对方的谈话重点，引导对方谈论更能促进合作的话题。

4. 注重倾听的礼仪

在倾听过程中，商务人员要尽可能地保持一定的礼仪，这样既显得自己有涵养，有素质，又表达了你对对方的尊重。通常在倾听过程中需要讲究的礼仪如下。

- 保持视线接触，不东张西望。
- 身体前倾，表情自然。
- 耐心聆听，请客户把话讲完。
- 真正做到全神贯注。
- 对客户意见表示感兴趣。
- 重点问题用笔记录下来。
- 插话时请求客户允许，使用礼貌用语。

5. 及时总结和归纳对方观点，并给予真诚的赞美和评价

采用这种策略，一方面可以向对方传达你一直在认真地倾听，另一方面也有助于保证你没有误解或歪曲对方的意见，从而使你更有效地找到解决问题的方法。

赞美是人际交往中的制胜法宝。在倾听中，可结合具体事件给予对方适当的真诚赞美。

6. 沟通中有效提问，增强倾听的有效性

倾听中的提问是商务洽谈中语言运用的主体部分，是整个洽谈中双方正面交锋的主要形式。在商务洽谈中，一方听完另一方的叙述之后，审慎而策略地提出己方的质疑，另一方做出相应的回答。这样，双方围绕着洽谈的主题，有问有答，推动着整个洽谈朝一致希望的方向发展。

提问是洽谈中双方沟通的基本手段和重要途径，这有助于明确观点，理清事实，消除误解与疑虑。提问同时也是对对手进行"火力侦察"，获得己方所需的信息的一种策略性手段，对洽谈的成功与否有着重要的影响。具体来说，提问要掌握以下几点。

1) 根据目的的不同，选择合适的提问方式

(1) 一般性提问。

没有特定的需要，可以采取这种开放性的发问获取信息、资料。其特点是没有特定的范围、条件的限制，对方可以根据自己的所知或理解做相应的答复。比如，"贵公司对敝厂产品有什么看法？"

(2) 选择性提问。

若有某些特定的需要，希望对方在表态时做适当的考虑或让步，可选用此种方式。比

如，"贵方愿意支付现金，享受优惠价格，还是乐于按现有价格成交，实行分期付款？"

(3) 直接性提问。

直接性提问又称是非性提问。其特点是具有特定的范围限制，要求对方在此范围之内做出明确的答复(肯定或否定)，具有一定的可控性。一般用于己方的某些观点或方案需对方明确表态之时，比如，"贵公司对这种商品的款式有没有兴趣？"

(4) 诱导性提问。

若想要增强自己的观点的合理性，或促使对方对观点表示认同，常常可选用此种方式。这种提问方式的特点是发问本身已隐含了己方的观点，且所暗含的判断常常是一个双方都毋庸置疑的常理，具有很强的可控性，往往能诱使对方除了表示同意之外别无选择。比如，"我方已做了如此大的让步，贵公司该满意了吧？"

(5) 延伸性提问。

若意图在于获得更多的信息，巩固并扩大洽谈所取得的成果，可选择这种提问方式。如，"贵公司既已表示我方承销 3000 吨可按定价的八折批货，那么，如果我方承销 5000 吨呢？是否可以按更大的折扣批货？"

(6) 核实性提问。

在洽谈过程中，一旦对方开出了有利于己方的条件或提出了有利于己方的观点，为防止对方中途变卦，将答应的条件或提出的观点收回，可及时采用这种提问方式，迫使对方证实其原先提出的观点或答应的条件有效。例如，"您刚才说这宗交易可以提前交货，这是不是说可以在 9 月底以前交货？"

2) 审时度势，抓准时机，及时提问

在商务洽谈中，同样一个提问，由于提出的时机不同，洽谈的气氛不同，对方的心境不同，往往会产生不同的乃至截然相反的效果，以至事与愿违。因此，在商务洽谈中发问时机的选择很有讲究。要求洽谈者在提问时能纵观现场的气氛，把握对方的心境，审时度势，因情制宜，抓准时机。例如，当对方正踌躇满志之时，往往易于松开"口子"，满足你提出的条件，这时就是提问的最佳时机。

3) 随机应变，沉着冷静，精思巧问

商务洽谈如棋场对弈，棋局往往会变幻莫测。这就要求双方能随机应变，冷静思考，精思巧问。比如，在商务洽谈中，为了求得对方的赞同，不妨仿效"扮猪吃老虎"之术，以"内精外傻"的方式，提出一些大智若愚的问题，不仅可以麻痹对手，甚至使对手在一种优越感的冲击下轻易让步，接受己方的要求。如果对方企图或正在回避你所提出的问题，应有勇气继续发问，以观察对方的反应。如果对方回答不完整，却"顾左右而言他"时，应耐心而缓和地追问，使对方除了表示赞同，别无选择。

4) 前后连贯，语速适中，语气缓和

在提问时，特别要注意前后的连贯性，即尽量根据对前一个问题的答复提出新问题。提问时的语速要适中，速度太快容易使对方产生受审的不愉快感，影响洽谈的气氛；语速太慢则又容易给人以反应迟钝的印象，冲淡对方的兴趣。在提问时还须把握好自己所使用

的语气。商务洽谈是一种互惠的合作过程，特别讲究友好和谐的洽谈气氛。因此，提问时语气要缓和、友好，切忌使用威胁、讽刺的语气。

习　题

实训题

倾听情景实演：

(1) 请两学生分别扮演上下级关系，针对一项工作事宜，下级向上级进行请示汇报工作。观察他们的整个沟通过程，重点分析双方的倾听情况。

(2) 请两个小组分别扮演洽谈双方，针对一项商务合作进行商务洽谈，观察他们的整个沟通洽谈过程，重点分析双方的倾听提问情况。

地点：沟通实验室。

 微课视频

扫一扫获取本章相关微课视频。

4-1　有效倾听01.mp4　　4-2　有效倾听02.mp4　　4-3　有效倾听03.mp4　　4-4　有效倾听04.mp4

第5章 书面沟通

【学习目标】

- 了解书面沟通的种类、特点。
- 了解书面沟通应遵循的原则。
- 了解写作的程序与技巧。
- 掌握商务信函的写作技巧。
- 掌握书面沟通与口头沟通的区别。

一封婉拒信

您好:

感谢您给我们发来应聘管理顾问职位的求职信。正如您所了解的那样,我们的管理咨询部是几家主要会计师事务所中最大、最好的部门之一。正因如此,我们总是会仔细审查应聘者的教育背景、工作经历和其他方面的条件。

由于管理咨询部门有着良好的信誉和完善的培训计划,在本国占据着重要的地位,所以有很多人都在极力应聘这一职位,其中已获得 MBA 学位的人占了很大的比例。应聘者的数量和素质都使我们难以选择。最终,我们决定以工作经验为标准确定参加面试的人选,因而没能满足您应聘的请求,请予谅解。

随着管理咨询部的不断发展,我们还会招聘新员工。而您的经验也会随着时间的推移而不断丰富,希望有一天您能来我们部门工作。再一次向您说明,在这个问题上,我们与您一样感到遗憾。

×× 公司

(资料来源: http://zhidao.baidu.com/question/87137260.html)

讨论:

信中存在哪些不合适的地方?

在日常生活和交往中,人们沟通的方式除了语言沟通之外,还有一种重要的沟通方式就是书面沟通。书面沟通在表达思想、传递思想、交流情感、布置任务、履行合约等各方面都具有其他沟通方式所不能替代的重要功能。有统计表明,企业中高层领导的大部分时间都花在文件的审阅、传递和拟订上面,也就是说,其大部分时间都花在书面沟通上。

5.1 书面沟通概述

所谓书面沟通，是指借助书面文字材料实现的沟通方式，是人们进行信息传递与思想交流的沟通形式。企业一刻也离不开书面沟通，如企业处理日常事务时经常使用的信函、规章制度、计划书、各类报告、合同协议书、布告、通知、报纸、广告、书籍、杂志等，都是重要的书面沟通方式。

5.1.1 书面沟通的种类

按照不同的标准，从不同的角度可以将书面沟通划分为不同的类型。如果从沟通主体与客体的角度划分，可将书面沟通分为阅读和写作两大类。根据不同的用途，书面沟通又可分为内部沟通和外部沟通。对内部而言，企业成立时需要拟订公司章程、制定规章制度、编制职务说明书等；日常管理中需要制订各种计划、签订有关合同、发放各种通知和任命等。对外部而言，书面沟通就更为普通，如财务报告、市场调研报告、对外商务交往信件与函件等。这些都是企业与外部环境联系的桥梁和纽带。从沟通所用文体的角度划分，分为行政公文、计划类文书、报告类文书、法律性文书、新闻性文书和日常事务类文书六大类。虽然划分的方法各不相同，但书面沟通的本质属性和内在要求却是一致的。

1. 按书面沟通的主体和客体分类

主体是信息的发送者，客体是信息的接收者。很显然，在书面沟通中，写作者是沟通的主体，阅读者是沟通的客体，故把书面沟通分为写作与阅读。

1) 写作

写作是书面沟通主体将自己或自己所代表的团体的意志用文字表述出来的一个创造性过程，是一种通过文字形式达成沟通的重要方式，其目的是通过文章等书面语言，起到发送信息、澄清事实、表达观点、说服他人、交流感情等作用。写作包括文学创作和应用写作。前者强调的是写作主体的个性，可以根据作者的主观想象和感情虚构故事情节，不必遵循规范格式；后者强调的是团体意志和规范格式。在管理沟通中，写作主要是指应用写作。任何企业都离不开写作，无论是向上级请示、报告，还是日常管理的信函、通知，都需要一定的写作能力。提高写作能力，对个人来说意味着沟通能力的提高，对企业而言则意味着管理水平的提高。对那些不善言谈的人来说，写作可以发挥他们利用文字表达思想与感情的特长，取得无声胜有声的效果。不仅如此，写作作为一种重要的沟通方式，还有许多独到之处。写作可以有充分的时间做准备以及进行创作后的修改，使得最终的作品正确、完整、清晰；可以推敲行文、斟酌字句，柔中寓刚地表达自己的建议，写作的作品可以很容易地实现多向传递；写作的载体是文字，它可以准确地记录、保存信息，失真性相对较小。

2) 阅读

阅读是人类吸收知识的手段，是认识周围世界的途径之一。它是指人们充分运用眼睛

和大脑，从纷繁复杂的信息源中获取所需知识的过程。阅读是一种主动的过程，是由阅读者根据不同的目的加以调节控制的。阅读是书面沟通的方式，读懂别人的文章，可以获得准确而完整的信息。阅读能力包含理解、想象、思考、表达、记忆和阅读速度六大因素。理解就是运用已有的知识去解释词组、句子的含义及其相互关系。想象就是在头脑中浮现文字或其他信息符号所描绘的具体形象，以加深对读物思想内容和艺术技巧的理解。思考就是对读物进行分析、比较、抽象、综合以及具体化，它伴随着阅读的整个过程。表达就是将阅读结果用自己的语言加以再现，它既能够加深对读物的理解，又能够锻炼表达能力。记忆就是储存与再现信息，它不但可以积累信息，而且还能帮助阅读者获取更多信息。没有记忆的阅读只能是无效阅读。阅读速度即阅读的快慢。在阅读能力的六大要素中，理解、阅读速度、记忆是最基本的因素。阅读者首先应分析自己六大因素的情况，然后采取相应措施加以提高，这对于增强阅读效果是十分有利的。

影响阅读的外部因素包括文字材料和情境的物理特点，如照明条件，文字的字体、字号等；文字材料的易读度，如字词的常用程度、句子的长短与结构的繁简、命题密度(即在一定长度的材料中出现的概念数)等；材料的概括与抽象的程度；由外部确定的阅读目的等。影响阅读的内部因素主要是阅读者的知识基础。此外，阅读者的注意力、记忆和思维也都是重要的内部因素。在沟通过程中，只有理解对方的文字，才能在获取信息的基础上利用想象、记忆等功能正确接收信息发送者的信息，并给予回馈。

2. 按书面沟通所用的文体分类

任何形式的书面沟通都要通过一定的文体表现出来，在管理沟通过程中，比较常用的书面文体大致可分为以下六类。

1) 行政公文

行政公文，是公务文书的简称，指的是国家机关、企事业团体在公务活动中所使用的具有法定权威和规范格式的应用文。它是特殊规范化的文体，具有其他文体所没有的权威性，有法定的制作权限和确定的读者，有特定的行文格式，并有相应的行文规则和处理办法。行政文书可以分为 13 类，即命令、决定、公告、通知、通告、通报、议案、报告、请示、批复、函、意见、会议纪要。

2) 计划类文书

计划类文书是经济管理活动中使用范围很广的重要的文体形式。当组织或部门要对未来一段时期的工作做出安排和打算时，就需要制订计划。计划具有指导思想、统一认识、战略部署、组织协调等重要作用，以整体性、全局性、方针性、指导性等为特点。计划类文书沟通的问题往往与企业或组织的重大决策、战略规划有关。计划类文书主要包括工作计划、战略规划、工作方案、工作安排等。

3) 报告类文书

报告类文书的写作，首先要确定调查的对象，采用多种调查方法收集资料，然后把收集来的资料进行分析研究，选出具有代表性、典型性的材料作为论据，说明、宣传典型的

第 5 章　书面沟通

经验与事迹，指出存在的问题与不足，提出改进的措施与方法等。如调查报告、经济活动分析报告、可行性研究报告、纳税查账报告、述职报告等都属于报告类文书。

4) 法律性文书

法律性文书是指企业在经营管理过程中，根据一定的约定，达成某种协议，并共同遵守协议的条款，如果违约，违约一方将给对方一定经济补偿的具有法律效益的书面文书形式。法律性文书包括合同书、协议书、诉讼书、招标书和投标书等。

5) 新闻性文书

新闻性文书是指具有公开宣传与传播功能，借助报纸、杂志、书籍等载体向大众进行报道，具有新奇性、推广性、借鉴性等特点的书面文书形式。新闻性文书主要有新闻、通信、消息、广告方案等。

6) 日常事务类文书

日常事务类文书是人们在处理日常活动过程中经常采用的一种书面沟通形式，主要包括信函类和条据类。信函类文书包括感谢信、慰问信、求职信、介绍信、证明信、请柬、邀请函等。条据类文书包括请假条、留言条、收条、票据等。日常事务类文书的形式固定，书写简单，陈述的事件单一，是人们表达情感和进行沟通的常用文书。

5.1.2　书面沟通的优缺点

书面沟通是一种重要的沟通方式。自从文字被发明之后，人们就开始用它来传递信息、记录事件、交流思想与经验。

1. 书面沟通的优点

书面沟通在人们的生活和企业管理过程中扮演着重要角色，具有其他沟通形式不可替代的作用。书面沟通具有有形展示、长期保存以及可作为法律依据等优点。一般情况下，在书面沟通中，发送者与接收者双方都拥有沟通记录，沟通的信息可以被长期保存下来。如果沟通中的任意一方对信息的内容有疑问，事后的查询是完全可能的。对于复杂或长期的沟通来说，这一点尤为重要。例如，一个新产品的市场推广计划，可能需要几个月的大量工作，以书面的方式记录下来，可以使计划的构思者在整个计划的实施过程中有据可查。此外，书面沟通是把沟通的内容写出来，这就会促使人们对自己要表达的东西更加认真地思考。因此，书面沟通还具有周密、逻辑性强、条理清楚等优点。书面语言在正式发表之前能够反复修改，使作者所要表达的信息内容被充分地表达出来，减少了情绪、他人观点等因素对信息传达的影响。书面沟通的内容易于复制、传播，这对于大规模传递来说，是一个十分重要的条件。书面沟通可以将内容同时发送给许多人，向他们传递相同的信息。书面沟通的载体形式多种多样，包括报纸、杂志、书籍、信件、报告、电子邮件等，广泛的载体形式使得书面沟通可以不受时空的限制。

2. 书面沟通的缺点

书面沟通花费的时间较长，同样时间的交流，口头沟通比书面沟通所传达的信息要多

得多。事实上，花费一个小时写出的东西，只需十多分钟就能说完。书面沟通缺乏内在的信息反馈机制，其结果是无法确保所写的内容是否被人阅读，所想表达的信息能否被接收到；即使接收到，也无法确保接收者对信息的解释正好是发送者的本意。发送者往往要花费很长的时间来了解信息是否已被接收并被准确地理解。表 5-1 所示为书面沟通与口头沟通的优缺点对比。

表 5-1　书面沟通与口头沟通的优缺点比较

| 书面沟通 | | 口头沟通 | |
优　点	缺　点	优　点	缺　点
1.准确而可信、有形有据、永久保存核对； 2.适宜于多人沟通； 3.易于复制、大规模的传播； 4.弱化沟通者的消极情绪； 5.可以不断修改，直至满意表达。	1.不能即时反馈； 2.不易传递情绪信息、缺乏感情沟通； 3.要求沟通者文字表达能力强； 4.消耗较多的时间； 5.无法运用情境和非语言要素。	1.最直接的沟通方式，能观察被沟通者的反应； 2.能立刻得到反馈； 3.有机会补充阐述及举例说明； 4.可以用声音和姿势来加强效果； 5.有助于改善人际关系。	1.通常口说无凭(除非录音)； 2.效率较低； 3.不能同时与太多人双向沟通； 4.容易受情绪与感情影响； 5.言多必失； 6.对拙于言辞者不利。

5.1.3　书面沟通应该遵循的原则

国外一些专家将有效的书面沟通应具备的特征归纳为七点，即谈话式、清晰、简洁、完整、明确、建设性、正确。我们将上述特征整合归纳为言简意赅、完整清晰、积极向上三个有效的书面沟通的基本原则。

1. 言简意赅

书面沟通作为商务及日常活动的主要传播媒介，必当以务实性为准则，尽量避免用隆重华丽的词汇，应以简单朴实的语言为主，运用口语的书面化表达。

2. 完整清晰

商务活动中对于信息的准确性要求很高，若不注意培养这方面的意识将很容易产生沟通障碍，造成巨大的商业损失。要想传递准确的信息，必须将信息表达完整和清晰，才能实现有效沟通。

沟通中，双方尽量将要说的内容表达完整。信息完整是工作顺利进行的保证，如果掌握的信息支离破碎、残缺不全的话，将难以做出正确的判断和科学的决策，执行起来难免走样。

清晰地表达有利于对方的倾听、合作，也有利于对方记住相应的信息。如果沟通含糊其辞，表达不清，不仅对方接受困难，也可能遗漏信息，还浪费了对方的时间。如果在沟通之前做好准备，分类汇总，有条理地解释说明，对方不仅能获得信息，而且会感受到你

的工作态度和工作能力。

3. 积极向上

尽管商务沟通和文学作品不同，不以传达感情为宗旨，但是一封礼貌、带有良好意愿的书函显然有助于树立良好的职业形象，并且对加强商务联系、建立感情、促进贸易有着重要作用。在商务沟通中，传达的消息有好有坏，如何恰当得体地交流，始终朝着建立良好商务关系发展是关键。文字表达的语气上应该表现出一个人的职业修养，客气而且得体。最重要的是及时回复对方，最感人的是从不怀疑对方的坦诚。因此，始终保持礼貌的态度，以建设性的积极口吻进行交流，是商务书面沟通的重要原则之一。

5.2 写作程序与技巧

写作的程序和相关技巧是写作前的必备知识，对此有了初步的了解，并且不断加以实践，写作能力就能迅速提高。一般来说，写作程序可以分成准备阶段和写作阶段。

5.2.1 准备技巧

1. 分析读者

写作，不是一种封闭、孤立的活动，而是一种开放的、综合的沟通方式，是通过文字达成沟通的重要形式。写作的效果好不好，或者说达到目的与否，不仅在于你，更在于读者。读者是你的最终"观众"，也是你的第一"观众"。如果你不根据读者的状况来写作的话，那么，你肯定达不到沟通效果。这就要求写作者必须认真分析研究读者，弄清谁是读者、读者的类型、读者的意愿等。

1) 读者的意愿

一般来说，读者有三种：随意读者、必读者和自愿者。随意读者是漫无目的的，随便点击某个网站，觉得有趣则有可能逗留，如果觉得索然无味则马上退出了。对于这类读者，你首先要让他们感兴趣，进而抓住其注意力。必读者，阅读你的信息是他的一项任务。对于这种读者，尽管他们阅读你所写的是一项任务，但是也有必要吸引他们的兴趣。自愿者是由于对你或你写的内容感兴趣而阅读你的作品。对于这种读者，你可以深入探索主题，不用担心会失去他们。

2) 读者的目的

读者和你一样，也有其自己的目的和动机，你必须对此高度重视，做到心中有数。①求知。读者如果觉得自身认识水平不够，或者能力不行，就有提高自己知识和能力的要求。对于这种读者，你只要了解他希望获取哪一方面的知识，自然能够吸引他的注意。②追求时髦。有时，读者受社会时尚和时下流行的读物影响而阅读。人是一种社会性的动物，他不仅受自身的因素影响，而且会被社会中的其他成员制约。也就是说，如果时下流行什么样的书籍，或者眼下冒出什么新的时尚，那么大众一般会随波逐流。因此，你需要

把握时代的信息，捕捉即时的时尚。③欣赏。有的读者纯粹是出于欣赏的目的去阅读。他们有着很高的鉴定能力，很挑剔，就像古玩爱好者对古董一样。这时的你，必须运用纯熟的写作技巧，去恰当地表达你的信息。

3) 读者的构成

读者的构成有五方面：年龄、性别、生活经历、知识结构和审美情趣。读者的年龄是影响你写作的一个重要因素。如果你把女性和男性同样看待的话，那么你的沟通肯定要失败。女性往往多愁善感，重于感情，比较细腻。而男性则生性粗犷，逻辑性强，善于推理，所以武侠小说和侦探小说特别受男性偏爱。

2. 确定目的

正式文书都是人们有计划、有目的地制作的结果，无论是报纸、杂志所登载的一些文章，还是企业管理中所书写的报告、通知，都是作者或作者所代表的团队思想和意志的体现，其目的是为了告诉人们一种观点，或者是为了提供一种新的思考方式，或者是要求别人做某些事情等。

3. 确立主题

确定主题，也就是立题。主题是你在说明事物、阐述道理、反映生活时，通过文章的全部内容表现出来的中心思想或基本观点。主题能够充分展现你的写作意图，体现你对所反映的客观事实或情况的基本认识和评价，是整篇文章的核心和灵魂。它决定了材料的取舍、提炼，支配着文章的谋篇布局，并制约着语言的运用。

4. 收集材料

没有材料，即使你再高明，也是无法写出文章的。收集材料一般有以下三种途径：一是观察。观察是有目的、有选择地对客观事物进行认真、细致的察看，即用眼睛远观近察，直观地了解和认识事物的真实情况和本来面目。二是体验。体验是你有意识地突破个人生活的局限，去接触、了解、揣摩、体味新的生活、新的事物，即亲身参加陌生的社会实践活动，在实践过程中自觉地运用全身心去直接感受对象，以达到深入认识事物的目的。三是阅读。阅读就是从书籍、报纸、杂志中去获取知识，占有材料。写作离不开阅读，通过阅读，可以开阔视野，启迪思维，陶冶性情，完善个性，提高认识，丰富知识。

收集材料不能漫无目的地进行，随意去获取材料，而必须按照一定的原则去收集。一般可以通过以下三个原则去操作：一是围绕主题。主题在文章中起着统率的作用，是选择材料的依据。二是要选择典型的材料。典型的材料是指一般材料所不具备的、富有特征、最有代表性、最能概括和揭示事物本质的材料。三是选择真实准确的材料。所谓真实，是指材料既要符合实际的情形，又要反映客观事物的本质和主流。所谓准确，是指文章所引述、采纳的各种材料，必须做到可靠无疑、千真万确。

5. 组织材料

组织材料是指将收集的、杂乱无章的材料按一定的逻辑组织起来，并把它们合理安置

到文章中去。它包括两个方面的工作：运用材料和营造结构。

1) 运用材料

运用材料，就是对收集的材料进行筛选、裁剪和安排，将它合理地安排到文章当中，以实现你的写作。动笔写作之前，对于已经收集的材料，要认真细致地进行鉴别、筛选。没有筛选，就无法剪裁；没有正确的筛选，就没有恰当的取舍。同样，就算筛选过的材料，也并不一定能派上用场，还要对筛选过的材料进行剪裁。写作舍不得剪裁，其结果必然是杂乱无章、枝蔓丛生，主干不能突出，观点反被淹没。剪裁过的材料要合理地安排到文章中去，还必须明确材料在文章中的先后顺序、疏密程度等方面的情况。

2) 营造结构

结构是文章形式的首要因素，它是对全篇各部分的组织安排和布局方式的总体设想，旨在将材料合理、有序地组合到文章中，构成一个有机的整体。营造结构又称编列提纲，主要包括以下几个具体内容：一是确立线索和脉络。线索是指文章中把全部材料贯穿成为一个有机体的轨迹，是组织材料的思路在文章中的反映。而脉络是指贯通文章的枢纽，体现出思路的内在线索。线索和脉络贯穿于文章的始终，二者密不可分，写作时应追求线索清晰，脉络贯穿，这样才能做到文理通顺、逻辑性强，从而有力地突出主题。二是安排开头和结尾。开头又称起笔，结尾又称落笔，是文章的重要组成部分。开头是文章的开端，是立言之始，好的开头能给读者以美好的第一印象。结尾和开头同样重要，一个好的结尾，可以保证整个文章结构的完整和完美。三是安排层次和段落。

5.2.2　写作技巧

在进行了写作前的充分准备之后，就需要通过文字的形式把思想、意图、内容、观点等表达出来，这一阶段即正式写作，是整个写作过程的核心环节。

写作过程是一种高度复杂的脑力劳动过程。在这个过程中，写作者要依托写作前的准备工作，利用自身积累的知识、经验和资料，围绕文章的主题，不断将思路转化为文字，继而又产生新的思路，从而使创造力不断地得到激发。

1. 起草文章

1) 掌握表达方式

用语言文字去表情达意，状物抒怀，有一些基本的表达方式。正是运用这些方法，你才能化"思维"为"文章"，变"无形"为"有形"，使头脑中预构的篇章蓝图变为一篇色彩绚丽、可读性强的文章。常用的表达方式主要有五种，即叙述、描写、抒情、议论和说明。

2) 选择合适的表达手法

在起草文章的时候，为了充分表现主题，吸引读者的兴趣，需要运用一定的表达手法。表达手法是运用材料展现主题的艺术手段，分为一般手法和辩证手法。

一般手法通常有比喻、对比、映衬、悬念、象征和通感。

写作中充满着矛盾的对立统一，如叙述的详略、断续，议论中的破立，描写中的虚实，结构的张弛、开合等，构成了写作中千变万化、丰富多彩的辩证表达手法。

2. 修改文章

修改文章是指从起草初稿到定稿完成之前的修改过程，是写作过程中一个必不可少的环节。

人们在动笔行文之前往往充满信心，而等初稿出来之后，又觉得心里想说的话没能准确完美地表达出来。这就要通过反复修改，使之臻于完美。修改是一个认识不断深化、表达不断完善的过程；修改是对读者负责的表现。修改可以在写作过程中的任何时间进行，修改内容涉及提纲、结构、观点、词句、标点等各个方面的重新检查和修订。文稿能够修改是写作这种方式的巨大优越性。正是因为写作过程中可以修改，才使得文稿能达到正确、清晰、完整、简洁。

3. 定稿

当完成对文章的修改工作后，并不表明写作已经结束，定稿并不只是一般意义上的文学作品的"定稿"。从沟通角度来看，我们写作的目的是为了与读者达成交流。而在实际生活中，我们用于沟通的写作常常是写一些报告、信件、公函、电子邮件等。在起草和修改阶段，追求的是内在效果，而在定稿阶段，追求的则是表面光鲜亮丽，写作工作也告一段落。

5.3　企业常用文书的写作方法与技巧

5.3.1　计划类文书

计划是党政机关、企事业单位、社会团体对今后一段时间的工作、活动作出预想和安排的一种事务性文书。计划类文书是企业管理活动中使用范围很广的重要文体，是企业实现资源有效配置的重要方式和手段。写好计划既有利于具体工作的安排和组织，也是一个管理者综合能力的体现。写计划分两步进行：首先，写作者必须根据计划的具体内容来合理确定计划的具体文种，然后再根据该文种的具体要求进行撰写。计划的写作大致包括以下几方面的内容。

1. 计划的标题

计划的标题常规写法是由单位名称、适用时间、指向事务、文种四个要素组成的。如《××公司 2019 年工作计划》《××教研室 2019—2020 年第一学期教学工作计划》。除常规写法外，还有一些变通的写法。变通一方面表现在要素的省略上，一方面表现在文体名称的变化上。一般是相关要素的省略，包括省略单位名称、省略适用时间，或两者均省略等。也有只用文种做标题的，不过这种写法因不太正规不值得提倡。省略要素时要注意，越是基层单位的计划，省略要素的情况越普遍，因为涉及范围小，有些要素不说大家

也明白；越是大单位的正规计划，要素越不可省略。由于每一份计划所强调的重心各有侧重，其指挥性、约束性的强弱程度也有较大不同，计划不一定都用本名做标题，可以根据自身的特点和需要变换名称，如《××大学党委宣传部2020年度工作要点》。

2. 计划的正文

计划的正文包括前言、主体和结尾三个部分。

1) 前言

前言是计划的开头部分，应简明扼要地表达出制订计划的背景、根据、目的、意义、指导思想等，一般一两个自然段即可。前言的详略长短，要根据工作的重要程度、内容的多少来确定，总体上以精练简洁为原则。

2) 主体

主体部分要一一列出准备开展的工作(学习)任务，并提出步骤、方法、措施和要求。这是计划最重要的内容，也是篇幅最大的一部分。通常主体部分由于内容繁多，需要分层、分条撰写。常见的结构形式为：用"一、二、三……"的序码分层次，用"(一)(二)(三)……"加"1. 2. 3. ……"的序码分条款。具体如何分层递进，要依内容的多少及其内在的逻辑性而定。

3) 结尾

结尾可以用来提出希望、发出号召、展望前景、明确执行要求等，也可以在条款之后就结束全文，不写专门的结尾部分。在结尾之后，还要署明单位名称和制订计划的具体时间，如果以文件的形式下发，还要加盖公章。

5.3.2 建议书

建议书是个人、单位对某一问题或情况向领导、集体或他人陈述自己的看法，提出某种积极有益的主张或建议时使用的一种文体，有时也称意见书。

建议书和倡议书不同。倡议书中虽然有所建议，但它一般是面对群众，带有一定的号召性，具有广泛的群众性；建议书主要是个人向组织或下级向上级提出的积极主张，希望组织或上级采纳。建议书是群众向领导提出自己主张的重要手段，是沟通党群、干群、上下级关系的重要渠道。建议书的形式是多种多样的，没有固定的统一的格式。写建议要根据具体问题、实际需要和可能条件。一般来说，建议书由以下几个部分组成。

(1) 标题。标题可写"建议书"或"建议"，也可以不写。

(2) 称谓。称谓是建议书的开头，顶格写上接受建议书一方的名称。格式与一般书信相同。

(3) 正文。首先写清建议的原因或建议的出发点。写清这一点便于接受建议的一方联系实际情况，考虑建议的可行性和价值如何，其次是建议的具体事项。根据内容多少决定是否分条列出。内容要具体，以便接受者考虑是否采纳。

(4) 结尾。结尾写上表示敬意的话或称颂语。最后署名和写上日期，日期写在署名下

面一行。

建议书要从实际出发，实事求是。如果想当然，不着边际地去想，这样建议就无价值。要有分寸，不说过头话，不提过高要求，不要用过激言辞。内容要具体、实在，不要说空话、套话。语言要精练，切忌拖泥带水，废话连篇，东拉西扯，不得要领。

5.3.3　调查报告

调查报告是把调查得来的情况用书面形式向有关领导部门汇报的一种公文。调查报告是对社会上某一个问题或事件进行专门调查研究之后，将所得的材料和结论加以整理而写成的书面报告。调查报告具有内容真实，观点鲜明；材料性强，夹叙夹议；结构严谨，有条不紊；语言简洁，笔调明快等特点。

调查报告的结构形式，一般根据内容和表达的需要来决定，除标题外，通常有开头、主体和结尾三个部分。

(1) 标题。直截了当地把调查的问题写在标题里，如《关于×××问题的调查报告》。

(2) 开头。一般来说，调查报告常常在正文的前面写一段不加任何小标题的文字作为开头，类似消息中的导语。调查报告的开头起提示全文的作用，必须简明概括，以帮助读者正确、深刻地理解全文。

(3) 主体。这一部分写的是调查研究所得的具体情况、做法和经验。为了层次结构清楚，常常列出纲目，用小标题标明。常见的安排有如下几种：①按事情发生、发展、变化的过程来写。②用对照比较的方法来写。③根据内容的特点，把问题的几个方面列举出来。可以按时间顺序写，也可以按问题性质从不同侧面来写。

(4) 结尾。这一部分是调查报告的结束语，对事实进行分析，得出结论性意见。最后写调查人姓名及整理调查报告的时间。

5.3.4　工作报告

工作报告是指向上级机关汇报本单位、本部门、本地区工作情况、做法、经验以及问题的报告。工作报告主要是在汇报例行工作或临时工作情况时使用，是报告中常见的一种。工作报告就其内容来看有综合报告、年度报告、阶段性报告和专题报告等。

1. 工作报告的特点

1) 语言的陈述性

工作报告的内容主要是向上级汇报工作，其表达方式以叙述、说明为主，在语言运用上要突出陈述性，把事情交代清楚，充分显示出内容的真实和材料的客观。

2) 行文的单向性

工作报告是下级机关向上级机关行文，是为上级机关进行宏观领导提供依据，一般不需要受文机关的批复，属于单向行文。

3) 成文的事后性

工作报告是在事情做完或发生以后，向上级作出汇报，是事后行文。

2. 工作报告的结构及主要内容

1) 标题

工作报告的标题一般情况下都采用完整式的公文标题，即由发文机关、事由、文种构成。

2) 主送机关

大多数工作报告的主送机关只有一个，即直接上级机关，一般用上级机关的简称。如果需要同时报送其他上级机关时，以抄报方式处理。

3) 正文

工作报告的正文一般由报告缘由、报告事项、报告结语组成。报告缘由通常是交代报告的起因、目的、主旨或基本情况。工作报告常以"现将……汇报于后"等惯用语承起下文。工作报告的报告事项一般的结构安排是工作情况(成绩及经验)、存在的问题和今后的打算，重点应放在工作情况部分。写作过程中，可以根据工作实际，或侧重于工作成绩，或详写失误和问题，并对产生问题的原因作出分析。"工作+经验+问题+今后措施"是工作报告的一般性公式。

4) 结语

工作报告的结语通常只是一句上行公文的习惯语，可以作为报告正文的一个组成部分，如"特此报告"等。有的工作报告也可以无结语。在工作报告的结语中，不能带有明显的期复性词语，如"以上报告，请批复""以上报告，请审批"等，因为报告中是不能夹带请示事项的。

5.3.5 述职报告

述职报告是指各级各类机关工作人员，主要是领导干部向上级、主管部门和下属群众陈述任职情况，包括履行岗位职责，完成工作任务的成绩、缺点、问题、设想，进行自我回顾、评估、鉴定的书面报告。述职报告可以说是一种总结性报告。今天的述职报告是任职者陈述自己的任职情况，评议自己任职能力，接受上级领导考核和群众监督的一种应用文，具有汇报性、总结性和理论性的特点。述职报告的外在结构是格式化的，包括标题、称谓、正文和署名四部分。

5.3.6 总结

总结是应用写作的一种，是对已经做过的工作进行理性的思考，回顾过去做了些什么，如何做的，做得怎么样。总结与计划是相辅相成的，要以工作计划为依据，定计划总是在总结经验的基础上进行的。其间有一条规律，就是：计划—实践—总结—再计划—再

实践一再总结。总结按不同分类标准有不同的形式。按总结的时间分，有年度总结、半年总结、季度总结。进行某项重大任务时，还要分期总结或叫阶段总结。按总结的范围分，有单位总结、个人总结、综合性总结、专题总结等。按总结的性质分，有工作总结、生产总结、教学总结、科研总结等。

1. 总结的结构形式及其内容

年终总结(含综合性总结)或专题总结，其标题通常采用两种写法，一种是发文单位名称+时间+文种，如《×××大学 2020 年教学教务工作总结》；另一种是采用新闻标题的形式。正文一般分为以下三个部分。

(1) 情况回顾。这是总结的开头部分，叫前言或小引，用来交代总结的缘由，或对总结的内容、范围、目的作限定，对所做的工作或过程作扼要的概述、评估。这部分文字篇幅不宜过长，只作概括说明，不展开分析、评议。

(2) 经验体会。这部分是总结的主体，在第一部分概述情况之后展开分述。有的用小标题分别阐明成绩与问题、做法与体会或者成绩与缺点。如果不是这样，就无法让人抓住要领。专题性的总结，也可以提炼出几条经验，以起到醒目、明了的作用。运用这种方法要注意各部分之间的关系。各部分既要有相对的独立性，又要有密切的内在联系，使之形成合力，共同说明基本经验。

(3) 今后打算。这是总结的结尾部分。它是在上一部分总结出经验教训之后，根据已经取得的成绩和新形势、新任务的要求，提出今后的设想、打算，成为新一年制订计划的依据。内容包括应如何发扬成绩、克服存在的问题及明确今后的努力方向，也可以展望未来，确立新的奋斗目标。

2. 工作总结文字表述的要求

(1) 要善于抓重点。总结涉及本单位工作的方方面面，但不能不分主次、轻重、面面俱到，而必须抓住重点。什么是重点？重点是指工作中取得的主要经验，或发现的主要问题，或探索出来的客观规律。不要分散笔墨，兼收并蓄。现在有些总结越写越长，固然有的是因为执笔人怕挂一漏万，但也有的是因为领导同志怕自己所抓的工作没写上几笔就没有成绩等，造成总结内容庞杂，中心不突出。

(2) 要写得有特色。特色，是区别其他事物的属性。单位不同，成绩各异。同一个单位今年的总结与往年也应该不同。现在一些总结读后总觉得有雷同感。有些单位的总结几年一贯制，内容差不多，只是换了某些数字。这样的总结，缺少实用价值。

(3) 要注意观点与材料相统一。总结中的经验体会是从实际工作中，也就是从大量事实材料中提炼出来的。经验体会一旦形成，还要选择必要的材料予以说明，这样经验体会才能"立"起来，才能具有实用价值。这就是观点与材料的统一。

(4) 语言要准确、简明。总结的文字要做到判断明确，就必须用词准确，用例确凿，评断不含糊。简明则是要求在阐述观点时，做到概括与具体相结合，切忌笼统、累赘，做到文字朴实，简洁明了。

5.4 商 务 信 函

商务信函是企业与外部团体之间联系的重要方式，也是现代商务活动中使用频率最高、效果明显、方便易行的一种交际文书。其目的在于传达意见，从事商务交往上的接洽、安排和发展，以便求得对方的理解和合作。一旦发生经济纠纷时，又常常作为书面证据，具有重要的法律意义。

5.4.1 商务信函的重要性

商务信函是商务沟通的重要工具。在所有商务文书中，商务信函的使用频率最高。商务信函可适用于各种主题和多种形式，是人们商务活动中不可缺少的沟通工具。商务信函是一种应用文体，它是国际商务活动中书面交流信息的主要手段之一，它代表公司形象，是企业对外公共宣传的重要手段。规范得体的商务信函文件不仅可展示一个人的语言应用能力，更能体现出他所服务的企业或机构的形象。一封优秀的商务信函在商务活动中可以带来巨大的经济效益和良好的社会效果；反之，则会破坏企业或机构的形象，甚至会蒙受意想不到的经济损失。

商务信函在商务活动中起着举足轻重的作用。因此，对于即将从事或正在从事商务活动的商务人员来说，应当切实掌握撰写商务信函的基本技能，尤其应对英汉两种语言的商务信函的程式与特点有一个准确而全面的了解。

商务信函的分类有多种形式，按内容可分为介绍信、证明信、贺信、问候函、致谢信、询问及推销函、商用通知函件；按信息的性质可分为积极性信函、负面性信函及劝说性信函。

5.4.2 商务信函的特点与标准

商务信函不要求像一般社交信函那样应酬寒暄，也不要求像文人墨客那样追求辞藻华丽。这类函件只要求内容上简明确实、条理清楚，语言上浅显易懂、准确达意、明白无歧义。商务信函的基本特征可以概括为三点：内容清晰、语气友好及书写正确。

内容清晰是指思想要表达得明朗突出，语言要写得清晰易懂；语气友好是指书写的风格要以友善为前提，因为友好的语气有助于获得读者的好感；而书写正确是商务写作的首要原则，特别是涉及人名、地名、时间、数字和术语等，尤其要确保准确无误。

出色的商务信函应具备 5 个基本特点：清晰、完整、准确、节省读者时间和树立良好信誉。①清晰是指读者可以不用猜测就能领会撰写者的意图。②完整是指解答读者所有问题，为读者提供实施信中内容所必需的相关信息。③信函中的信息要准确无误，从标点、拼写、语法、词序到句子结构均无错误。④信函的风格、组材和版面设计有助于读者尽快读懂并实施公文相关内容。⑤信函还应展示撰写者及其所代表的组织的良好形象，它将读者当作一个人而非一个符号来看待，从而在撰写者和读者之间建立起良好的关系。

5.4.3　商务信函的写作技巧

1. 商务信函的格式

商务信函和普通社交信函一样，有一定的格式规范要求。格式上有缩行式、齐头式和混合式。采用齐头式时，每自然段顶头写，每行之间单行距，而每段之间是双行距。采用缩行式时，每自然段缩进四个字母，每行之间和每段之间都是单行距。混合式兼有齐头式和缩行式的特点，大部分项目按齐头式格式排列，但日期和结束礼词的排列用缩行式。另外，英语和汉语两种语言在信函结构程式上有一定的差别。如收(寄)信人的地址、写信时间及它们的位置都是不一样的，应适应目的语的格式规范。

1) 信头

商务信函的信头一般包括：企业的名称、地址、邮政编码、电话号码和传真号码、电子邮箱、企业网页等。

2) 标题

商务信函要拟制标题，内容一般围绕事由，位置应在信纸首行的中央，作用在于使阅读人在繁忙的商务活动中，一看标题便知道属于哪方面的业务联系。标题的右下方是发函字号，以便发函和收函双方将函件归档存查。

3) 称谓

要顶格书写收信单位名称或收信人的姓名，并在其后面标注冒号。一般是姓名后带上职务衔，以示尊重。

4) 正文

正文一般由开头、主体和结尾三个部分组成。开头是进入正题之前所说的问候语。主体就是整个信函的核心部分，它包含的内容有：发函缘由、发函的具体事项，以及对接收信函者的愿望及要求。结尾把主体所叙述的事加以简要地概括，起画龙点睛的作用。同时在结尾时要写几句表示客套的惯用语。

5) 签署

签署包括发函单位或个人姓名、发函时间及签章。

6) 附记

附记部分包括附言、附件两方面的内容。附言是用以补充正文的内容。如有附件应给予编号并注明附件名称。

2. 商务信函的写作要点

书写商务信函除了要做到内容清晰、语气友好及书写正确外，还应该注意以下要点。

1) 商务信函在内容上有许多套语

无论是英语还是汉语，商务信函里面都有许多套语，我们应该熟知两种语言中的各种套语。

2) 表达要直接简练

生意人每天都要阅读大量的信函文件，他们求实而重效率，所以，信函一定要简明扼要，短小精悍，切中要点，切忌拖泥带水，过分修饰，必须准确清楚地表达所要传递的信息，谨慎使用夸张、比喻等手法。在选词时，力求准确清楚，避免使用一些陈词、长词。要用简洁朴实的语言，使信函读起来简单、清楚、容易理解。

3) 了解相关商业与贸易领域的术语

由于商务信函与商业贸易业务往来有关，而且商务信函的目的性非常明确，如有关于建立业务关系、询价和报价的，有讨论有关包装、装运和保险事宜的，为了迎合全球经济一体化的国际形势和国际商务活动越来越频繁的客观需要，商务人员应当切实掌握业务上惯用的名词、缩略语、术语和货币符号等。

4) 信封书写

信封有一定格式，一般应该详细注明收信个人或公司的地址、姓名以及写信人地址、姓名。随便书写信封，不仅不利于信件的投递，而且对收信人来说也是不礼貌的。

5) 信函礼貌

我们在商务信函中所说的礼貌，并不是简单用一些礼貌用语，而是要体现一种为他人考虑、多体谅对方心情和处境的态度。可以据理力争，但注意要讲究礼节礼貌，避免用冒犯性的语言。对于商务来信，要及时回复，对于对方来信的问题，要尽力做到有问必答，而不能置之不理，尤其是对顾客的来信。

5.4.4 积极性信函的写作

在商务沟通中，常常会需要传递三种信息：积极性信息、消极性信息和劝说性信息。由于这三种信息的传送目的不同，所以传递三种信息的商务信函在文字使用上也有所区别。

积极性信函主要目的在于向读者提供好消息，一般用于表示对客户、雇员和朋友的良好愿望、热烈感情和真诚的想法。这类信函有确认信、致谢信、祝贺信等。在商务活动中，许多人忽略了表达积极性信息的重要性，认为这些信息对组织运作来说是无关紧要的。事实上，这些看似不重要的信息却满足了人们内心需要被尊重、赞美、安慰和重视的需要。因为几乎每个人都喜欢好消息，所以积极信函是一种相对容易书写的信函。为了更有效地书写积极性信函，不妨采用以下几个步骤。

(1) 报告好消息。好消息报告得越快越好。开头提出好消息有利于增进读者阅读的兴趣，提高读者接受建议的可能性。

(2) 列举出读者的受益处并解释。在要传达好消息的通信中，一般先简单说出读者的受益处，再做一些相关的解释。

(3) 列出细节和背景资料。针对你所报告的好消息列出详细的说明和背景资料，并有针对性地回答读者的问题，提供充足的、有助于达到写作目的的信息。细节描述顺序按照读者认为的重要性次序安排。

(4) 积极地说出其中可能出现的消极因素。有时，不避讳地说出可能的消极因素反而会增加读者的信任度。这些有关消极因素的论述会让读者觉得你是设身处地为他们考虑。但要注意：这些负面信息可以直说，但要尽量从积极方面展开。

如果能增加一定的细节、例证会使解释更加清楚且有说服力。

(5) 充满友善的结尾。表明你的最终任务就是为对方提供服务。

5.4.5　消极性信函的写作

消极性信函是指在信函中，你不得不拒绝某人或某事，或者提出批评。由于我们要传达的信息是负面的、不愉快的，读者可能会有失望、愤怒等反应。因此，许多人认为传递消极信息是最让人头疼的事，消极性信函可以采用以下步骤。

1. 以缓冲语言开头

提供一个不透露坏消息的中性的或者积极的开头，以确保读者能继续阅读下去。缓冲的语言要与主题相关，起到过渡作用。常用的缓冲语言内容有：你与读者一致的观点、客观事实、良好的意愿等。

2. 说明理由

在提示坏消息之前先对其产生的原因作出详细解释。说明理由有助于读者潜意识里做好接受坏消息的思想准备。

3. 清楚、简洁而又婉转地表达负面信息

以清楚、简洁的方式表达负面信息。如果可能，提供补救措施或其他的选择方案，以表明自己关心读者的利益和要求。

4. 积极肯定的结尾

结尾要积极肯定且充满信心，一般可以是预见性评说语言或祝福语等。

5.4.6　劝说性信函的写作

在商务沟通中，我们不仅要通知读者，还要说服读者。说服能力是一个人最重要的技能之一。在劝说性信函中，你需要推销某种产品或服务、某种观念或想法，试图改变读者的态度，使其同意你的观点，接受你的产品或服务等。毫无疑问，你一定在家中、学校和工作中运用过说服策略来使别人认同你的观点或激励他们做你想要他们去做的事情。这种努力的结果大部分取决于你的要求的合理性和你提出论点的说服力。商务方面的劝说性信函也以这种方式起作用。

进行劝说性信函的写作对多数商务人士来说是一个挑战。因为在大多数情况下，读者是很难被说服的。撰写销售性的劝说性信函，可以从以下几方面入手。

1. 吸引消费者的注意

引起读者的兴趣或谈及你们的共同点，说明你的产品他们既会感兴趣，又会受益，这

将增加你劝说成功的可能性。比如说，你可以列出一些有关某种新产品令人信服的效果，对某个问题提出一些可供选择的参考方案，给予读者特别的好处或是出乎预料的声明等。总之，要让读者感觉你要提供的是一个有价值的产品。

2. 激发消费者的兴趣

当你成功地吸引了消费者的注意之后，下一步要做的事情就是要引起他们的兴趣，否则他们的注意力不会持续很久。因此，不管你提供什么信息，这些信息应该是生动、清楚、很有说服力的。最好用坚实的证据，包括事实数据、专家意见、事例和细节，以此来证明你所传递的信息的准确性和价值。要从产品能为读者做什么的角度来描述一件产品：省钱或是赚钱？产生快乐或提高地位？总之，要把过硬的产品与热烈的感情联系起来，以吸引消费者的注意力。

3. 减少购买阻力

仅仅是吸引消费者的注意力还是不够的，下一步要做的就是要激起消费者心中的购买欲望。这时的关键就是要帮助消费者克服购买的阻力。要预见消费者可能拒绝的理由，并用鉴定书、退款保证、有吸引力的保险、免费试用等方式来打消消费者的顾虑。如果是价格问题，要从其他方面分析，消费者如果一味图便宜，则可能带来更大的损失。

4. 激发消费者的购买行动

消费者虽然对你的产品产生了兴趣，但很可能看完这封信不久就忘了这件事情。对方拖延时间越久，最终实施购买计划的可能性就越低。所以在信的最后应该要求对方立即反应，如：用礼物、限量、最后期限或折扣等其他方式来推动消费者采取行动。

5. 充满友善的结尾

充满友善的结尾表明你的最终任务就是为对方提供服务。

5.5 有效书面沟通的策略

只有当读者作出你所期望的反应时，书面沟通才算成功，即才算进行了有效的书面沟通。为了获得期望的读者反应，可以运用以下三种基本策略：从沟通者出发的基本策略、从读者出发的基本策略，以及信息组织和写作方式策略。

5.5.1 从沟通者出发的基本策略

沟通者，作为书面沟通的发起人，是书面沟通过程中的基本要素之一。从沟通者的角度出发，书面沟通主要考虑三方面的因素：写作目的、主要内容和搜集材料。

1. 写作目的

沟通者首先应该明确书面沟通的目的。所谓写作目的是指沟通者期望通过书面沟通而实现的目标。从沟通者的角度来看，写作目的主要包括：提出问题、分析问题、解释、说

明、指示和说服等。

明确写作目的非常重要，因为不同的写作目的需要采用不同的写作方法、不同的写作风格和不同的文书格式。另外，明确写作目的可以帮助沟通者更有针对性地进行沟通，并有助于沟通者节省写作的时间。

2. 主要内容

如果说明确写作目的是解决"为什么写"的问题，那么明确主要内容解决的则是"写什么"的问题。"写什么"与"为什么写"密切相关，写作的内容归根到底是为了实现写作目的。

许多人在写作时只顾提笔写，而不愿先理顺自己的思想，明确哪些该写，哪些不该写，哪些该重点阐述，哪些可以一笔带过，这种做法显然是不明智的。沟通者在进行书面沟通前，应该问问自己：为了实现写作目的，所发信息应该包括哪些内容？这些内容哪些重要，哪些次要？如何取舍？等等。

3. 搜集材料

搜集材料与写作目的和主要内容都有关系。在沟通者动笔之前，搜集的材料是形成其观点(主题)的基础；动笔之际，搜集的材料又会成为沟通者表现其观点(主题)的支柱。在搜集材料时，一般要确保搜集的材料信息真实、准确，并且将客观事实与主观意见、推论相分离。

5.5.2　从读者出发的基本策略

从读者出发，以受众为导向是进行书面沟通最重要的策略。为了使书面沟通更有效，必须要考虑以下四方面的因素：读者的特征、读者需要什么信息、读者的反应，以及如何激发读者。

1. 读者的特征

明确读者的特征是十分必要的，它有助于沟通者找到适合的写作方式。为了进行更有效的书面沟通，沟通者不妨问自己这样一些问题：我的读者是谁？有多少人？他们的文化背景如何？他们的年龄、兴趣爱好是什么？他们的立场如何？等等。这些问题可以帮助沟通者有效地划分读者的范畴。

在明确读者的范畴之后，沟通者可以通过手头拥有的资料数据或者通过市场调研进一步掌握读者的信息，进而分析出读者的特征。

2. 读者需要什么信息

很多商业人士都会面临这样的困难，那就是：他们知道的信息太多了，但对读者需要什么信息却不太清楚，结果把自己所知道的所有内容都罗列在文件里，展示给读者。但长篇大论的文件不仅增加了读者阅读的难度，而且降低了读者阅读的兴趣。因此明确读者需要什么信息至关重要。

3. 读者的反应

在明确读者需要什么信息之后，我们还要掌握读者的反应，如果读者对信息感兴趣，或者认为信息对自身有益，他们很可能积极采取行动；反之，则不会。要弄清读者的反应，必须要解决以下两个问题。

1) 读者对你的信息感兴趣程度如何

如果读者的兴趣程度较高，则可不必多花时间去唤醒他们的兴趣；如果兴趣程度较低，不妨用主题名或第一段向读者暗示该信息的重要性。

2) 你的要求对读者来说是否容易做到

如果你的要求难以付诸行动，读者很可能会放弃行动。对此，不妨采用以下建议：将行动细化为若干部分；尽可能简化行动的步骤；为行动实施设定一个合理的截止日期。

4. 如何激发读者

如果读者对你的信息产生抵触情绪，必然会给沟通带来困难，如何消除读者的抵触情绪，并激发他们采取你所期望的行动，往往是沟通中最大的困难。为此，我们必须考虑"什么能打动读者"。常用的策略包括：把好消息放在第一段；强调可能的受益；开头先讲你们的共同点和一致之处；说明你的建议是目前最好的解决方法，当然还必须指出这不是十全十美的。

5.5.3 信息组织和写作方式策略

有效的书面沟通还必须注重信息的组织和写作方式的选择。信息组织和写作方式的选择解决的是"如何写"的问题。根据人的记忆规律，人们往往容易记住文章的开头和结尾，而忽略中间部分。所以，有效的信息组织，应该将重点放在文章的开头和结尾。因此，有效的信息组织方式有两种：一是直接式，即把文章的主题放在开头，再对主题进行论证；二是间接式，即先举例论证，再在结尾推导出文章的主题。

另外，还必须选择正确的写作方式。每一种写作方式都有特定的格式。按照这些格式来写，能更好地满足读者的期望，有助于读者更好地获得他们所需要的信息。

习　题

实训题

1. 向有关部门提交报告并提出合理化建议。

2. 撰写一份可行性报告，并对以下建议的可行性进行评估，可能的方案有：

(1) 针对你所在的专业或班级发行时事通讯月刊是否可行？

(2) 要求学生组织创建维客网络。

(3) 当地某饭店是否应该再开一家分店？

微课视频

扫一扫获取本章相关微课视频。

5-1　书面沟通概述.mp4　　　　　　5-2　写作技巧.mp4

第6章 口头沟通

【学习目标】

- 理解口头沟通在管理沟通中的重要性。
- 了解交谈、即兴发言、演讲的种类及其应用的场合。
- 掌握口头陈述的方法与技巧。
- 掌握演讲的技巧。

奥斯卡获奖演讲

在电影界，取得奥斯卡金像奖是很不容易的，能在颁奖仪式上讲话，更是被视作殊荣。但有些获奖者面对这难得的荣誉，演讲却出奇的简洁。喜剧电影大师卓别林 1972 年被授予奥斯卡荣誉奖时，面对台下不断的掌声和喝彩声，眼含热泪，十分动情，他只说了一句话："此刻，言语是那么过剩，那么无力。"著名影星马龙·白兰度在荣誉面前却非常谦逊。第一次登上奥斯卡领奖台时，他说的是："没有很多人的帮助，哪有我的今天？"与谦虚风格不同的则是自豪。因出演《电视台风云》而一鸣惊人、获 1976 年最佳女配角奖的比特丽丝·斯切特将奥斯卡金像高高举起时，她讲的是："啊！金像真沉呀！我是一匹黑马，真带劲！"其自豪之情使台下的人倍受感染。在引人注目的奥斯卡颁奖台上，幽默自然是必不可少的开心果。1972 年度奥斯卡颁奖时，最佳男配角奖得主本·约翰逊煞有介事地公布："我的话或许会在全国引发轰动，或许全球每个人都会把我的话牢记心中。"他戏剧性的停顿了一下，然后说道，"再没有比我更合适的获奖者了。"台下为之大笑。有些获奖者发表讲话时把自己的影片、自身经历和获奖事实奇妙地结合在一起，让人感到新奇。著名英国导演大卫·里恩因执导影片《桂河大桥》获奖，他讲道："当我们在丛林中汗流浃背时，谁也没有想到这座'桥'会通往奥斯卡领奖台。"简·怀曼因在《约翰尼·贝林达》中成功地扮演了一位聋哑母亲而获奖，她的话简短而有趣："我由于在影片中一言未发而获奖，我想我现在最好还是再一次缄口不言。"1952 年度奥斯卡最佳女主角奖得主雪莉·布思由于跑得太急，上奖台时被绊了一下，差点摔倒，因而她借题发挥道："经历了漫长的跋涉，才到达事业的高峰。"

讨论：

思考上述案例，你得到什么启示？

6.1 口头沟通概述

口头沟通是非常重要的沟通方式，也是最直接的沟通方式。口头沟通方式灵活多样，它既可以是两个人间的娓娓深谈，也可以是群体中的雄辩舌战；既可以是非正式的聊天，也可以是正式的磋商；既可以是即兴发挥，也可以是有备而来。其传递方式就是通过口头交谈，包括开会、面谈、电话、讨论、演讲等形式。它的优点是用途广泛、交流迅速，可直接得到反馈。其缺点是事后无据，容易忘记；存在着失真的可能性，当一个信息要经过多人传递时，由于每个人都是以自己的偏好吸收信息，根据自己的理解传递信息，这样最终接收者在自己脑中重建的信息与最初的含义很可能存在偏差。而且这种沟通方式并不总是能省时。

6.1.1 口头沟通的种类

1. 交谈

交谈是指两人或两人以上的谈话或对白。交谈的运用范围相当广泛，诸如交流思想、洽谈工作、探讨学习、调查访问、商讨方案等都要运用交谈，可以说这是一种最为寻常和普遍的口头表达方式。交谈有利于互通信息、沟通思想、开阔视野、增长知识和增进友谊。按照性质和目的的不同，可以将交谈划分为聊天、谈心、问答和洽谈四种类型。

(1) 聊天。这是一种随意的，非正式的交谈。交谈双方无须进行任何准备，形式不拘，话题丰富，属于自由度较高的一种交谈方式。

(2) 谈心。这是一种互相倾听心里话的交谈。谈心重在沟通感情，一般是针对双方某一思想问题进行交流。

(3) 问答。这是一种重在提问与回答的双向性交谈，其特点是问题明确，针对性强，一问一答配合紧密。

(4) 洽谈。这是一种与别人商量彼此相关的事项以达成协议的交谈。参与双方都有明确的目的，常常围绕一个中心话题阐述各自的观点，经过沟通、商讨逐渐统一认识。政治交流与经贸交易中的谈判就属于这种交谈。

2. 即兴发言

即兴发言是指在未充分准备的情况下，在特定的场合，为实现自己的表达意愿或应现场需要而临时所作的发言。即兴发言一般有两种情形：一是没有他人邀请或督促的主动发言，二是在他人的邀请或督促下的被动发言。即兴发言由于具有现场性、即兴性、灵活性的特点，因此被认为是口语表达的最高形式。即兴发言包括传递信息的发言、引荐发言、颁奖词、欢迎词、祝酒词、口头报告等。

1) 传递信息的发言

有许多场合需要发言者向听众传递信息，例如，向员工介绍新的规定或手续，向学

生、社区居民或股东介绍自己的公司、经营活动、产品或组织的结构，向顾客提供有关新产品或其销售折扣的信息。这种短时间讲话的主要目的是向听众提供他们原本不知或知之甚少的信息，因此发言者必须清楚听众对信息的了解程度，这样才不至于说得太多或太少。为了更清楚与直观地说明问题，在进行传递信息的发言时，经常需要一些道具，譬如一张曲线图、一幅草图、一个设备模型或一个图表，它们能在发言中起到辅助作用。

2) 引荐发言

引荐发言的目的是要激发听众去听被引荐人的讲话，而不是去听引荐人的讲话。因此，引荐发言应该简短、吸引人，要使被引荐人感到自在、受欢迎。如果引荐发言过于盛大、幽默或太长，反而会使被引荐人感到不自在。引荐发言应该具体、有针对性，避免无效琐碎的信息。可以强调被引荐人的成就，亦可谈谈被引荐人、话题与听众之间的关系。需要强调的是，做好引荐发言的关键是要了解被引荐人和听众，要善于把双方背景中令人感兴趣的因素提出来，找到双方的共鸣点，并且要强调听众将如何得益于被引荐人的讲话。

3) 颁奖词

有时候管理者要向某个人或团队颁发奖品，这时就要对受奖者的成就、所获得荣誉以及颁奖的意义作出评价，这就是颁奖词。颁奖词的表达要注意以下三个方面：一是要言简意赅。要向领奖者表达诚挚的认可，使听众对领奖者的成就有所了解，但不必太长，以免让领奖者或听众感觉味如嚼蜡。二是应该介绍一下该项奖励或奖品，或读出该奖状；三是恰当收尾。呈示奖品或奖励时及时做好总结。

4) 欢迎词

当人们参观工厂、商号、学校或其他设施时，东道主应致简短而诚挚的欢迎词。在欢迎词中要认可参观者的成就或职务，表达出东道主的友善，并表示愿意提供必要帮助。

5) 祝酒词

参加宴会的人员构成比较复杂，因此很难给出一个统一的模式来指导人们去如何做好这类发言。因为赴宴者的目的可能很不相同，因此有些人喜欢简洁而幽默的发言，而另一些人则准备提一些敏感的问题，所以对发言者来说，事先弄清客人的期待是非常重要的。在祝酒词中，开场白应该轻松，话题引入要自然，接下来的讲话不仅要体现敬重和感激之情，还要简要地强调主要思想。

6) 口头报告

口头报告是就一个论题向听众简要介绍一个计划好的或正在进行的项目或活动。它可以分为批示型口头报告、信息型口头报告和总结型口头报告三种类型。批示型口头报告是为了让听众明确如何操作或交代某项任务。这种发言强调语言的通俗易懂，必要时要给听众当场操作的机会。信息型口头报告旨在传递信息。在这种口头报告中常使用一些浅显的术语、图表，并在事先发放材料，以帮助解释某个复杂的问题。总结型口头报告是当一项计划或安排进行到一定阶段或结束后对这项计划或安排的执行情况作出总结，向有关方面汇报。其内容一般包括执行过程、取得成绩、存在问题以及解决方案、以后设想等方面。

3. 演讲

演讲是演讲者在特定的时间、环境中，借助有声语言和体态语言，面对听众发表意见、抒发情感的一种现实的、带有艺术性和技巧性的社会实践活动。根据演讲的目的，可以将演讲分为劝导型、告知型、交流型、比较型、分析型和激励型。

1) 劝导型

劝导型演讲是为了说服一些持有反对意见或态度冷漠的听众赞同或支持某种观点主张。因此，在这种演讲中，要运用感情感染力和逻辑感染力使听众同意演讲者的观点。

2) 告知型

告知型演讲是为了传递信息，而不是为某个特定的观点辩护，演讲的主题应该是没有争议的，以避免与听众发生争议。如向委员会作的一些报告，发言者的责任不是作出什么决定，而是向委员会提供信息材料，以便委员会作出决定。

3) 交流型

交流型演讲是为了交流信息，譬如市场部经理向产品设计部经理和生产部经理演讲，解释潜在顾客的需要等。通过这种交流，双方可以探讨问题，并最终找到解决方案。

4) 比较型

当需要解释并讨论两个或两个以上的产品、概念、政策或活动时，就需要比较。比较型演讲是为了向听众提出所有相关事实，以便更好地作出决策。在这种演讲中，仔细列举事实和客观的数据分析是至关重要的。

5) 分析型

当需要了解企业生产经营某一方面的深入情况，以便于作出决策或采取措施时，就需要分析型演讲。

6) 激励型

激励型演讲的目的在于鼓励人们采取行动，更加积极地实施相关措施。公司管理人员在动员大会上的发言可归于这一类演讲。这类演讲常用激动人心的语言来激发人们的热情和干劲，使人们朝着一个共同的目标努力。

6.1.2　口头沟通的原则

口头沟通过程中应该坦白、明确，避免由于文化背景、民族差异、用词表达等因素造成理解上的差异，这是特别需要注意的。沟通的双方一定不能带有想当然或含糊的心态，不理解的内容一定要表示出来，以求对方的进一步解释，直到达成共识。不管使用哪种口头沟通方法，应把握迅速、正确、容易了解三个原则，同时沟通时要注意下列几个要点。

1. 正确地响应对方的话语

正确的响应是有效口头沟通的第一个要件。沟通时双方都扮演着说话者和听话者的角

色，基本的关系是说话者期望听话者能认真地听自己的话，正确地理解自己的意思，听话者要能正确地理解对方所说的话并给予响应，如此双方才能有效地进行沟通。

2. 注意沟通过程中的态度

沟通时虽然都是在述说事情、讲明道理，希望打动对方、影响对方，但是影响人们行为的除了理智外还有感情，并且感情的影响往往超过理智。因此沟通过程中态度很重要，如信任对方、尊重对方、和对方站在同一立场、坦诚、率直、期望谅解……都是促进有效口头沟通的良好态度。

3. 注意倾听

有效的沟通一定要注意倾听。所谓倾听就是用耳听，用眼观察，用嘴提问，用脑思考，用心灵感觉。倾听应该是一种积极的听觉活动，能站在说话者的立场了解说话者的感受、思想，能正确体会说话者的情绪及抓住说话者言辞无法充分表达的含意。

4. 经常、不断地确认沟通的信息

每一个人都会受到自己过去的经验及成长环境的影响，有一些先入为主的观念，认知水平也不一样。因此，在进行沟通时，要不断地确认你所了解的是否就是对方的意思，要确认自己有没有受主观的影响，是否用有色的眼光去理解对方的话语。

5. 尽量使用让人印象深刻的语言

"不要问国家能为你做什么，先问你能替国家做什么。"这是肯尼迪总统就职典礼上向美国人民沟通治国理念的一句脍炙人口、留传不朽的名言，在当时的美国获得空前的响应。让人印象深刻的语言一般都包含一定的哲理，这就需要平时的语言积累和生活经验以及思想的加持。

6.2　交谈的方法与技巧

交谈时必须使听者有这样一种强烈的印象，即你是信心百倍而且认真诚恳的。要做到这一点，应做好充分的准备及运用相关的技巧。

6.2.1　准备技巧

在交谈前应了解交谈的对象，确定交谈的目的，准备好交谈的内容；同时要考虑如何回答对方可能向你提出的问题，也要准备好如何向对方发问。另外，还要选择合适的时间、地点与环境，创造良好的沟通氛围。

1. 了解交谈对象

人与人之间不仅存在体貌上的生理差异，而且在兴趣、爱好、能力、气质和性格等心理特征方面也大相径庭。我们一般可以从听者的需要、类型和个性特征角度来了解交谈对象。

1）了解听话者的需要

追求需要的满足是人一切行为的最大动机，要想进行有效的交谈，你首先必须了解对方的需要。而有关人的需要的种类目前有许多理论，最常用的是马斯洛的需要层次理论。可以根据对方所处的不同层次去了解与分析对方的需要，并从其需要的角度出发，对其晓之以理，动之以情。

2）了解听话者的类型

根据注意力水平的高低，可以把听话者分成四种典型的类型。一是漫听型，这种听话者其实很少在听，在别人说话的时候，他们也没有作过多少听的努力，因为事实上，他们压根儿没有投入多少注意力。在你努力陈述自己的观点的时候，他们眼神飘忽，甚至忸怩作态。有时候，他们的注意力还会闪开去想一些其他的无关事情。而他们这种开小差的情形往往很快被说话者觉察。二是浅听型，这类听话者的听流于浅表。他们只听到声音和词句，很少顾及它们的深层含义。他们往往停留在事情的表面，对于问题的实质，他们深入不下去。三是技术型，这类听话者会很努力地去听别人说话，当我们把自己看作"好"的听话者时，我们其实就是给自己贴上这类听话者的标签。在这一层次上，需要的是更多的注意力和心力。最后一种是积极型，毫无疑问，这类听话者会为聆听付出许多，他们在智力和情感两方面都作出努力，因而他们也觉得特别累。

3）了解对方的个性特征

与人交谈，必须掌握对方的个性特征，根据对方的不同性格，采用不同的说话方式。只有找出适合听话者个性的说话方式，这样的沟通效率才会大幅度提高。

2. 确定交谈目的

在交谈前，必须先了解这次谈话的主题是什么，你主要想与对方谈什么。如果你事先不了解自己要交谈的主题，不知道自己选择什么话题，那么接下来的交谈则必然达不到预期的效果。

3. 创造良好的氛围

1）找准交谈的最佳时机

如果在不适当的时间与对方进行交谈，对方很可能会认为自己的事情受到了打扰。比如，当对方正忙得不可开交时，或者正赶上对方情绪低落的时候，通常都不会达到预期的沟通效果。应选择合适的交谈时间。具体地说，在选择交谈时间时，需要考虑对方的需求特点和情绪。

2）利用有利环境促进沟通

交谈地点选择的是否得当对于沟通能否顺利开展同样具有重要意义。根据不同的交谈对象特点和沟通内容，选择令人感到放松和愉悦的地点。不同地点的环境特点和整体氛围是不同的，比如，家庭的气氛通常比较温馨，休闲娱乐场所的整体环境特点比较令人放松，而工作地点则更容易使人感到紧张和疲惫等。

6.2.2　交谈的技巧

交谈是通过语言完成人际间沟通的方式，如果不懂得谈话的艺术，交谈往往达不到沟通的效果，因此掌握交谈的技巧无疑是重要的。要使自己的话语更加可信，进而更好地进行交流沟通，可做如下几件简单的事情。

1. 用你的眼睛

沟通时看着别人的眼睛而不是前额或肩膀，表明你很看重他。这样做能使听者深感满意，也能防止他走神，更重要的是，你还能借此树立自己的可信度。

2. 使用你的表情和手势

谈话的过程中你一直都在发出信号——尤其是面部和双手。如果能恰当地使用面部表情和手势，将大大增强你的交谈效果。

(1) 面部。延续时间少于 0.4 秒的细微面部表情也能显露一个人的情感，立即被他人所识别。面带微笑使人们觉得你和蔼可亲。

(2) 手。"能说会道"的双手能抓住听众，使他们更好地理解你所表达的意思。使用张开手势给人们以积极肯定的强调，表明你非常热心，完全地专注于眼下所说的事。

3. 使用你的身体

身体姿势和动作往往会反映一个人的情绪和态度，会影响自己在他人心目中的形象。

(1) 身体姿势。必要时，坐着或站立时挺直腰板给人以威严之感。耷拉着双肩或跷着二郎腿可能会使某个正式场合的庄严气氛荡然无存，但也可能使非正式场合的气氛更加轻松友善。

(2) 身体动作。不由自主地抖动双手或双腿能泄露从漠不关心到焦虑担忧等一系列的情绪。

(3) 身体距离。站得离人太近能给人以入侵或威胁之感，如果与人的距离不足 0.6～1 米，听者会本能地往后移。反之，如果距离达 1.2 米或更远，听者就会觉得你不在乎他。

(4) 姿势和动作禁忌。

① 摇头晃脑，全身乱动。

② 斜靠椅背打哈欠，伸懒腰。

③ 跷着二郎腿，并将跷起的脚尖儿冲着他人。

④ 用手指敲击桌面，如入无人之境。

⑤ 踮起脚尖，颤动小腿肚。

⑥ 当众用手挖鼻孔、耳朵眼儿、剪指甲、照镜子、梳头、抹口红。

⑦ 将两手搂在头后，在沙发上四仰八叉。

⑧ 讲话时，嘴里吃东西或者边讲边搞小动作。

⑨ 双臂交叉，斜着眼看人。

⑩ 与人交谈时，抬臂反复看手表。

4．使用你的声音

声音是一种威力强大的媒介，通过它可以赢得别人的注意，能创造有益的氛围，并鼓励他人聆听。说话时注意以下几点。

1）注意谈话的语气

柔和流畅的语气，不仅有利于更好地表达自己的思想，而且让人感觉舒服，给对方留下良好的印象。

2）适当调整谈话的速度

急缓适度的语速能吸引听者的注意力，使人易于吸收信息。如果语速过快，听者就会无暇吸收说话的内容；如果语速过慢，听起来就会令人生厌；如果说话吞吞吐吐，犹豫不决，听者就会不由自主地变得十分担忧、坐立不安。根据谈话内容适当改变你的语速，不仅能给听众造成生动活泼的形象，而且能使他们的精神也时时处于兴奋状态，积极吸收你所说的内容。建设性地使用停顿能给人以片刻的时光进行思考，并在聆听下一则信息之前消化前一则信息。

3）重音强调

适时改变词的重音能强调某些词语，使听者知道哪些内容重要。在电话里交谈时不可能有视觉上的便利，对重要的事尤其要通过重音加以强调。

4）控制说话的音量

当你内心紧张时往往发出的声音又尖又高。其实，语言的威慑力和影响力与声音的大小无关，不要认为大喊大叫就一定能说服和压制他人。声音过大只能迫使他人不愿听你说话并讨厌你说话的声音。

5）注意自己说话的语调

语调是指你讲话时声音的高低、轻重的变化。这种变化对于表情达意的思想感情来说，具有非常重要的作用。无论是高兴、喜悦、难过、悲哀、愁苦等复杂情感，都能通过语调的变化表现出来，当你生气、惊愕、怀疑、激动时，你表现出的语调也一定不自然。从你的语调中，听话者可以感受到你是一个令人信服、可亲可近的人，还是一个呆板保守、具有挑衅性的人；你的语调同样也能反映出你是一个优柔寡断、自卑、充满敌意的人，或是一个诚实、自信、坦率以及尊重他人的人。语调得体，节奏鲜明，会给你说的话打上无形的标点符号。语调的变化可以造成声音的多样化，从而使听众乐于接收，并赋予听觉上的美感。一般来说，用降调来结束句子表示明确、肯定、严肃、命令或有把握；相反，升调用以表达疑问或犹豫不决的意见。当你向听众问问题时，升调比较合适；但在发表意见之时，要小心使用。用升调结束话语会削弱你的肯定力度，减少说服力。当你想强调某个词时，拉长音节可以让这个词更清晰。抑扬顿挫的语调可以为你的口头沟通增色，它可以使听众更易于接受你的观点。

6.3 演 讲 概 述

所谓演讲，又称讲演或演说，是指演讲者在特定背景下，以有声语言为主要手段，以体态语言为辅助手段，针对某个具体问题，鲜明、完整地发表自己的见解和主张，阐明事理或抒发情感，进行宣传鼓动的一种语言交际活动。由此定义可以看出，演讲者、听众、特定背景是构成演讲的三个前提条件；有声语言和体态语言是演讲的表达手段，也是演讲区别于其他口头表达形式的关键。演讲的过程是演讲者与听众双方积极交流与互动的过程，经验丰富的演讲者能根据听众的反馈，如眼神、姿态等信号，判断出他与听众交际的效果。

演讲是口语表达的最高形式，是有声语言与体态语言的有机统一。一般做演讲主体的是名人或者有特殊经历的人，以面对公众传播演讲语言达到某种目的。但现在很多高校或社会团体都会举办一些演讲比赛，为了演讲而"演讲"的比赛，是演讲文化的技术化、普及化、扩展化的体现。在当今商业环境中，演讲已经成为管理角色的一个重要组成部分，是管理者与多数人进行交流沟通的有效形式。进行演讲训练不仅可以锻炼演讲者在大庭广众之下讲话的胆量，提高有声语言的张力，把握表达技巧，而且能够提高演讲者口头表达能力及思维能力。

6.3.1 演讲的目的

演讲的目的就是演讲者组织这场活动想要达到的总体目标，也就是演讲者要站在台上讲话的原因。作为一名管理人员，对演讲所要达到的目的了解得越清楚，获得成功的可能性就越大。因此，他必须事先积极认真地考虑演讲的目的，尽可能准确地确立演讲的目标和宗旨。演讲的目的通常有下述几种。

1. 交流信息

随着社会的发展，无论事情大小，人们都应该持互相合作的态度。因此，他们首先必须相互了解，演讲者即是通过语言这种手段让听众对自己的观点、想法有所了解。只在相互了解的基础上，双方合作才有可能成功。

2. 传授知识

传授知识，即演讲者把丰富的知识和经验传授给听众。学术性论坛或报告会通常以此为目的。

3. 施加影响

演讲者通过发言，对听众施加影响。这种影响可以是要求听众同意演讲者的观点并采取行动给予支持，也可以是营造一种轻松愉快的气氛。

6.3.2　演讲的特点

学习与准备演讲的前提是了解演讲的特点。作为一种特殊的口语表达艺术，演讲具有下述显著特点。

1. 目的性

实际上，演讲是一种宣传活动，每个演讲者都有自己明确的宣传动机，没有宣传的强烈愿望，就没有演讲的必要了，即使讲了，也难以精彩。无动于衷、可有可无的演讲是不能打动听众的。演讲的动机可以简单概括为表达自己的意愿、说服听众、激励听众和娱乐听众四个方面。表达自己的意愿是指演讲者通过演讲，使自己的思想观点广为人知；说服听众是指演讲者借助演讲唤醒听众的思想，激活听众的情绪，让听众行动起来。激励听众主要是进一步强化听众对某一事业的认同感，更加积极地去努力实施相关措施。而娱乐听众主要是在轻松愉快的气氛中，演讲者通过幽默诙谐的话语使听众获得欢乐和教益。

2. 说服性

演讲的另一个特点是以理服人，以情感人，具有极强的说服力。一方面演讲者面对听众发表意见，或对事件作出评价，或对现象展开剖析，或指出问题引人深思，或描述理想催人奋进，都着眼于说理，讲究以理服人，离开了说理，即使故事再生动，辞藻再华丽，演讲也不能深入人心；另一方面演讲也不是一般的说话，不是简单的表态，它不仅要以理服人，还要以情感人。对于演讲中涉及的人物、事件、问题，演讲者要有自己明确的态度，并要将其带有感情地表达出来，使听众从语言、声调、表情、眼神、手势中感受到演讲者的喜怒哀乐。

3. 艺术性

演讲是运用语言和体态来影响听众，因此演讲内容的哲理化、语言的文学化、姿态的戏剧化都不同程度地存在于各类演讲中。演讲的艺术性主要表现在四个方面：一是演讲具有内容美。它以具体感人的形象、深刻真实的事理说服人、感染人。二是演讲具有文采美。无论是朴素明快，还是委婉清新，无论是铿锵有力，还是幽默风趣，演讲都以其艺术化的口语为听众营造了一个美的氛围，使听众在美的享受中得到启迪。三是演讲讲究音量的轻重强弱、音调的抑扬顿挫、节奏的起伏快慢、语速的停顿连接，具有明显的艺术性和技巧性。四是演讲过程中演讲者还通过自身的气质、装扮、表情、体态等强化演讲效果，传达出艺术与美的信息。总之，成功的演讲能够产生多种美感，具有强烈的艺术色彩。

4. 综合性

演讲的内容无所不包，演讲的听众各色各样，演讲的目的各不相同，为了达到预期的效果，演讲者需要使用多种表达技巧。演讲内容、演讲听众、演讲目的、演讲手段的多样性，决定了演讲的综合性。

6.4 演讲技巧

6.4.1 演讲的准备技巧

无论演讲者即兴构思的才能多么出色，在演讲前如果不做认真仔细的准备工作，就不可能取得演讲的成功。无论管理者作何种演讲，都必须在演讲之前做好充分的准备工作，一般来说，演讲准备包括分析听众、确定演讲目的、演讲题目、演讲选材及组织等方面的准备。

1. 分析听众

亚里士多德曾说过："演讲有三个要素——演讲者、主题和听众，而后者决定演讲的成功与否。"演讲不同于交谈等语言交流活动，演讲是以演讲者为中心，听众一般很少插入。演讲者如果事先不调查研究，不了解听众的心理特征、构成、意愿，那么，演讲是很难获得听众的认同和赞许的。

1) 分析听众的构成

演讲者一般要从以下几个方面分析听众的构成：一是听众的人数。一般来讲，听众人数越多，越容易受到"群体影响"的支配。所以在听众较多的场合，更需要变更说话的语调，提高内容的感情成分。对出席的人数作出尽可能准确的估计，有利于演讲确定什么样的辅助手段和风格。二是听众的年龄。由于听众年龄结构不同，思维方式、价值观会有很大的不同。三是听众的教育程度。演讲者使用的语言和词汇应该适应听众的教育水平和层次，如果演讲者定位不在相应的水平上，会导致演讲的失败。四是听众的职业。了解大多数听众的职业可以预测他们关注的主题，这对演讲者同样是有益的。五是听众的性别。听众的性别不同，关注点不同。一般来说，男性听众往往喜欢慷慨激昂的议论，而女性听众则常常偏好娓娓动听的叙述。因此，在演讲之前了解男女听众的比例，并根据男女的比例确定演讲的用语、风格、方式及声调，同样是非常重要的。

2) 了解听众的心理特点

听众心理是指听众对演讲的一种特殊心理活动。听众心理具有以下四个特点：一是他们对信息的接受具有选择性。他们一般只注意那些他们熟悉、有兴趣、与他们有关或者他们渴望了解的部分；在记忆信息时也有明显的感情色彩和倾向，容易记住自己愿意记住的信息，也愿意接受那些与自己意见一致或自己认同的观点。二是听众心理是独立意识与从众心理的矛盾统一。一方面，听众对演讲中的观点有自己的反应；另一方面，听众又有从众心理，演讲中经常出现的数人鼓掌而皆鼓掌、数人笑而皆笑的现象就是从众心理的结果。三是"名片"效应与"自己人"效应。"名片"效应与"自己人"效应是指由于交流双方存在相似性和共同处，因此各自的信息容易被双方接受，交流双方容易沟通。其中，"名片"效应主要指双方观点一致；而"自己人"效应主要指把对方当作自己一方的人，因而更容易接受对方的观点。四是首因效应与近因效应。首因效应是指第一印象在人际知

觉中所具有的主导性质。在人的潜意识中，总认为第一印象是正确的。近因效应是指新形成的印象对人际知觉所具有的重要意义。

3）把握听众的意愿要求

演讲者还必须事先了解听众的意愿要求以便有针对性地做好确定主题、选择题材等准备工作，只有这样才能有成功的演讲。听众参加演讲的意愿要求一般有五种，即慕名而来、求知而来、存疑而来、欣赏而来和不得不来。慕名而来者一般抱有潜在的崇拜心理，不太注意演讲者水平的高低。求知而来者为获得知识与能力而来，如果演讲的内容充实、条理清楚，这类听众一般不会过分挑剔演讲者的演讲技巧。存疑而来者对自己想了解的演讲话题非常感兴趣，他们只要求你把演讲的内容交代清楚，并不在乎演讲者的身份、地位。欣赏而来者在潜意识中含有对高水平演讲者的崇拜，他们不在乎演讲的内容而更在乎学习、欣赏演讲技巧。不得不来者往往是由于纪律约束或出于礼貌而来，他们对演讲内容并不关心，反应冷漠。

2. 确定演讲的目的

分析了听众之后，接下来就需要根据你的分析确定演讲目的。

1）确定演讲的总目的

你的真正目的可以通过你想得到的听众反应而确定。无论你讲述什么，总有一个总目的指导。总目的一般有以下几种类型：告知、说服和娱乐。最通常的演讲目的之一是告知人们一些事情，这些事情既可能是演讲者掌握较多的知识，也可能是演讲者用特殊的方法了解的事情。说服性演讲的总目的是让人们相信一些事情，让人们去做一些事情，把他们的热情和信心激励到一个更高的水平。娱乐性演讲的目的是帮助人们逃避现实，或者真诚地要求听众自得其乐。

2）确定演讲的具体目的

具体目的是你在实际表述中期望得到的结果、目标和反应。

3. 选择论题

选择论题包括两个具体的任务：一是确定主题，二是确立标题。

1）确定主题

中国古代哲学家庄子曾说："语之所贵者，意也。"也就是说，语言贵在有明显的思想，演讲、写作也是如此。在演讲中，你必须明确地提出问题、解决问题，要表明自己的主张和态度，即提倡什么、反对什么、歌颂什么、贬斥什么。也就是说，你要说明一个问题，或者宣传一个道理，或者阐述一个观点、表明一种主张。这也就是演讲的主题。主题是演讲的中心思想，是组织演讲的主线，它贯穿于演讲的始终。

确定演讲的主题可以从以下几个方面进行考虑：一是演讲必须有时代意义。必须紧紧地抓住人们普通关心的问题、社会现实中急需解决的问题。要讲出时代感，必须考虑演讲的场合、环境、现实状况，以及自己对该问题的历史及现状的了解程度。二是要适应听众

的需要。你的主题越有针对性，越能影响听众，感染听众。三是确立主题时，应符合自己的身份和能力。这样你便能自然地融入自己的思想感情，得心应手，措辞、语调、口气也自然、生动、富有活力，给人以新鲜感和亲切感。四是展现真知灼见。一次具有真知灼见的演讲，就其社会价值来说，远胜于那些拾人牙慧、平庸无奇演讲。五是遵循演讲的要求。主题决定演讲的社会价值，演讲中正确深刻的主题，能给听众以激情、启迪和力量。在确定主题时必须考虑主题的正确、新颖、鲜明、集中和深刻性。演讲的主题应有针对性，对存在的问题有的放矢，而不能泛泛而谈。此外，主题还须有演讲者的创见，切不可老生常谈，人云亦云。

2) 确立标题

确立演讲的题目是进行演讲前的首要任务。演讲的题目不仅与演讲的形式有关，更与演讲的内容、风格、格调有关。一个新颖而富有吸引力的题目，不仅能在演讲前激发听众的兴趣，而且会在演讲后给听众留下深刻的印象，甚至成为一个警句而广为流传。可以说，演讲题目的拟定对演讲效果起着画龙点睛的作用。

演讲者在拟定演讲题目时必须认识到，演讲题目应是大多数人都普遍关心的问题，必须符合听众的兴趣，满足听众的需要。要使演讲题目能够概括演讲的基本内容或主题，不能文不对题、词不达意，更不能拖泥带水、产生歧义。要知道，冗长的题目不便于记忆，深奥的题目令人费解，空泛的题目大而无当，听众难以了解演讲的内容，这些都是拟定演讲题目的大忌。一般来说，选择演讲题目应该注意以下几点：一是题目要富有建设性。在坚持实事求是的基础上，标题要选择那些能给人以希望的、积极向上的、令人振奋鼓舞的文字。而在内容上，要能引起听众的兴趣，满足其求知欲望。二是题目要新奇醒目。三是摒弃冗长、深奥、空泛的标题。

4. 演讲的选材

材料是能够证明观点、表达主题的事实或理论。材料有两种，一种是事实材料，包括具体事实、概括事实、历史事实及统计数据等；另一种是理论材料，包括公理、定理、名人名言、格言警句及各个学科的理论成果等。如果说主题是演讲的灵魂，那么，材料就是演讲的血肉。材料形成主题，证明或提示主题，只有占有充分的材料，才能在演讲过程中游刃有余、左右逢源；否则就会捉襟见肘、穷于应付。处理材料的过程包括三个方面：收集材料、筛选材料和使用材料。

1) 收集材料

从总体上讲，收集材料不外乎两个途径：一是直接获取。演讲者通过自己的观察、调查、体验获取材料，这种材料是第一手材料，为演讲者所独有。二是间接获取。即通过阅读获取材料，如通过阅读和查找图书、报刊、计算机数据库及网络等途径获取材料。

2) 筛选材料

严格来讲，演讲者为演讲的目的而收集的材料还只能叫作素材，并不是所有的素材都能写入演讲稿中，演讲者还必须对其进行筛选。要选择那些能够充分支持主题、具有典型

性和真实性、适于听众的材料写入演讲稿中；而对于筛选下来的材料还要注意保存，以备不时之需。

3) 使用材料

对于选中的材料，要进行归类，规划出哪些材料说明哪个问题。对于哪个材料先用、哪个材料后用，要排出一个合理的顺序。听众的注意力是有限的，超过了一定的限度，听众就会走神。因此，适当地穿插一些趣味材料，可以调节演讲的气氛，使听众的精力集中。另外，单纯使用一种类型的材料只能使听众疲劳，因此，还要注意材料的多样性。总而言之，在使用材料时，要学会利用归类、排序、穿插、多样和改造等手段。

5. 演讲的结构

合理的结构安排是一篇演讲成功的基础。只有精心营造演讲的结构，在演讲之前对于如何开头、如何结尾、何处为主、何处为次、怎样铺垫、如何承接早已了然于胸，在演讲时才能思路清晰、中心突出、铺排严谨、首尾照应、浑然一体。这样不仅有利于演讲者在有限的时间内传递更多的内容，也有利于演讲者克服怯场，取得更好的演讲效果。一般来说，一个完整的演讲结构主要包括开头、正文和结尾三个部分。

1) 开头要巧妙

在演讲中，开头又被称为开场白或导语。一个精彩的开头对演讲的作用是极大的。它为演讲确定了基调，不但能够吸引听众的注意力，还能提示主题或主要内容，引导理解路径。在演讲中，常用的开头方法有以下几种：利用举例；展示题目的重要性；概述主要内容；提出问题；使用引用语；发布惊人信息。当然，文无定法，开头的方法也不止这几种，但无论采用哪种形式，都要注意开头要力求简洁，一定不要太长。另外，还要周密计划，不要将所有的内容都在开头中讲出来，使演讲失去悬念，让听众失去继续听讲的兴趣。

2) 正文要突出重点

正文是演讲的主要部分，演讲质量的好坏，论题是否令人信服，都取决于正文的阐述。正文在结构安排上离不开提出问题、分析问题和解决问题三个方面，但这又不是一成不变的刻板公式。因此，要根据主题的需要，恰如其分地安排正文的结构，做到紧扣主题、突出重点、层次清晰、首尾呼应。需要注意的是，演讲的结构不同于文章的结构，不能随意铺排，不可太复杂，文章可以反复看，即使结构复杂一些，读者反复揣摩也会弄通；演讲是一次通过，若结构过于复杂，听众会记不住纲目，不得要领。

3) 结尾要精彩

如果说一个精彩的开头能够引起听众的注意，那么，一个成功的结尾则能够令人产生言已尽而意无穷的感觉，给听众留下深刻的印象。结尾有很多方式，或提出问题令人深思，或深化主题加深认识，或总结观点提示主题，或激励士气促使行动，或抒发感情感染情绪，或运用幽默赢得笑容。结尾同开头一样，并没有固定的模式，但成功的结尾必须达到使听众把握演讲主题、明晰解说事项、提供行动三个目标。一般来说，结尾常犯的毛病

有三种：一是草草收兵。有的演讲，在结束时不考虑如何给听众留下完整的总体印象，不作强调，不作必要的概括，就突然作结，显得突兀，这就叫草草收兵。二是画蛇添足。有的演讲，本来该说的话已经说完了，却还要唠叨个没完。三是讲套话废话。空洞、没有实际内容的套话易引起听众的反感。

6.4.2　演讲过程中的技巧

演讲过程中的技巧指的是在正式演讲过程中所运用的一些吸引听众、提高演讲效果的方式、方法与诀窍。为了确保演讲成功，给听众留下美好的印象，除了演讲之前进行必要的演讲准备外，还需要在演讲过程中运用一些方法和技巧。

1. 克服怯场的技巧

克服紧张情绪，是有效演讲的第一步。任何人在大庭广众之下都会产生紧张情绪。研究表明，21%的人害怕在陌生人面前表演；10%的人对公众演讲有巨大的恐惧。紧张使得演讲者心率加快、手心出汗、膝盖发抖，预先的构思往往会被打乱。因此，掌握情绪控制的方法和技巧，就成为演讲取得成功的关键。

1) 熟悉讲稿

要克服紧张情绪，首先要熟悉讲稿。先确定自己熟悉、感兴趣、有材料可写的选题，在形成讲稿后还要从框架到细节加以记忆、背诵。当演讲者面对听众感觉到紧张的时候，可在脑海里迅速回忆演讲大纲，这样可以使紧张的情绪得到缓解。

2) 树立自信

演讲者在演讲之前一定要多设想些困难，要多反思自己的差距和不足，只有这样，才能迫使自己进行认真而充分的准备。而演讲者一旦走上讲台，就要多想自己的长处，想象自己是做得最好的，既然你被请去演讲，那就说明自己有过人之处，只有这样，才能使自己树立起信心。

3) 保持积极乐观的心态

演讲者要以积极乐观的心态想象听众的反应和自己的演讲效果。要保持积极乐观的心态，可以想象听众不是来挑刺的，而是来倾听你的演讲的；还可以想象自己在演讲时神采飞扬，听众洗耳恭听，积极配合，演讲结束后听众掌声雷鸣的情景。当然，这种积极乐观不是盲目的，而是建立在自己充分准备的基础上的。

4) 做一些轻松的动作

进入演讲场所后，微笑着环视听众和四周的环境，向自己认识的听众打声招呼或点一下头，与身边的人小声交谈几句，做一下深呼吸等动作，都可以使演讲者紧张的神经得以放松，恢复自信。

5) 尊重听众

演讲者必须尊重听众。如果听众感到演讲者的口气是居高临下的，那么听众会很反

感，现场气氛便会很紧张，演讲者也会受到感染而紧张。但如果演讲者给予听众更多的礼貌和尊重，他们也会给演讲者更多的礼貌和尊重，这有助于排解演讲者的紧张情绪。

6) 预先排练

预先排练是正式演讲前最后的准备工作。通过预先排练可以减轻紧张的情绪，因为它可以帮助演讲者发现紧张的根源，促使他做好进一步的准备。

2. 有声语言的运用技巧

演讲依靠有声语言来传达思想感情和有关信息。作为一种强有力的沟通手段，有声语言是连接演讲者和听众的桥梁；演讲者所用的词语、句子，以及声音的高低、快慢、抑扬顿挫，都是表达的一部分。听众对演讲者的不满通常集中在演讲者用词不准、句子冗长、声音模糊、语速太快等方面上，这些都是有声语言运用方面的问题。要克服这些问题，就必须掌握有声语言的运用技巧。一般而言，有声语言的运用技巧主要包括以下几方面。

1) 准确精练、通俗易懂

用词准确和句子精练是演讲的最基本要求，只有这样才能使听众明白演讲者的意图。所谓准确，就是用词能够确切地表达所讲述的对象——事物和观念，指出它们的本质及相互关系，以避免发生歧义和引起误解。所谓精练，就是要用最少的字句，表达最丰富的内容。演讲的每一句话都是稍纵即逝的，因此要尽量避免长句和复杂的句子，减少修饰和限制的成分，多用短句，力求简洁明快、生动有力。同时，在演讲中要发挥口头表达的魅力，使语言通俗易懂。这样不仅可以使听众易于理解和接受，而且也有助于活跃现场气氛，调动听众的兴趣。

2) 形象生动具体

演讲还要求运用鲜明生动的语言，使抽象的事物具体化，深奥的道理浅显化，概念的东西形象化。要求演讲者既善于把握运用人的第二信号系统，又能够用形象的语言调动听众的全部感觉器官——听觉、视觉、嗅觉、触觉、味觉，使听众有身临其境的感受。"望梅止渴"的故事，讲的正是第二信号系统产生的刺激作用。要使语言生动形象，一个重要的方面就是讲究修辞手法的运用，对语言进行必要的修饰加工，使之更富有号召力。

3) 掌握发声技巧

声音和腔调乃是与生俱来的，不可能一朝一夕之间有所改善。不过音质与措词对于整个演讲影响颇巨。演讲声音要洪亮，要使每个角落的听众都能听得到。特别是在公共场所演讲时，演讲者要通过询问后排听众是否能听清或者查看其非语言信号(如向前探身)的方法来了解音量的情况，如果后排听众有听不清的表示，则意味着要加大音量。根据某项研究报告指出，声音低沉的男性比声音高亢的男性信赖度高，因为声音低沉会让人有种威严沉着的感觉。演讲者要掌握正确的呼吸方法，用胸膜联合呼吸，以保持感情充沛和声音浑厚洪亮。同时。为了让听众易懂，演讲时应使用正确规范的普通话。

4) 重音突出

在演讲中，根据表情达意的需要，有意突出强调某个词、词组或句子，而和其他词、

词组或句子形成对比处理，这种技巧就是重音。重音在演讲中占有重要的位置。重音的处理方式在于咬字的音量和力度，一般来说，重音区读得要比其他音节重一些。但有时将关键词或句子读得比其他词或句子轻也能起到突出强调的作用。在演讲中，重音的不同可以表达不同的意思，确定重音主要根据演讲者的目的、理解、心境、感情等综合因素。在使用重音时应注意三个问题：一是使用过多，处处是重音，那就等于没有强调了，而且处处重音不仅显不出主次，而且会增添听众的疲劳；二是过于吝啬，该用重音的地方不用，使演讲平铺直叙，缺乏波澜，同样易使听众疲劳；三是重音使用不当，造成表意错误或者语言过分夸张。

3. 身体语言的运用技巧

演讲不仅是讲——有声语言的艺术，而且是演——身体语言的艺术。只有使口头语言和身体语言珠联璧合，和谐统一，才能使你的演讲技巧趋于完美。

1) 表情要自然

演讲时的脸部表情无论好坏都会带给听众极其深刻的印象。面部表情是人的思想感情最复杂、最准确、最微妙的"晴雨表"。人会自觉不自觉地运用表情来表达自己的思想感情，而其他人是能够读出这种特殊的"语言"的。据研究认为，人的复杂的感情、心境、情绪，如喜悦、悲痛、畏惧、愤怒等，都可以反映在脸上。演讲者应掌握这方面的技巧，能通过自己的面部表情对听众施加影响、交流思想，更好地达到演讲效果。这方面的要点有四个：首先，演讲者在表情上要表现出充分的自信，不可垂头，视线要与听众接触，吸引听众的注意。这样会使听众更容易接受演讲。其次，表情要与演讲的内容相一致，不要出现表情错位。再次，表情的运用要自然，脸部表情要放松。拘谨木然、神经紧张、恐慌不安等表情只能削弱演讲效果。最后，演讲的表情不能过于夸张以至于矫揉造作、自作多情，这样只能使听众感到虚假。

2) 学会用眼睛说话

在整个演讲中，眼神的表情达意可起到举足轻重的作用。"眼睛是心灵的窗户"，有经验的演讲者总是恰当地、巧妙地运用自己的眼睛，表达出丰富而多变的思想感情，以影响和感染听众，加强演讲效果。你的眼睛把你的思想感情、心理变化、品德、常识等毫不掩饰地展现给了听众，而听众可从你的眼中获得 80%的信息，所以在演讲中要多与听众的目光保持实在性接触，不可以漠视听众的眼光、避开听众的视线来说话，而要学会用眼睛说话。在演讲中，眼神的运用应注意以下几点：一是要看着听众说话。演讲者上台以后，不能总是低头俯视讲稿或讲台而不敢看听众，也不能总是看着天花板；不要东张西望，也不能死盯住一个地方。二是与听众的目光保持实在性接触。演讲者看着听众讲话，有虚视和凝视两种。凝视能增强感情联系，与听众建立起灵敏的信息交流反馈。在演讲开始和进行中，应当有适宜的凝视时间。如果凝视时间太长或过多，又会对听众形成压力。因此，可以不时地采取虚视，使双方都感觉更自然舒适。三是多种眼神并用。由于演讲者的情绪、演讲的内容、听众的态度、演讲环境等错综复杂，在运用眼神时也不能只用一种，而

应变化运用。不同的眼神，传递着不同的信息，交流着不同的情感。

3) 灵活运用手势

手势是体态语言中重要的表达手段。不同的手势表达不同的情感。演讲中，自然而安稳的手势，可以帮助你平静地说明问题；急剧而有力的手势，可以帮助你升华感情；稳妥而含蓄的手势，可以帮助你表明心意。

演讲过程中手势的运用要大方自然，手势应是内心情感的自然流露，而不应是生硬做作，做手势是为了帮助表情达意，如果达不到这个目的，则纯属画蛇添足。手势一定要与口语同步进行，切忌说完话后再补手势。手势还要与民族文化及听众的习惯相适应，使听众易于理解和接受。在演讲中，不能总是重复一种手势，而应富于变化。

4) 讲究仪表服饰

服装也会影响听众对演讲者的印象。穿着与演讲内容、演讲气氛、时令、演讲者年龄相适应的服装，可以增添演讲的色彩。作为演讲者，在着装上应考虑以下几点：一是穿着要得体；二是穿着要适合一定的场合；三是要保持衣着整洁；四是不要穿有可能分散听众注意力的服装。也就是，演讲者的着装既要使听众赏心悦目，又不要使听众过于分散注意力。尤其是东方男性总是喜欢穿着灰色或者蓝色系列的服装，难免给人过于刻板无趣印象。轻松的场合不妨穿着稍微休闲一点的服装。不过如果是正式的场合，一般来说仍以深色西服、男士无尾晚宴服以及燕尾服为宜。同时，发型也可塑造出各种形象来。长发和光头各自蕴涵其强烈的形象，而鬓角的长短也被认为是个人喜好的表征。

阅读材料：口头沟通技巧的五种练习方法

1. 朗读朗诵背诵

作用：练习口齿清晰伶俐，积累热点知识，培养记忆能力和口头表达能力。

方法：准备一份可阅读的材料(一张报纸或一本书)；大声地读出来；持续 15～30 分钟。或尝试去背诵一些经典的文章、优美的词句、经典的语录。

2. 对镜练习

作用：训练自己的眼神、表情和对关键知识点的肢体语言表达。

方法：在家中或者办公室对着镜子练习演讲，不要被打断，练习过程中注意自己的语速与表情变化，重复三遍。

3. 录音录像

作用：通过对自我录音录像，反复观摩找出问题，并不断改善。看一次自己的演讲录像比上台十次的效果更佳。

方法：录音必须是一次完整的录音，原则是先演练再改进，切记不要说错了马上改；录像主要是关注自己的动作与表情是否合理到位。

4. 速读练习

作用：目的在于锻炼口齿伶俐，语音准确，吐字清晰。

方法：准备一篇优美的散文；拿字典把文章中读音搞不准的字、不太熟悉的词查出来；开始朗读，第一次朗读速读不要太快；逐步逐次加快，最后达到所能达到的最快速度；读的过程中不要有停顿，发音要准确，吐字要清晰，尽量发声完整，不吞字吞音。

5. 复述法

作用：这种练习旨在锻炼语言的连贯性及现场即兴构思能力和语言组织能力，如果能面对众人复述还可以锻炼胆量，克服紧张心理。

方法：首先找一位伙伴，一起训练，请对方讲一个话题或一个故事，自己先认真倾听，然后再向对方复述一遍，让对方给予反馈，找出优点、缺点和差异点；再重复一遍。

(资料来源：https://wenku.baidu.com/view/3f817bfd492fb4daa58da0116c175f0e7dd119eb.html?fr=search-income2)

习　　题

实训题

1. 针对下面某个话题，结合自己的经历准备一则故事，并调查与受众共享的有趣事实。

(1) 人们为什么需要计划？

(2) 应对变革。

(3) 终身学习的重要性。

(4) 优质客户服务的价值。

(5) 你了解的组织文化。

练习要求：

● 与小组同学分享你的兴趣点并互相提意见。

● 以备忘录形式将你的故事交给老师。

● 做时间为1~2分钟的口头陈述。

2. 简短的口头陈述。

练习要求：

以下列某个题目为主题，作一时间为3~5分钟的口头陈述。

● 解释在课堂、校园活动或工作中所学的东西对那些毕业后要雇用你的雇主有什么用途？

● 介绍一位在你想要从事的那个行业里的成功人物，并解释他取得成功的原因。

● 描述某种沟通良好或糟糕的具体情形。

● 以本书中的某一问题为主题，作一简短的口头陈述。

● 向全班介绍自己。

● 描述自己的老板。

● 解释你所在组织中的"最优行为"。

- 解释你所在组织中新加盟人员要想成功应了解什么。
- 向老板报告公司存在的问题。
- 向全班详细介绍自己的某方面成就。
- 解释你希望加盟行业所面临的挑战(如技术、伦理、国际竞争等挑战)。
- 描述你希望加盟公司的情况,说明你为什么认为该公司不错。
- 与他人交流采访结果。
- 就正在求职学生们提供的建议进行交流。

3. 角色扮演。

"我真不敢相信这已经结束了。"玛蒂娜很认真地对特里说。

"是的,我敢肯定我会思念大家在一起帮我应付全部棘手的项目。"特里咯咯地笑着说。他想让玛蒂娜心情好些。

玛蒂娜笑了。整整一个学期了,玛蒂娜在马赛克公司当实习生的时间已满了。

"并且,"特里说,"有消息说,一旦获得高层管理部门的首肯,经理就会请你到这里做全职。"

"我不敢奢望,"她回答道,"不过,我喜欢在这里工作。我确实有一件事情要你帮忙,特里。"

"什么事?"特里问道。

"是这样,我回去得向我的实习导师报告,并且要向他和其他参加实习课程的学生做一个关于我在马赛克公司经历的正式报告。"玛蒂娜说道。

"那会很有趣。"特里道。

"报告的时间不多,只有大约 7 分钟。因为陈述的时间很短,所以我想集中陈述我在马赛克公司学到的关于商务沟通的内容。另外,要在一群人面前做报告,我感觉没把握。你有什么建议吗?"她问道。

练习要求:

扮演特里的角色,回答玛蒂娜提出的问题,给她一些如何做一名有效陈述者的建议。在陈述中她应该做哪些?不该做哪些?你对玛蒂娜要陈述的内容有什么建议?

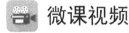 微课视频

扫一扫获取本章相关微课视频。

6-1　口头沟通概述.mp4　　　　　　　6-2　交谈技巧.mp4

第7章 非语言沟通

【学习目标】

- 了解身体语言的重要意义。
- 注重手部语言分析。
- 发现眼神传情达意的秘密。
- 了解把握空间距离的分寸。
- 了解不同触摸方式泄露的秘密。

你发现了吗？

在一次电视节目中，在当地旅游部门的配合下，我们开展了另一项实验。旅游者们来到当地的旅游局，想询问一些关于当地旅游胜地和景点风光的信息。他们被带到了问讯处，一位金发且留着小胡须的旅游官员接待了他们。这位金发的旅游官员身着一件白色的衬衣且系了一条领带。在谈论了几条可能的旅游线路之后，这位官员便低下头，弯腰到柜台下寻找一些相关的介绍手册。这时，另一位黑发、不留胡子且身着一件蓝色衬衫的工作人员从柜台后面探出身来，而他的手上也拿着一些介绍手册。这位黑发的旅游局工作人员接着同事刚刚说到的话题，继续与旅游者们讨论旅游线路。显然，在与他谈话的旅游者当中，大约有一半的人并没有留意到谈话对象的变化，而在这群后知后觉的旅游者当中，男性所占的比例大约是女性的两倍。他们不仅没有意识到对方肢体语言发生了变化，而且根本没有发现前后接待他们的根本就是两个完全不同的人！不过，除非你后天学习过如何解读肢体语言，或是天生便有此能力，不然你也很可能会和他们一样，意识不到这其中的改变。

(资料来源：[澳]亚当·皮斯，芭芭拉·皮斯. 身体语言密码. 北京：中国城市出版社，2015.)

由上例看到，非语言沟通比起语言蕴含更多信息，但是非语言沟通变化比语言沟通变化更难以发现。

7.1 非语言沟通的意义

人们相互之间除了运用口头语言和书面语言进行沟通外，还运用其他的方式，如通过手势、眼神、空间、触摸等进行沟通。这些非语言的沟通方式通常被归为一类，称为"身体语言"。学术界把这种类型的沟通称为"身体沟通"或"非语言沟通"。人体语言是一种无声的语言，一种广义的语言，按照美国物理学家、人类学家霍尔的看法：无声语言所

显示的含义要比有声语言多得多，深刻得多，因为有声语言往往把所要表达的意思的大部分，甚至是绝大部分隐藏起来。弗洛伊德也表达了同样的意思：要了解说话人的深层心理，即无意识领域，单凭语言是不可靠的，因为人类语言传达的意思大多属于理性层面。经理性加工后表达出来的语言往往不能率直地表露一个人的真正意向，这就是所谓说出来的言语并不等于存在于心中的言语。话语的主要作用是传递信息，而肢体语言则通常被用来进行人与人之间的思想的沟通和谈判。在某些情况下肢体语言甚至可以取代话语的位置，发挥传递信息的功效。

人的动作比理性更能表现人的"情感和欲望"。当一个人说他爱你时，可能是发自内心的，也可能是为了达到某种目的而故意向你撒谎；一个人在奉承你时，心中很可能对你恨之入骨。人体语言则不同。人体语言大都发自内心深处，极难压抑和掩盖。据学者统计，一个人每天平均用于讲话的时间只有 10～11 分钟，平均每句话又只占 25 秒。而人们在面对面交谈时，其有声沟通部分低于 35%，剩下高于 65%的信息沟通是无声的。另据统计，一条信息传递的全部效果中，只有 7%是词语，38%是声音，而 55%的信息是无声的。因而可以断言，与有声语言相比，身体语言的真实性和可靠性要强得多。特别是在情感的表达、态度的显示、气质的表现等方面，身体语言更能显示出它所独有的特性和作用。我国《三国演义》中脍炙人口的故事"空城计"，正是诸葛亮妙用无声语言而克敌制胜。在非语言信息的传播领域里，真可谓"眉来眼去传情意，举手投足皆语言"。

7.2 手部语言解析

7.2.1 手掌

人们一般认为，敞开手掌象征着坦率、真挚和诚恳。若判别一个人是否诚实，有效的途径之一就是观察他讲话时手掌的活动。小孩撒谎时，常把手掌藏在背后；成人撒谎时，往往将双手插在兜内，或是双臂交叉，不露手掌。常见的掌语有两种：掌心向上和掌心向下。前者表示诚实、谦逊、屈从和无恶意，不带任何威胁性；后者则是压制、指示的表示，带有权威性和强制性，容易使人产生抵触情绪，有时候是为了寻求帮助或占领先机。

7.2.2 握手

握手是现代社会习以为常的见面礼，然而握手的方式却又千差万别。下面对某些正常情况下常用的握手形式进行详细介绍。

(1) 支配性(单刀直入式)握手：握手时猛地伸出一条僵硬挺直的胳膊，掌心向下。事实证明，这种形式的握手是最粗鲁、最放肆、最令人讨厌的握手形式之一。

(2) 谦恭性握手：握手时手心向下，传递一种支配性态度。研究证明，地位显赫的人习惯于这种握手方式。掌心向上与人握手，传递一种顺从性的态度，意味着主动让出了优势地位，愿意接受对方支配，谦虚恭敬。

(3) "死鱼"式握手：握手时，我们常常接到一只软弱无力的手，对方几乎将他的手掌全部交给你，任你摆握，像一条死鱼。这种握手，使人感到无情无义，受到冷落，结果十分消极，还不如不握。但也有些例外存在：有些"死鱼"式握手的人深受手汗症困扰；同时，某些地区，如亚洲和非洲地区，由于当地文化因素影响，轻柔的握手方式是普遍多见的，强硬握手反而被认为是无礼的行为。

(4) 两手扣手式握手：右手握住对方的右手，再用左手握住对方的手背，双手夹握。西方亦称"政治家的握手"。该种方式可以增加双方肢体接触，拉近双方距离，使人感到热情真挚，诚实可靠。但初次见面者慎用。

(5) 攥指节式握手：用拇指和食指紧紧攥住对方的四指关节处，像老虎钳一样夹住对方的手。不言而喻，这种握手方式必然让人厌恶。

(6) 捏指尖(蜻蜓点水式)握手：不是亲切地握住对方整个手掌，而是轻轻地捏住对方的几个指尖，给人十分冷淡的感觉，其用意大约是要保持与对方的距离间隔。女性多用这种握手方式。

(7) 拽臂式握手：将对方的手拉过来与自己相握常被称为"拽臂式"握手。某些想隐藏自己的胆怯的人多用此方式，但同样给人不舒服的感觉。

(8) 双握式握手：右手与对方握手，左手伸出加握对方的腕、肘、上臂、肩等部位。从腕开始，部位越往上，越显得诚挚友好，肩部最为强烈。用双手握手的人是想向对方传递真挚友好的情感，且具一定程度的亲密性。

(9) 势均力敌的握手：若两人都想处于支配地位，握手则是一场象征性的竞争，其中一种结果，双方的手掌都处于垂直状态。研究表明，同事之间、朋友之间、社会地位相等的人之间往往会出现这种形式的握手。

7.2.3 拇指

大拇指象征权威和优势。在手相术里，拇指代表的是力量和自我，是一种积极的动作语言，用来表示当事者的"超人能力"。我们习惯用拇指来体现自身的强势地位，胸有成竹的自信心理或是勃勃野心。此外，双手插在上衣或裤子口袋里，伸出两拇指，是显示"高傲"态度的手势；还有人习惯将双臂交叉胸前，双拇指上翘指向上方，这是另一种拇指明示，既显示防卫和敌对情绪(双臂交叉)，又显示十足的优越感(双拇指上翘)，这种人极难接近；若在谈话中将拇指指向他人，就会成为嘲弄和藐视的信号；而拇指与食指相擒，则是一种"谈钱"的手势，有身份的人用此则有失"大雅"。

十指交叉：十指交叉动作，常与笑脸连用，看似是自信的表示，其实这是一种表示焦虑的动作语言，甚至暗示一个人的敌对情绪。十指交叉通常有三个位置：放在脸前；平放桌上；坐着放在膝盖上，站立时垂放腹部或双腿分叉处的前面。我们发现，在这一动作中，双手位置的高低与此人心理的挫败感的强烈程度有十分密切的关系。当他的双手位于身体下部的时候，想要与他交流就会显得更加容易。

紧握双手：体现的是一种拘谨焦虑心理，或是一种消极否定的态度。举起的双手如果握在了一起，即使做此动作时面带微笑，也难以掩饰其心中的失落与挫败感。

7.2.4　其他手势

背手：有地位的人都有背手的习惯，显然，这是一种表示优越感、自信甚至狂妄态度的动作语言。此外，背手还可以起到"镇定"作用，双手背在身后，表现出自己的"胆略"。学生背书，双手往后一背，的确能缓和紧张情绪。但要注意，上述背手，指手握手的背手。若双手背在身后，不是手握手，而是一手握另一手的腕、肘、臂，则成为一种表示沮丧不安并竭力自行控制的动作语言，暗示了当事者心绪不宁的被动状态。而且，握的部位越高，沮丧的程度也越高。

搓手掌：冬天搓手掌，是防冷御寒；平时搓手掌，正如成语"摩拳擦掌"所形容的跃跃欲试的心态，是表示一种急切期待的心情。运动员起跑前搓搓手掌，期待胜利；在国外，餐馆服务员在你桌前搓搓手掌问："先生，还要点什么？"实际上是对小费的期待，对赞赏的期待。同时，摩擦手掌的速度暗示了交谈当中双方实施行动意愿的高低程度。

双手搂头：将双手十指交叉，搂在脑后，这是那种有权威、有优越感或对某事抱有信心的人经常使用的一种典型高傲动作。这种动作也是一种暗示所有权的手势，表明当事者对某地某物的所有权。如若双手(或单手)支撑着脑袋，或是双手握拳支撑在太阳穴部位，双眼凝视，这是脑力劳动者惯有的一种有助于思考的手势。

亮出腕部：男性挽袖亮出腕部，是一种力量的夸张，显示积极的态度。"耍手腕""铁腕人物"等词语印证了腕部的力量。女性的腕部肌肤光滑，女性露腕亮掌，具有吸引异性的意图愿望。

尖塔形手势：一只手的指尖相对应地轻轻接触另一只手的指尖部位，形成一个尖塔形的手势，就好像教堂里高耸的尖塔。该手势经常出现在上下级的交谈中，代表着信心。惯于使用该手势的人有时会将其演变为一种祈祷式的手势。有时，这种手势可使自己看起来胸有成竹、自信十足；而有时会给别人造成狂妄自大、自鸣得意的感觉。

7.3　眼部语言解析

自古以来，眼睛一直对人类行为有着巨大的影响。眼睛具有反映深层心理的功能，是人与人沟通中最明显、最准确的信号。因为它是传达身体感受的焦点，而且瞳孔的运动是独立自觉、不受意识控制的。眼睛被誉为"心灵的窗户"，是当之无愧的。那么，眼睛的奥妙到底何在呢？

7.3.1　瞳孔的变化

研究表明，人的瞳孔是根据人的感情、态度自动发生变化的。当一个人感到恐慌或兴奋时，他的瞳孔会扩展到比平时大四倍。相反，生气、消极的心情会使瞳孔收缩到很小。人的瞳孔的变化是中枢神经系统活动的标志，也就是说，瞳孔的变化如实显示出大脑中正在进行的思维活动。因此，瞳孔是兴趣、偏好、态度、情感和情绪等心理活动的高度灵敏

的显像屏幕：表示爱、喜欢、兴奋和惊恐时，瞳孔放大，而表示消极、戒备、愤怒时，瞳孔缩小，而且，瞳孔的变化是无法用意志来控制的。如果一个女子爱着一个男子，在他面前她的瞳孔会扩大，而他往往能感觉出来。正因为这个缘故，浪漫的约会都喜欢在较暗的地方，以使瞳孔扩大，只有扩大的瞳孔才可能表示兴趣和欢愉。婴幼儿瞳孔比成年人更大。女性瞳孔扩张速度比男性快。观察瞳孔是中国古代珠宝商常用的方法，他们在与对方谈价钱时，会注意对方瞳孔的变化。有些企业家、政治家为不在对手面前显露心中的想法而喜欢戴墨镜。我们都知道与对方说话时，要注视对方的眼睛，那么，学会去注视对方的瞳孔的变化吧，让对方的瞳孔告诉你他的真正感觉。

7.3.2 注视行为

行为科学家断言，只有当你同他人眼对眼时，也就是说，只有相互注视到对方的眼睛时，彼此的沟通才能建立。注视行为主要体现在注视的时间、注视的部位和注视的方式这三个方面。

(1) 注视的时间：美国的迈克尔·阿盖尔先生记录，人们的每次注视平均持续 2.95 秒。双方目光对视平均持续 1.18 秒。我们和有些人谈话感到舒服，有些人则令我们不自在，有些人甚至看起来不值得信任。这主要与对方注视我们的时间长短有关。当一个人不诚实或企图撒谎时，他的目光与你的目光相接往往不足全部谈话时间的三分之一。如果某个人的目光与你的目光相接超过三分之二，那就可以说明两个问题：第一，认为你很吸引对方，这时他的瞳孔是扩大的；第二，对你怀有敌意，向你表示无声的挑战，这时他的瞳孔会缩小。事实证明，若甲喜欢乙时，甲会一直看着乙，这时乙意识到甲喜欢他，因此乙也可能会喜欢甲。换言之，若想同别人建立良好的关系，就要交谈时注视对方。在整个谈话中，目光相交时间的长短取决于参与交谈的对象以及彼此的文化背景。一般来说，当我们和别人说话时，约有 40%～60%的时间里，我们会和对方目光相接。而在聆听别人说话时，这个比例会上升至 80%。只有这样，才能得到对方的信赖和喜欢。(但是这个规律并不通用于全世界。在日本和某些南美国家，长时间的注视会被认为是挑衅或失礼的行为。)相反，若你在交谈时眼睛不看着对方，那你自然很难得到对方的信赖和喜欢。

(2) 注视的部位：注视时间的长短很重要，注视的部位也同样重要。

① 公务注视：这是洽谈业务、磋商交易和贸易谈判时所用的注视部位。眼睛应看着对方额上的三角区(△，以双眼为底线，上顶角到前额)。注视这个部位，显得严肃认真、有诚意。在交谈中，如果目光总是落在这个三角部位，你就把握住了谈话的主动权和控制权。这是商人和外交人员经常使用的注视部位。

② 社交注视：是人们在社交场所使用的注视部位。这些社交场所包括鸡尾酒会、茶话会、舞会和各种类型的友谊聚会。眼睛要看着对方脸上的倒三角地区(以两眼为上线，嘴为下顶角)，即在双眼和嘴之间，注视这个部位，会造成一种社交气氛。

③ 亲密注视：这是男女之间尤其恋人之间使用的注视部位。眼睛看着对方双眼和胸部之间的部位，恋人这样注视很合适，对陌生人来说，这种注视就过格了。

④ 瞥视：轻轻一瞥用来表达兴趣或敌意。若加上轻轻地扬起眉毛或笑容，就是表示

兴趣；若加上皱眉或压低嘴角，就表示疑虑、敌意或批评的态度。

在面对面的交往中，我们应针对不同对象选择不同的注视部位。例如，批评下属员工若用社交注视，你再严肃，对方也可能漫不经心，因为社交注视削弱了你批评的严肃性；若你用亲密注视，则会使对方窘迫，产生抵触情绪。所以，只有公务注视最为合适。

(3) 注视的方式：眨眼是人的一种注视方式。眨眼一般每分钟 5~8 次，若眨眼时间超过一秒钟就成了闭眼。在一秒钟之内连眨几次眼，是神情活跃、对某物感兴趣的表示；有时也可能是因为怯懦、羞涩，不敢正眼直视而不停眨眼。但是，人处于较大压力状态时，比如撒谎时，眨眼睛的频率就很可能显著提升。时间超过一秒钟的闭眼则表示厌恶、不感兴趣，或表示自己比对方优越，有蔑视或藐视的意思，这种把别人扫出视野之外的做法很容易使人厌恶，这种人是很难沟通融洽的。

7.3.3 视线交流的功能

在人们的日常生活交往中，视线交流显示出它的特殊功能和意义。

(1) 爱憎功能：你的视线交流可以打破僵局，使谈话双方的目光长时间相接。若在公共汽车上对异性死死盯视，则可能冒犯对方，引起不愉快的结局。

(2) 威吓功能：视线长时间盯视对方还有一种威吓功能。警察对罪犯、父母对违反规矩的孩子常常怒目而视，形成无声的压力。

(3) 补偿功能：个人面对面交谈，一般的规矩是说者看向对方的次数要少于听者，这样便于说者将更多的注意力集中到要表达的思想内容上。一段时间后，如果说者的视线转向听者，这就是暗示对方可以讲话。

(4) 显示地位功能：地位高的人与地位低的人谈话，那么，地位高的人投向对方的视线，往往多于对方投来的视线。

7.4 空间领域语言解析

不管我们所生活的环境中人口密度有多大，每个人都企图为自己划出一个不受侵犯的地盘。事实上，每个人都占有一定的空间领域，我们把这些领域随身带来带去，并对侵入这些空间领域的行为作出各种反应。

7.4.1 人的本能需要

界域观念是人类潜在的一种欲望，是人类出于"防卫"的潜在需要而产生的以自己的身体支配周围空间的欲望。大到国家的疆界，小到庭院的篱笆，具体到每个人都要有他坐惯了的固定座位，凡此种种，都反映了人对空间领域的本能需要。

人类的这种界域观念，是从对动物学的研究中演绎而来的。动物的界域感特别敏锐，动物在本能上是以自身的生殖活动地带，也就是以"窝"为中心的。动物为了保护自己的生殖中心，逐渐发展为拥有一定的"支配空间"的习性，一旦自己的支配空间遭到异群、

异类的侵袭，就必然全力以赴地把侵袭者驱逐出境。人类也是这样，人类的界域观念也是从"防御""防卫"的姿态来实现的。一个人需要多少空间领域，情况千差万别，不能一概而论。但每一个人在心理限定上的空间感觉必然成为自己与他人之间的一种物理距离。即使再拥挤，也需要距离。

如果你和朋友去餐厅吃饭，不妨试着做一下美国人体语言学家法斯特教授介绍的试验。当你和朋友隔桌对坐后，你可以故意俯身向前，悄悄地把桌子上的菜单、烟灰缸、作料瓶、杯盘等向对方推过去。结果会怎么样呢？随着你的动作，对方先是会把身子向后仰，继而不安地晃来晃去，终于找到个机会，把菜单放在一边，把烟灰缸、作料瓶、杯盘等推回原处……对于你的侵犯，对方默默地给予了回击。这一切，对方也许都是在无意识的状态下完成的。对方的摇晃，是为了在心理上建立起距离的感觉；对方把东西一一推回来，是在捍卫自己的空间领域。因为隔桌对坐的形式，根据自然的心理习惯，彼此已把桌子平分成两半。谁破坏了这一心照不宣的协议，就会使对方产生威胁感，产生不愉快，甚至为了回避侵犯动作离席而去。总之，每一个人都有自己的空间领域，这是他身体的延伸。

7.4.2　空间距离

美国人类学家与心理学家霍尔博士长期以来研究人类对周围空间领域的反应，他认为，空间领域的使用与人的某种本能直接有关，即把自己的存在告知他人以及感觉到他人存在之远近的本能。每个人都有他自己独有的空间领域的需要。霍尔认为，人在文明社会中与他人交往而产生的关系，其远近亲疏是可以用空间领域的距离大小来衡量的。霍尔教授发现空间范围有这样四种：亲密距离、私人距离、社交距离、公众距离。文明社会的绝大部分人就是在这四个空间范围里行动着。

1. 亲密距离

类似于动物的领地。人类个体空间的大小也取决于生活环境当中的人口密度。亲密距离可以是近位的，比如实在的人体接触即属近位亲密距离；它也可以是远位的，即保持20～60cm左右的距离。

(1) 近位亲密距离(0～20cm)：这种距离状态，正如字面所示，属于紧密接触关系，多出现在谈情说爱时、知心朋友间，出现在父母及偎依着父母的孩子间，或一起玩耍的孩子间。这是爱抚、安慰、保护等动作所必需的距离。男性之间产生这样的紧密接触，往往显得粗鲁，容易引起不安和不快。一对十分亲昵的男女处在这种空间，则相互感到自在和快慰；要是不太熟悉的一男一女处于这种空间，则双方都觉得尴尬。由于文化与习俗的不同，东方女子对于男子闯入她的近位亲密距离的反应要比西方女子强烈得多。在美国，两个女性之间的近位亲密距离可以被社会接受；而在阿拉伯和南欧一些国家，两个男子保持这种亲密距离也十分普遍。

(2) 远位亲密距离(20～60cm)：这是身体不接触，但可以用手相互触摸到的距离。这也是在拥挤的公共场合人们的接触距离。这时，人们往往会自动遵守某些行为规范，站得直挺些，尽量不碰其他人的任何地方，包括目光，也不能盯住别人看。总之，尽一切可能

避免进入近位的亲密距离。

2. 私人距离

(1) 近位私人距离(60～100cm)：在这一间距内，自己的手可以搂、抱对方，也可以向对方挑衅。妻子若处于近位私人距离，她完全可以进而接近丈夫。如果换成一位陌生女子，她对这位男子很可能有某种企图。近位私人距离是酒会上最舒适的人际间隔，它允许一定程度的亲密，所以非常接近于亲密距离。

(2) 远位私人距离(1～1.5m)：这是双方都把手臂伸直，彼此尚能够得着的距离。超越了这个范围，就不容易接触到对方了。换言之，它是狭义上的"私有领域"。人们在街上相遇，往往以远位私人距离的间隔寒暄。私人距离的远位状态可以提供一系列的信息。一位不太亲密的熟人处在这种空间时，倘若他进一步靠近，那就说明他在献殷勤，或对另一方特别有好感。

3. 社交距离

(1) 近位社交距离(1.5～2m)：文明社会，我们处理一切复杂的非私人事务几乎都在这个距离内进行。机关里的领导对秘书或下属部署任务，接待因公来访的客人，进行比较深入的个人洽谈，大多采用这个距离。在这个距离里，一位上司站在一位坐着的职员面前，那就显示他势大权高，以此强调"你们为我工作"的事实。

(2) 远位社交距离(2～4m)：这是正式社交活动、商业活动及公事上所采用的距离。特别是面积较大的会议厅、经理室或办公室内，社交距离的接近状态就会扩大到疏远状态。例如，首长接见的外宾或内宾，大公司的总经理与下属谈话等，由于身份的关系需要在其与部下之间保持一定距离。一般身份越高，需要确保的距离越大。一些大企业首脑的办公室往往摆设着大型办公桌，就是为了"拉开距离"。"拉开距离"具有保持身份的威严的功能，宫殿、法庭、教堂、大会议厅等的布置都发挥了"拉开距离"的功能。保持这样的距离，即使坐在大办公桌后同一位站着的职员讲话，也不会显得低矮；相反，那站在面前的人从头到脚都在你的视野之内。

值得注意的是，此时唯一的接触是目光的接触，传统的习俗要求我们在这种距离下谈话时要看着对方的眼睛，倘若谈话时只是扫视一眼，实际上就是不想跟对方谈话的意思，那就不礼貌。远位社交距离的优点是可以起到掩护作用，保持这种距离时，可以把工作放下与对方攀谈，也可以继续工作，而不被看作不礼貌。在公司里，接待员和来客应保持这种距离，以便让接待员继续工作，不必被迫去与来客交谈。若是距离很近，一味埋头工作，就是不礼貌的举止了。对于某些大家庭来讲，这种距离也很有必要。

4. 公众距离

(1) 近位公众距离(4～8m)：这是产生界域意识的最大距离，如教室中教师与学生，小型集会的演讲者与听众的距离。在讲课或演讲中运用手势、动作、表情，变换位置，或在座位中间的过道上走动，以及使用图表、幻灯、字幕等辅助工具，都可以起到拉近距离的作用，达到加强人际传播的效果。

(2) 远位公众距离(8m 以上)：这种远距离状态，一般适用于政治人物。对这些人物来说，8m 以上的安全距离是具有一定意义的。在原始社会中，这是人类为确保自身安全所需的距离，也是人与动物相对峙的最近距离。在文明社会中，这种距离则大多用于大会堂发言、戏剧表演、晚会演出等。

7.4.3 空间侵犯与防卫

每个人都企图为自己划出一个不受侵犯的地盘，这是出于人类自身防卫的潜在需要。因而，防卫与侵犯乃是我们研究"空间领域"这一非言语沟通手段的核心内容和基本方面。

权力地位与空间占有：通过"高度"来表示权力地位，几乎是人们的一种共识，从动物到人类一概适用。研究表明，狼群中的首领往往把同类打倒在地，并且站在失败者的身上，以显示自己的统治地位。人类也是一样，我们在国王、神像、祭坛前弯腰打躬都是借由"高度"来表示崇敬和卑屈。难怪卓别林在影片《大独裁者》中设计了一场希特勒、墨索里尼在理发店里操纵理发椅手柄，升高座位的戏。谁的椅子升得高，谁就获胜，谁就是最高统帅，因而两个人脸上涂着肥皂，围着白布，拼命地升高自己的椅子。这种事例，给我们一个启示：一个人用什么身体语言来维护并认定自己的权力和地位呢？"高度"只是人们空间占有的一种方式，全面地说，应该是人的空间领域的敞露与空间领域的侵犯。

上司到下属的办公室可以不敲门，但是下属必须站在门外等到允许才能进入上司的办公室。如果上司在打电话，下属会踮着脚轻轻退出，等会儿再来；如果换成下属在打电话，上司则往往满不在乎地留在房间里，以此强调自己的身份，直到下属对着话筒抱歉地说"过一会儿我再给你打"，然后打起全副精神应付上司。

有一条供研究用的录像带，一次次展现访客敲门、开门、进门、走向写字台，并和经理洽谈业务的过程，每次表演各不相同，要求观众判别访客与经理的地位。从这里可以看出一个明显的规律。一是访客开口说话时的距离：在门口与经理说话的人，身份极低；走到办公室中间开口的人，身份高一点；直逼办公桌前面对着经理说话的人，身份最高。二是时间因素，即访客从敲门到步入办公室的间隔时间以及从敲门到经理让他进门的间隔时间。访客进得越快，他的身份越高；经理让访客等候的时间越长，经理的身份越高。三是访客如何进入办公室，换言之，他以什么方式"侵犯"经理的私人领域，这是由访客的身份决定的。

上述材料说明一个道理：人的职权地位决定了他的空间占有形式；而一定的空间占有形式又折射出他的职权地位。

人需要私人空间，对他人侵入这一空间则要进行反抗。在上司和下属关系中，上司可以通过挤掉下属的空间以强调自己的领导资格。上司双手撑在下属的办公桌上，或者靠近他的下属，都会使下属心中不宁。据统计，一个人即使在稠密的人群中，至少也需要 0.6 平方米以上的地盘。超过这样的密度，人的私人空间由于互相拥挤而受到侵犯，人就会亢奋、烦躁，往往会做出厌恶的反应。就连动物也是这样。一个鹿场中的鹿群突然大量死亡，查不出任何原因，后来发现，原来是圈养的密度过大，引起鹿的肾上腺素激增，狂躁的鹿相互顶撞而死。美国一位学者把人所需要的一定的空间领域称为"人体缓冲区"。经

过多次试验，他发现，暴行犯人所需要的人体缓冲区是非暴行犯人的 4 倍。对于这些人来说，当有人误入他们比普遍人大得多的私人空间时，他们往往会被一种不可名状的惊慌失措所控制，变得十分凶暴，失去自制。类似的，当某个团体为了某种目的举行示威游行时，聚众游行和分散行为的表现会相当不同。随着人群密度变大，每个游行者的个人空间越来越小，于是，他们彼此之间都会感受到敌意。我们为什么讨厌乘电梯，也是这个道理。

人类关心自己的空间领域，以眼光前视为最，也就是说，一个人对前方始终保持强烈的势力圈意识，而对两侧和背后关心较少。因此飞机上、候机大厅都采取长排向前或背靠背的座位，一来避免近距离面对面坐，二来使每个人都有一个平均的前方势力圈。一个司机手握方向盘，便将自己的前方势力圈扩大至少 10～20 倍。司机对出现在 50m 之内的人和障碍物，会感到不安，就是这个道理。弗洛伊德早就意识到人对前方势力圈的关心，他在进行治疗时只是让病人卧在一张躺椅上，而他自己则坐在病人视野以外的一张椅子上，以使病人的私人空间不受到侵犯。

在侵犯他人的空间时，侵犯者常发出这样的信息："你是非人(身体语言学术语，不尊重对方，把对方看作物体)，你并不重要，我们可以侵犯你的私人空间。"这种例子很多：护士们在一位病人的床边不恰当地谈论他的病情；倒废纸的勤杂工在进办公室前不敲门，对办公室职员来说，他的闯入无关紧要，因为他们把勤杂工当作非人；反过来的情况也有，对看门的人来讲，进进出出的职员也是非人。把别人看作一个人来对待，掌握这一点，对于我们用身体语言表意和做出反应是至关重要的。然而"非人"态度也有积极作用。曾有人说，在上下班高峰期的公交车和地铁里，上班族的脸上写满了"痛苦""不快"。但这是很多人的误读，我们看到的其实是人们的集体伪装。这时，所有的人都用沉默把其他人当作非人，互不相干，以脱窘境。在这种时刻，有如下几条不成文的法则。

- 不可向任何人说话，包括你认识的人。
- 保持平视，不与他人目光相接。
- 脸上无表情，不露情绪。
- 挤在一起的人越多，越不可有什么身体动作。
- 如有书报，不妨做出全神贯注于书报的样子。
- 对空间侵犯的确认并保持这个距离。

人对自己侵犯他人空间行为的识别与对别人侵犯自己空间的反应能力，是建立在"感觉礼仪"的基础上的。具体表现为：就座语言、前奏信号和压力因素的影响等三个方面。

在图书馆里或咖啡厅里，如果对别人的空间有所威胁，一般会事先发出一系列的歉意信号，比如问道："请问这个位置有人吗？"等到坐下后，立即本能地垂下眼睑——这即是就座语言。要在满载的公共汽车上坐到一个刚空出的座位，就会有另一种礼仪：目光僵直，尽量避免看旁边的乘客。一个人要坐在空桌旁而不受干扰，就有个座位的选择问题，无非两种技巧：要么借助"隔离原则"，坐在尽量远离干扰者的边角位置，把脸背着门；要么干脆独占桌子，借助"霸占原则"，占据中间位置，眼睛看着大门。

当一个人的领域受到侵犯时，他即使决定退让，除了身体离开外，还会有一系列前奏

信号：他可能会不安地在椅子上移来移去，将一条腿搁在另一条腿上，用手指敲弹椅子扶手。这些体现紧张的信号说明："你侵犯了我，你的在场使我不快。"接着还可能有一系列身体语言信号：闭上眼睛、头下垂到胸部、抬起肩膀。这些信号表示："请你走，我不希望你在这儿，你是一个侵犯者，威胁着我的私人领域。"

压力因素的影响：有这样一个别出心裁的实验，分别对不同的学生作出表扬、批评和一般的评语，然后让他们到隔壁房间去接受采访，结果受到表扬的学生都坐到采访者的近处，受批评的同学坐得离采访者最远，成绩一般的同学坐得不近不远。当然，压力因素各种各样，但都会影响人们对空间的选择。

7.5 人体触摸

身体语言还包括人体触摸与自我触摸。美国著名的人体语言学家法斯特教授把它称为"神奇的触摸世界"。他举过一个例子：他在一个青年创作训练班讲课时，有个叫哈罗德的 14 岁学生是一个天生的捣蛋鬼。哈罗德多嘴多舌，经常得罪人，他的破坏行为引起全班的愤怒，作为老师的法斯特从耐心劝说到训斥处罚，什么办法都试了，都无济于事。一次，哈罗德又捉弄一名女学生，气得法斯特一把抓住他，但马上意识到这样做不妥。怎么办？放开他？他成了胜利者。揍他一顿？两人的年龄、个头相差太大，不成体统。突然间，法斯特急中生智，把哈罗德按倒在地，开始搔他的痒。开始哈罗德生气地怪叫，过会儿开始大笑，直到答应以后守规矩，法斯特才把他放开。这时法斯特发现自己这种莫名其妙的动作竟创造了一个奇迹：他在搔痒时，侵犯了哈罗德的身体，同时还阻止了对方用身体的反抗。从此以后，哈罗德的行为变得规矩了，并且成了法斯特亲密的朋友。法斯特研究了这个实例：侵犯了对方的私人领域，反使自己第一次与对方达成了心灵的沟通。

这一段经历表明，在很多时候，人们必须让面具脱落，通过身体触碰去实现人际沟通；否则，很难有感情的自由交流。这种自由往往不是个人或单方面的事，而是一种相互作用的集体现象。

7.5.1 接触语言解析

国外的心理学家做过这样的试验：鸡尾"哑"会。即举办一次沉默的鸡尾酒会，规定所有参加的客人，可以触摸、嗅闻、品尝、观看，但不许说话，度过一个"非语言沟通之夜"。届时，房间里所有坐具全被事先搬走，没有一个可坐的地方，客人们要么站着，要么走来走去，人们跳舞、打手势、做动作、变脸、打哑谜……对这种被迫沉默，开始客人们不大习惯，但到晚会结束时，人们互相结交了许多新朋友。这是一次特殊的社交游戏，试验结果是参加游戏的所有人基本上互相理解了。沉默从一开始就使语言这一表达手段失去作用，人们也就再没有语言障碍需要打破。没有言语面具阻隔之后，人们反而能通过人体触摸进行真诚的"交谈"。如伸出手去触摸对方手心的老茧，正是用触觉在"倾听"对方是一名建筑工的"自我介绍"。

这个游戏很有启示性。人们如何打破隔膜而与其他人交往呢？打破隔膜的第一步就是要了解这个隔膜及由你自己建立起来的那道防线。只有当相互"侵犯"变得可能时，即有了身体接触后，双方在心灵上才能相遇，才能有信息的交流。鸡尾"哑"会正是一个促进人际沟通的"社交游戏"，通过打破语言障碍，取掉自己和别人的面具，理解人体触摸及其包含的信息。用触摸来"说话"，往往会更透彻地了解我们自身存在的问题。一个对父亲既爱又恨的人，如果把任何一件物品(例如一个枕头)人格化，用之来代替父亲，他将更能具体看出自己的矛盾感情，并摆脱这种矛盾感情。他可以把恨和怒发泄到枕头上(因为他不敢或不愿在父亲身上发泄)，对着枕头狠狠击去，消除了感情上的负担，解除了对父亲的敌意。通过这种明显的触摸动作表达了自己的意思，不再感到处于一种沉默的内心矛盾之中，从而体现出至今一直被恨与怒所压抑的对父亲的爱。他的感情得到了解放，他终于能正确地爱和恨了，不仅对枕头那样无生命的东西，而且在真正的人际关系中也能有效地解放感情。上述的做法是建立在把人的情绪转移成人体触摸的基础之上的，即巧妙地把已经存在于情绪中的东西移到人体语言的层面上来。我们大家都可以认真思索一下：生活中我们是在向世界显示真正的"我"吗？被周围的人接收到的信息就是我们想要发出的信息吗？如果不是，说明我们适应世界有问题。这里语言的沟通有时会成为一种掩饰和破坏人际关系的手段，因而要善于感受在取消文字语言时，相互用人体语言传递的信息。一对相爱者之间最有效的理解莫过于在黑暗中通过人体触摸的语言而获得的信息。在爱情和性生活中，不讲话的时候，关系往往在加强和发展，也许经过触摸之后，彼此注视对方的身体要容易得多了。任何人都有接受触摸的欲求。人体触摸的表现及由此引起的联想往往会唤醒隐藏着的感情或感觉。

美国前总统尼克松涉嫌卷入"水门"事件，当时的电视新闻访问中，人们看到总统不停地抚摸下颌。这种动作上的怪癖，愈发使人生疑。因为在"水门"事件爆发之前，尼克松总在电视上出现时，没有这种微妙的怪癖动作。由此可见，尼克松表面上对这一事件怀有强烈的自信心，实质上有些虚弱。因为自己抚摸自己的身体，即"自我触摸"，在心理学上被认为有"自我安慰"的意义。换句话说，人类为了弥补自己的弱点，就会下意识地"自我触摸"，或称之为"自我亲密性"。尼克松的自我触摸，是由于事败，在内心里有一种因虚弱而产生的"自我安慰"。

人类精神受到伤害或者外部压力过于强大时，都会产生各种各样的自我触摸的动作。这种状态，如同小孩得到母亲的抚摸，内心便觉得平静了一样。自我触摸，是触摸感官的一种行为。而人类与生俱来的"感官"，是无须言语就可以传达人类意识的重要媒介。

7.5.2　手与头部的触摸语言

根据 D. 莫里斯的分析，头部是自我触摸频率最高的部位。而手与头的触摸方式可归纳为以下四大类。

- 属于掩盖或掩蔽动作的触摸，如用手掩耳、遮眼、蒙脸等。
- 属于整理身体动作的触摸，如抓、擦、抚摸等。
- 象征性行为的触摸，如抱头、敲头等。

- 自我亲密的触摸，如下意识地抚摩脸或头的动作。

这四类动作都属于内心不安和紧张的流露或掩饰，具体表现如下。

- 手与头发的触摸。头发在人体语言中具有象征性的意义，凡允许对方触摸自己的头发，必定与对方关系极其亲密，否则绝不会发生这样的事。触摸他人的头发可以视为对该人表示情爱。
- 手与额头的触摸。东方人以手加额，表示庆幸，所谓"额手称庆"；用手心轻拍额头表示恍然大悟。一般来说，手与额头的接触会有正在紧张思考或困惑、悔恨等意思。
- 手与眼的触摸。这是一种掩饰行为，以延长思考时间。
- 手与鼻的触摸。大多是感到犹豫、无从回答或无从决定时的动作；也可以表示怀疑、不愿与人接近乃至自鸣得意等意思。
- 手与嘴的触摸。有戒心，表示怀疑，掩饰内心，掩藏本意。
- 手与耳垂的触摸。大多发生在对方谈话乏味、无聊或对话题产生反感时，借以消除浮躁不安的情绪。
- 手与下颌的触摸。对女性来说，这是一种代偿性动作，用来取代拥抱自己所亲近的人，或体会安慰与亲密接触的快感；用于男性，则表示对事物作出评估。
- 手与脸颊的触摸。表示犹豫、困惑或为难时的动作。动作的快与慢及上下方向会有强弱不同的效果。
- 手与后脑勺、颈部的触摸。表示困惑、为难；(双手抱后脑勺)强调正在紧张思考。

7.5.3　身体其他部位的触摸语言

还有其他身体部位，如腿、足、肩、背、腰、腹、胸、臂等，当它们与手的触摸结合时表示一些不同含义，但多属于防卫、保卫与封闭的范围。

1. 双臂交叉抱于胸前

这是典型的防卫姿势，但其含义随着手的姿势的变化而产生一定的差异。现举例如下。

- 两手交叉握住上臂是一种坚固的、强化的防卫姿态。
- 握拳式的双臂交叉是向对方流露出敌意或加强敌对姿态。
- 伸出拇指的双臂交叉显示出冷静的自信。
- 单手抱臂，减弱了双臂交叉的意义，是缺乏自信和掩饰内心不安的表现。

2. 叉腰

叉腰动作的基本意义在于尽量扩展个人势力圈，借以取得心理上的优势。而重新系皮带和腰带的动作(多出于男性)，除生理上的需要，大多还意味着从精神紧张中解脱出来，休整一下，然后再开始行动，或再度面临挑战。

3. 双手抱肩、双手抱膝

抱肩和抱膝都是缩小个人势力圈的动作。前者表明对周围环境不感兴趣，感到困惑，

或采取退缩的态度；后者却不是感到困惑的表现，多半是处于悠然自得、观望或有所期待的心理状态。

7.6　仪表语言解析

7.6.1　衣服：皮肤的延伸

我们都有以下的经验：早上起来，洗面漱口吃过早餐，打开衣柜，想想今天应该穿什么衣服。在衣柜前的时间或短或长，或直截了当，或犹豫不决。衣服原本有三种功能：保护身体、体现身份和展览。爱斯基摩人长期生活在冰天雪地的环境，自然需要穿厚厚的衣服。神父、修女、法官、警察等，因职业的需要，有着特殊的服饰。在舞台表演或选美，所穿的服饰注重的是其象征意义，所以是展览。在现代社会，随着空调的广泛使用，衣服逐渐超越遮蔽和保护身体的功能，人穿衣服开始重视其展览效果。衣服逐渐成为人体的一部分，正如添加了另一层"皮肤"。就如文身的效果一样，多彩多姿的服饰会吸引人的目光；人穿得漂亮活泼，整个人也雀跃起来。现代时装企业的"贡献"，在于不断强化这些观念，令我们不自觉地受到影响，着实留意"应该"穿什么。尤其是正式场合，穿得合身"得体"，便意气风发，充满自信；穿得普通一点，便自愧不如，抬不起头。

以前，人体本身会发出信号，表达此时此地的感觉。例如，在送殡场合的严肃与哀恸；在运动场的兴高采烈、激情澎湃。当然，在那些场合，我们也会为得体或方便的缘故，穿着某类衣服(送殡时多数穿素色衣服，在运动场穿运动服)，但只视之为陪衬。现时的潮流是，你要用一套"合适"的服装来代表自己，衣服作为一种信号比身体本身的信号更加引人注意。于是，任何场合都有特定的服装，如旅行装、职业装、沙滩装、运动装。

7.6.2　化妆：面部焦点的重整

女性的化妆品，常见的有眼影、眉笔、假睫毛、胭脂、粉、唇膏、口红、指甲油、香水等。化妆与衣服一样，是皮肤的延伸，不同之处是化妆比较容易与人接近，而且效果亦较强烈。化妆的范围集中在面部，目的是重整面部焦点的特征，例如，单眼皮变双眼皮、细小的眼睛变大的眼睛、扁平的鼻子借着粉底的阴影效果显得高耸、青白的面色变得红润……将化妆推至极端的，是整容术，它尝试改变整个面部轮廓，换上另一幅"面孔"。

化妆有悠久的历史，可追溯到原始社会。埃及妇女在三千年前已懂得装饰卷曲头发，又在眼睑擦油以防止被太阳灼伤。新几内亚的原始部落亦擅长化妆，把身体涂得红红绿绿，是流行的习惯。化妆是一种身体语言。一位女士精心打扮，除了令自己更好看、更健美，还"告诉"你三件事：第一，我肯花时间在化妆上，而时间就是金钱，所以我的社会地位并不简单；第二，我的化妆品是贵重的，这反映了我的财富；第三，我与其他同样精心化妆的人是同属一群——"我们"是特别的一群，与你们不同。佩戴饰物的意义与化妆相似，都是借以表达一个人的社会地位、品味。

习　题

一、思考题

1. 举例说明日常家庭生活及学习生活中空间语言的重要影响及作用。

2. 结合生活实际及你的了解，说说座位座次安排体现了哪些非语言沟通技巧。

3. 想象一下，如果你和你身边的人无法用语言沟通，你每天会如何交流传达信息。

二、实训题

1. 实训目的

训练面试氛围下，如何利用非语言沟通技巧实现目标。

2. 实训准备

一个空教室，一排桌子，几把椅子，老师扮演面试官，同时准备一份面试发言稿。

3. 实训步骤

模拟面试整个流程，场景扮演，每位同学只能用相同的发言稿。

(1) 在接待处。

(2) 进入。

(3) 走进办公室。

(4) 握手。

(5) 坐下时。

(6) 就座区域。

(7) 你的动作。

(8) 距离。

(9) 离开。

(10) 由面试官点评每位同学的表现，并评选出前三名。

4. 实训训练要点

(1) 面试氛围下的非语言沟通技巧。

(2) 评选出的前三名同学与其他成员分享面试成功的要点。

 微课视频

扫一扫获取本章相关微课视频。

7-1　非语言沟通与手部语言解析.mp4　　7-2　眼部语言解析.mp4　　7-3　领域语言解析.mp4

第8章 团队沟通

【学习目标】

- 理解团队的含义，以及团队与群体的区别。
- 明确团队三个发展阶段的沟通策略。
- 明确团队沟通中九种角色定位及作用。
- 掌握团队中的目标沟通。
- 掌握团队中的决策沟通。
- 了解集体写作。

引导案例

团队能降低成本

一家英国医院，面临着运营成本的压力，虽然销售额很高，但一直以来利润很难扩大。尽管院领导在部门经理会议中反复强调降低成本，但结果不太理想。于是，这家医院张榜公布，把信息贴出来，希望大家加入一个降低成本的团队。最终从不同的部门中找到了 13 个人，由这 13 人组成了一个成本控制小组。这些人把所有造成成本居高不下的原因全部列出来，找到其中 8 个最重要的要素。

围绕这 8 个问题他们制定了一系列的行动方案，经院领导同意后开展工作，结果在一年的时间当中取得了非常不错的成效，使成本降低了 120 万英镑。医院把其中的 60%用于这个团队的工作、奖励团队的成员。这是一支真正能够给企业的成本运作带来很好效益的团队。

(资料来源：致信网)

8.1 团队与团队沟通

8.1.1 团队的含义

关于团队，有较多的解释，本书把团队定义为：由组织成员组成的一个共同体，该共同体合理利用每一个成员的知识和技能协同工作，解决问题，以达到共同的目标。

团队的构成要素概括为 5P，即目标(purpose)、人(people)、团队的定位(place)、权限(power)和计划(plan)。

1. 目标

团队应该有一个既定的目标，为团队成员导航，没有目标这个团队就没有存在的价值。

2. 人

人是构成团队最核心的力量。3 个以上(包含 3 个)的人就可以构成团队。

在一个团队中不同的成员可能扮演不同的角色，如有人出主意，有人制订计划，有人实施，有人协调不同的人一起工作，还有人去监督团队工作的进展，评价团队最终的贡献，等等。因此，通常在人员选择方面要考虑成员的能力、经验及技能如何，是否互补。

3. 团队的定位

团队的定位包含团队整体的定位和个体的定位两层意思。

团队整体的定位：团队在企业中处于什么位置？由谁选择和确定团队的成员？团队最终应对谁负责？团队采取什么方式激励下属？

个体的定位：作为成员在团队中扮演什么角色？

4. 权限

团队当中领导人的权力大小与团队的发展阶段相关，一般来说，团队越成熟，领导者所拥有的权力相应越小，在团队发展的初期阶段领导权是相对比较集中的。

5. 计划

计划的两层面含义如下。

(1) 目标最终的实现，需要一系列具体的行动方案，可以把计划理解为目标的具体工作的程序。

(2) 提前按计划进行，可以保证团队工作的进度。只有在计划的指引下，团队才会一步一步地贴近目标，从而最终实现目标。

8.1.2 团队和群体的区别

团队和群体经常被混为一谈，但它们之间有根本性的区别，具体归纳为以下六点，如图 8-1 所示。

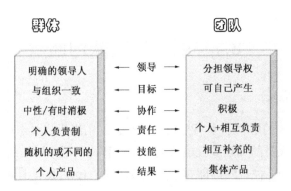

图 8-1 团队和群体的比较

(1) 在领导方面。作为群体应该有明确的领导人；团队可能就不一样，尤其团队发展到成熟阶段，成员共享决策权。

(2) 目标方面。群体的目标必须与组织保持一致；但团队中除了这点之外，还可以产生自己的目标。

(3) 协作方面。协作性是群体和团队最根本的差异，群体的协作性可能是中等程度，有时甚至是消极的；但团队中的协作是积极的，展现出一种齐心协力的气氛。

(4) 责任方面。群体的领导者要负很大责任；而团队中除了领导者要负责之外，团队的每一个成员也要负责，甚至要共同负责。

(5) 技能方面。群体成员的技能可能是不同的，也可能是相同的；而团队成员的技能是相互补充的，把不同知识、技能和经验的人综合在一起，形成角色互补，从而达到整个团队的有效组合。

(6) 结果方面。群体的绩效是每一个个体的绩效相加之和；团队的结果或绩效是由大家共同合作完成的产品。

8.1.3　群体向团队的过渡

从群体发展到真正的团队需要一个过程，需要一定的时间磨合。这个过程分为以下几个阶段，如图 8-2 所示。

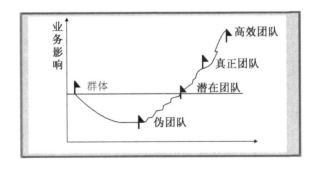

图 8-2　群体向团队的过渡

第一阶段，由群体发展到伪团队，也就是团队的初创期。

第二阶段，由伪团队发展到潜在的团队，这时已经具备了团队的雏形。

第三阶段，由潜在的团队发展为一个真正的团队，它具备了团队的一些基本特征。真正的团队距离高绩效的团队还比较遥远。

8.1.4　团队对组织和个人的影响

1. 团队对组织所带来的积极影响

(1) 提升组织的运行效率(改进程序和方法)。

(2) 增强组织的民主气氛，促进员工参与决策的过程，使决策更科学、更准确。

(3) 团队成员互补的技能和经验可以应对多方面的挑战。

(4) 在多变的环境中，团队比传统的组织更灵活，反应更迅速。

2. 团队对个人的影响

团队对个人的影响体现在以下四个方面，如图 8-3 所示。

(1) 从众压力。作为团队的一个成员，肯定渴望被团队接受，这样，就会倾向于按照团队的规范做事。大量事实表明，团队能够给予成员巨大压力，使他们改变自己的态度和行为，与团队标准保持一致。

(2) 团队的社会助长作用。有团队的其他成员在场，个体的工作动机会被激发得更强，效率比单独工作的时候可能更高。

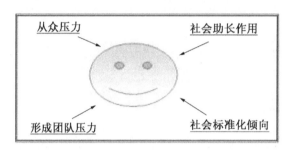

图 8-3　团队对个人的影响

(3) 团队的社会标准化倾向。人们在单独情境下个体差异很大，而在团队中成员通过相互作用和影响，如模仿、暗示和顺从，久而久之会产生近乎一致的行为和态度，对事物有大体一致的看法，对工作有一定的标准，并逐渐在生活和工作中趋同或遵守这一标准，这个过程就是社会标准化倾向。

(4) 团队压力。当团队中个体与多数人意见不一致时，团队会对个体施加阻止力量，使个体产生一种压迫、压抑感。团队压力是行为个体的一种心理感受。当个人的行为与团队的目标距离越来越远的时候，团队压力会增大；如果个体的心理承受力比较弱，对团队压力的感受就会很强烈。

8.1.5　团队沟通的含义

团队沟通是指两名或两名以上的能够共同承担领导职能的成员为了完成预先设定的共同目标，在特定的环境中所进行的相互交流、相互促进过程。

现实中，团队业务功能有不同的定位，团队的沟通也可以强调不同的方面。信息方面的团队沟通关注的是问题、数据与可能的解决方案等内容。程序方面的团队沟通关注的是沟通方法和过程，如：团队如何决策？谁做决策？任务的期限如何？人际方面的团队沟通关注的是人际沟通，旨在促进友谊、合作和团队忠诚。

8.2　不同发展阶段的团队沟通

在团队生命周期的不同阶段，团队沟通方式分别起着主导作用。这些阶段包括任务团队的形成、合作与定型。在团队发展的不同阶段，沟通行为显现出不同的特点。

8.2.1　团队形成阶段的沟通

在团队形成阶段，团队成员的行为特征如下。

- 被选入团队的人既兴奋又紧张。
- 高期望。
- 自我定位：试探环境和核心人物。
- 有许多纷乱的焦虑、困惑和不安全感。
- 依赖职权。

这一阶段团队有两个工作重点：形成团队的内部结构框架；建立团队与外界的初步联系。

通过团队沟通帮助团队度过第一阶段的有效做法如下。

- 宣布你对团队的期望。
- 与成员分享成功的愿景。
- 明确团队的方向和目标(展现信心)。
- 提供团队所需的资讯。
- 帮助团队成员彼此认识。

在团队形成阶段，团队成员相互认识，并开始明确团队任务。此时，团队需要形成某种社会凝聚力，并且确定会议和行动的具体程序。人际方面的沟通和程序方面的沟通有助于缓解新组建团队中通常存在的紧张气氛。这一阶段如果过于强调信息方面的沟通，会有损团队的长期工作效率。当团队成员不折不扣地遵守团队的基本原则时，团队往往是最有效率的。以下是在工作场所最为常见的团队基本原则。

- 按时开始，按时结束。
- 经常参与。
- 有准备地出席会议。
- 重点突出地论证问题。
- 避免人身攻击。
- 倾听并尊重团队成员的意见。
- 每个人就关键问题和程序发表看法。
- 一旦了解问题，就着手处理问题。如果和他人发生冲突，要先与该人进行沟通，而不是先与其他人沟通。
- 做好分内之事。如果你无法履行职责，及时与其他成员沟通。
- 按规定时间完成工作。

在团队形成阶段，团队在确定领导和确定问题时，几乎总会发生冲突。为化解该阶段必然会出现的冲突，人际方面的团队沟通就十分必要。成功的领导应使工作程序尽量简单明了，以便每位团队成员都清楚地知道自己的任务。成功的团队一般在寻找解决方案前，都要先认真分析问题。

8.2.2　团队合作阶段的沟通

团队合作阶段持续时间最长，大部分团队工作也是在这一阶段完成的。团队在这一阶段通常有以下表现。

- 期望与现实脱节，隐藏的问题逐渐暴露。
- 有挫折和焦虑感，目标能完成吗？
- 紧张(冲突加剧)。
- 对领导权不满(尤其是出问题时)。

随着时间的推移，一系列的问题都开始暴露出来，人们慢慢地发现了每个人身上所隐藏的缺点，会看到团队当中一些不尽如人意的地方。比如，团队的领导朝令夕改，团队成员的培训进度落后等。

此时，成员对于团队的目标可能开始怀疑，人际关系方面冲突开始加剧，互相猜疑、对峙、不满。成员开始把这些问题归结到领导者身上，对领导权产生不满。这个阶段人们更多地把自己的注意力和焦点放在人际关系上，无暇顾及工作目标。

这一时期的沟通重点如下。

- 最重要的是安抚人心：认识并处理冲突，化解权威与权力，鼓励团队成员对有争议的问题发表自己的看法。
- 准备建立工作规范(以身作则)。
- 调整领导角色，鼓励团队成员参与决策。

8.2.3　团队定型阶段的沟通

随着时间的推移、技能的提升，团队会进入稳定期，这是团队发展的第三个阶段。这一时期的特征如下。

- 人际关系走向合作：沟通之门打开，相互信任加强；团队发展了一些合作方式的规则；注意力转移。
- 工作技能提升。
- 建立工作规范和流程，特色逐渐形成。

稳定期的人际关系开始解冻，人们开始互相沟通，寻求解决问题的办法，团队这时候也形成了自己的合作方式，形成了新的规则，人们的注意力开始转向任务和目标。通过第二个阶段的磨合，进入稳定期，人们的工作技能开始慢慢地提升，新的技术慢慢被掌握。工作规范和流程也已经建立，这种规范和流程代表的是团队的特色。

团队要顺利地度过第三个阶段，最重要的是形成团队的文化和氛围。团队精神、凝聚力、合作意识能不能形成，关键就在这一阶段。这一阶段最危险的事就是大家因为害怕冲突，不敢提一些正面的建议。

度过定型期的团队就可以进入高绩效期。该时期的行为特征如下。

- 团队信心大增，具备多种技巧，协力解决各种问题。

- 用标准流程和方式进行沟通、化解冲突、分配资源。
- 团队成员自由而建设性地分享观点与信息。
- 团队成员分享领导权。
- 有一种完成任务的使命感和荣誉感。

对于一个高绩效团队，维持越久越好。这一时期的任务如下。

- 变革：更新工作方法与流程。
- 团队领导如同团队成员而非领袖。
- 通过承诺而非管制追求更佳结果。
- 给团队成员具有挑战性的目标。
- 监控工作的进展，承认个人的贡献，庆祝成功。

8.3　团队沟通中的角色定位

一个完整的团队是由众多的角色构成的，杜海滨博士通过对上千家企业、数千个团队数十年的研究得出一个结论：优秀的团队有如图 8-4 所示的各种角色。

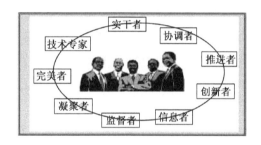

图 8-4　团队中的各种角色

8.3.1　实干者

实干者非常现实、传统甚至有些保守，他们崇尚努力，计划性强，喜欢用系统的方法解决问题；实干者有很好的自控力和纪律性，对公司的忠诚度高，为公司整体利益着想而较少考虑个人利益。

实干者性格相对内向，比较保守，但对工作有一种责任感，效率很高，守纪律。由于其可靠性、高效率及处理具体工作的能力，实干者在企业中作用巨大。他不是根据个人兴趣，而是根据组织需要来完成工作的。好的实干者会因为出色的组织技能和完成重要任务的能力而胜任高职位。

8.3.2　协调者

协调者在非权力性的影响力方面表现得非常突出。协调者能够引导一群不同技能和个性的人向着共同的目标努力。他们代表成熟、自信和信任；办事客观，不带个人偏见；除权威之外，更有一种个性的感召力，在人际交往中能很快发现每个人的优势，并在实现目标的过程中妥善运用。协调者因其开阔的视野而广受尊敬。

协调者代表一种冷静，不会高度情绪化，不会大发雷霆，他们相信自己代表这个团队中的公众势力，有很好的自控力。

协调者擅长领导一个具有各种技能和各种特征的群体，管理下属能力往往比在同级进行协调的能力要弱。协调者善于协调各种错综复杂的关系，座右铭叫"有控制的协商"，只要在控制的范围之内就好商量；喜欢平心静气地解决问题。

8.3.3　推进者

推进者是一个说干就干，办事效率非常高的人。他们的自发性非常强，目的非常明确，有高度的工作热情和成就感；在推进过程中，如果遇到问题和困难，总能找到解决问题的办法。推进者大多性格比较外向，干劲十足，在人际关系方面比较喜欢挑战别人，喜欢争辩，而且在争论中不赢不罢休。推进者往往以自我为中心，对别人缺乏理解。

推进者的典型特征是挑战性。喜欢挑战别人，没有结果誓不罢休。另外，他们喜欢交际，对新观点接受更快，富有激情，工作中总可以看到他们风风火火的劲头。

推进者常常是行动的发起者，在团队中活力四射，尤其在压力下工作精力旺盛；推进者一般是高效的管理者，敢于面对困难并且义无反顾地加快速度，敢于独自作决定而不介意别人反对不反对。推进者是团队快速行动的最有效成员，这是推进者对团队重要的贡献。

8.3.4　创新者

创新者拥有高度的创造力，思路开阔，观念新，富有想象力，是"点子型的人才"；他们爱出主意，是否高明则另当别论，其想法往往十分偏激和缺乏实际感；创新者不受条条框框约束，不拘小节，难守规则；他们大多性格内向，以奇异的方式工作，与人打交道是他们的弱项。

网络时代诞生了不少这样的创新者，尤其是软件开发工程师，他们有主意，有想法，思维活跃，喜欢按照自己的方式去工作。曾经一个公司有这样一些成员，他们对上司的要求就是"你不要管我什么时候来上班，你只要给我目标，我准时给你出活就可以了"。

创新者的典型特征是有创造力，他们可以不断出新点子，但有时比较个人主义，总是从自己的想法、个人的思维出发，不太考虑周围人的感受，也不太考虑这个点子是否适合企业、适合团队。

创新者在团队中常常提出一些新想法，这对企业或团队开拓新的思路很有帮助。通常在一个项目刚刚启动的时候，或团队陷入困境不知怎么办的时候，创新者显得非常重要。创新者通常会成为一个公司的创始人，也容易成为一个新产品的发明者。

8.3.5　信息者

信息者是一个对外界信息非常敏感的人，最早知道外界的变化；他们通常在自己的座

位上坐不住，要不断到别的地方去看看，他只是想收集一下团队、组织中的信息；信息者的手机、电话响的频率比较高；信息者经常表现出高度的热忱，是一个反应非常敏捷、性格相对外向的人；他们是天生的交流家，喜欢聚会和交友，在交往中获取信息，并不断加深朋友间的友谊。

信息者对公司、团队内外的信息都了解甚详，除了正规的渠道之外，小道消息很多是从信息者中传出来的。

信息者通常具备从自身角度出发获取信息的能力。信息者的典型特征是外向、热情，对什么事儿都好奇、都想了解，善于人际交往。

信息者对团队的作用是调查团队内外的意见，调查某件事情的进展。他们适合做的工作是外联和持续性的谈判工作。谈判时，他们可以随时知道对方的底牌、条件砝码、优点、漏洞，知道从哪儿下手。

8.3.6　监督者

监督者通常比较严肃、严谨、理智，他们很冷静，常常具有冷血气质，天生就不会过分热情。他很少表扬下属，并不是不认可，只是从外表表现出一种冷冰冰的感觉，这是个性使然。监督者有很强的批判性，凡事儿都要找出一点问题。他们作决定的时候非常谨慎，思前想后，综合考虑各方面的因素，一个好的监督者几乎永远不会出错。

监督者的特征首先是冷静，不会头脑发热，不太容易激动，每做一件事情都要谨慎思考和分析，能够精确判断，有时比较喜欢挑刺儿，喜欢找毛病，批判色彩很浓。

监督者在团队中的作用很明显。首先他善于分析和评价，善于权衡利弊，选择方案。有很多监督者处于企业的战略性位置中，往往在关键性决策上从不出错，最终获得成功。

8.3.7　凝聚者

凝聚者是团队中很积极的一个成员，他们温文尔雅，善于与别人打交道，最可贵的地方是善解人意，总能够关心、理解、同情和支持别人。凝聚者通常处事非常灵活，他把自己同化到群体中去，让自己去适应别人的观念和想法，因而凝聚者在团队中广受欢迎，是团队的润滑剂。当团队有问题、有矛盾、关系复杂、冲突比较多的时候，凝聚者的作用非常重大。

凝聚者的合作性非常强，信守"和为贵"；性情温和，敏感，对于任何人提出的建议他都会很在意，同样也很在意自己的行为给别人带来什么样的影响。

凝聚者善于调和各种人际关系，他们的社交和理解能力会成为化解矛盾和冲突的资本。有凝聚者在的时候，人们能够协作得更好，团队的士气也更高。

8.3.8　完美者

完美者具有一种持之以恒的毅力，做事非常注重细节，力求完美，追求卓越。完美者通常性格内向，工作动力源于内心的渴望，他们几乎不需要外界的刺激就能主动、自发地去做事情。他们不太可能去做没有把握的事情。完美者对工作的要求很高,对下属也是同样,通常,下属跟他们一起工作的时候会觉得很辛苦。完美者非常细致,对于工作标准的要求很高,总是担心授权下属去完成的任务做不到他所期望的结果,喜欢事必躬亲,不太愿意授权。他们无法忍受那些做事随随便便的人,很难跟这种人在一起配合。埋头苦干,守秩序,尽职尽责是完美者的典型特征,有时候比较容易焦虑,事事追求精益求精,对任何小缺点都不放过。

完美者在团队中的作用主要体现在:对于重要的、高难度的、高准确性的任务,起着不可估量的作用,他们善于按时间表一步一步完成任务,能培养紧迫感;他们崇尚标准、注重准确、关注细节,常常因为坚持不懈而比别人更胜一筹。

8.3.9　技术专家

技术专家对团队来说是奉献的人,他们热衷于自己的本职专业,甘心奉献,为自己所拥有的专业和技能自豪。他们的工作就是要维护一种标准,而不能降低这个标准;他们陶醉在自己的专题中,一般对别人不太容易感兴趣。最终技术专家也会变成一个在狭窄领域里绝对的权威。诚心诚意,主动性强、甘心奉献是技术专家的典型特征。

技术专家在团队中的作用主要表现为:为团队的产品和服务提供专业的支持,作为管理者,由于在专业领域知道的比其他任何人都多,所以要求别人能服从和支持他,但缺乏在管理方面的经验。

8.4　团队目标的沟通

目标是团队决策的前提。团队发展是一个动态的过程,领导者需要随时进行决策,没有目标的团队只会走一步看一步,处于投机和侥幸的不确定状态中,风险系数加大,就像汪洋中的一条船,不仅会迷失方向,也难免触礁。

目标是发展团队合作的一面旗帜。团队目标的实现关系到全体成员的利益,自然也是鼓舞大家斗志、协调大家行动的关键因素。

8.4.1　目标沟通六步骤

在团队中关于目标的沟通通常有6个步骤。

(1) 充分了解双方的期望。领导对于今年的目标抱有什么样的宏观设想,下属对于目标是如何考虑的,双方都把它摆到桌面上,谈一谈各自的期望值到底是多少。

(2) 分析实现目标所需的资源和条件。讨论资源、条件以及人员能力,比讨论目标的高低有意义得多。

(3) 寻求解决的途径和方法。目标已经定到这么高,通过什么途径和方法来达到这个目标。目标定得高并没有关系,如果资源和投入增加了,是有机会达成一个更高目标的。

(4) 寻求共同点(正视分歧)。下属对实际工作中的细节更清楚,也更了解具体困难,上

司要多听，但不要纵容，使其有意夸大；上司对于团队的整体战略和资源整合拥有发言权。

(5) 以积极的态度讨论目标。领导和下属都应以一种积极的态度来看待这个目标，目标最终实现的时候都会获得更多的提升，这个提升包括业绩方面，也包括自身所获得的荣誉、成就感。

(6) 寻求自身的改进之道。个人可以通过接受培训提升技能，也可以改变自己的观念，突破自己的框框。

8.4.2　确立目标的程序

确立目标时有以下几个程序。

(1) 列出符合标准的目标。可以采取表格的方式把目标写下来。

(2) 列出完成目标会碰到的困难、障碍及相应的解决办法。

(3) 完成这个目标需要什么样的知识和技能。

(4) 为达到目标必须合作的对象。

(5) 确定目标完成的日期。

8.5　团队中的决策沟通

团队管理的重要方法就是利用团队的资源，群策群力，产生出创造性的构想和更有效的决策方案。团队决策中不应该执着于主张个性的表现，有时要试着改变自己的意见和态度，需要互相妥协、认同。拥有弹性的态度或协调性，在实际团队工作中是不可或缺的条件。

8.5.1　团队决策的好处

群体决策是一门需要学习、适应和掌握的工作技巧，在抱团打天下的时代，更需要掌握有效的群策群力方式。领导方式要从传统型向参与型转化，从过去自我决策、拍脑袋决定向共同决策、授权决策过渡。

共同决策：要求领导把自己当成团队中的一员来参与意见，而不要用权威去压制别人的意见。

授权决策：给团队成员充分的自主权，让他决定该怎么做，这要求更高的参与性。

团队决策有以下好处。

(1) 信息量不断扩大，知识随之增长。

(2) 多种不同的观点在一起擦出更多火花。

(3) 团队成员更愿意接受，有利于执行。

(4) 众人决策比个人决策更具有准确性、权威性、合理性。

(5) 大家共同达成结论，分享和扩散责任。

团队决策属于群体决策，它在决策速度、准确性、创造性、效率和风险上与个人决策

有很大的差别。具体如表 8-1 所示。

表 8-1　群体决策与个人决策的比较

方　式	群体决策	个人决策
速度	慢	快
准确性	较好	较差
创造性	较低。适于工作结构明确,有固定程序的工作	较高。适于工作不明确,需要创新的工作
效率	从长远看,费时多,但代价低,效率高于个人决策	由任务复杂程度决定。通常费时少,但代价高
风险性	视群体性格(尤其是领导)而定	视个人气质、经历而定

8.5.2　影响群体决策的因素

1. 年龄

韦伯利用四组人员进行决策方面的调查研究,具体如下。

① 高级经理人员(平均 47 岁)。

② 中级经理人员(平均 40 岁)。

③ 年轻经理人员(平均 32 岁)。

④ 工商管理硕士(平均 25 岁)和管理专业本科生(平均 20 岁)。

结果表明:年龄影响决策。一般来讲,年龄低的组使用群体决策效果好;年龄增长,群体决策与优秀选择的差距加大;不同类型人的群体决策得分接近。

2. 规模

通常认为,5～11 人能得到比较正确的结论;2～5 人能够得到相对比较一致的意见,人数再多可能双方的意见差距就会显现出来。

3. 程序

决策过程中采取什么样的程序会影响决策结果。

科学的决策七步程序如下。

(1) 提出问题,分析问题,确定决策层次。

(2) 明确目标。

(3) 制定备选方案。

(4) 评选、确定最优方案。

(5) 组织决策实施。

(6) 信息反馈和决策的修订、补充。

(7) 总结经验,吸取教训,改进决策。

4. 人际关系

团队成员彼此间过去有没有成见、偏见，或相互干扰等人际因素，也会影响到群体决策的效果。

8.5.3 团队决策的类型

1. 投票决策

当多数成员同意提案时，团队领导要体现民主原则，可以采取投票决策的方式。

1) 适宜使用的情况

当时间有限，而决策结果不会对反对者造成消极影响时，可以采取投票决策的方式。

2) 不适宜使用的情况

在小集团范围内投票。

3) 投票决策的优缺点

(1) 其优点如下。

① 允许多数人对问题发表自己的意见。

② 保证大多数人获胜。

③ 形成决议相对迅速高效。

(2) 其缺点如下。

① 小集团范围内的投票会促成人们分派，这样的竞争会影响决议的质量和执行。

② 投票决策容易导致输赢之争，输方难以尽职尽责和全力投入。

2. 共识决策

共识决策提供了一种反映所有成员想法的全面的解决方案。

1) 适宜使用共识决策的情况

所有成员都不同程度地支持某项提议，每个成员均有否决权。

2) 不适宜使用共识决策的情况

决策时间有限、团队成员不具备决策所需的足够技巧。

3) 共识决策的优缺点

(1) 其优点如下。

① 保证所有问题和思想都得到公开辩论。

② 每个团队成员都有机会发表自己的见解。

③ 会经过深思熟虑，产生高质量的决议。

④ 能提高成员实施决策的积极性，体现平等。

(2) 其缺点如下。

① 达成一致需要很长时间，甚至具有很大的挑战性。

② 需要大量的沟通、耐心的聆听，并理解别人的观点。

③ 为确保所有成员都有机会发表意见，必须进行有效的推动，但这相当艰苦。

达成共识决策是团队的理想状况，当然并不是每项决策都值得采用共识决策，只有在对团队有决定性影响的重要议题上才需采取共识决策。

3. 无异议决策

无异议指的是没有不同的意见，所有人都同意，它指的是所有的成员对于某一项决策都完全赞同，这种情况比较少见。联合国安理会在一些重大问题上，只要有一个常任理事国投了反对票，就不能执行。

1) 适宜使用的情况

当提案非常重要，要求所有的成员都要达到完全一致的想法时，团队应该作出无异议的决策。这是为了集体的利益，而牺牲个人的想法。

2) 不适宜使用的情况

无论团队具备什么样的经验，无异议决策都难以达成时，或者当一项决策不是对每个成员都至关重要时，没有必要作出无异议的决策。

3) 无异议决策的优缺点

(1) 其优点如下。

① 确保团队每个人都认为所达成的决议是最佳的。

② 确保团队成员公开支持决议，将意见不合和冲突降到最低。

(2) 其缺点如下。

① 世上没有两片完全相同的叶子，也没有两个思想完全合拍的人，所以很难达成无异议决策。

② 达成无异议决策要花费很长的时间。

4. 权威决策

权威决策出现于最高掌权者，他具有决策权和否决权，单方面作出决定时使用。

(1) 适宜使用的情况：当组织授权团队领导人作最终决策并全权负责时。

(2) 不宜使用的情况：当团队领导人希望团队成员接纳并支持某项决策时。

(3) 优点：决策迅速高效；在急需行动的情况下最实用；在权力界限明显的地方最有效，比如在团队发展的初期，采取权威决策很有效。

(4) 缺点：虽然可迅速做出决策，但实际支持和执行建议也不易；当复杂性增高时，权威决策的质量会由于考虑面不宽而受到影响。

8.5.4　团队决策的常用工具

1. 头脑风暴法

头脑风暴法的一般步骤如下。

(1) 所有的人无拘无束地提意见，越多越好，越多越受欢迎。

(2) 通过头脑风暴产生点子，把它公布出来，供大家参考，让大家受启发。

(3) 鼓励结合他人的想法提出新的构想。

(4) 与会者不分职位高低，都是团队成员，平等议事。

(5) 不允许在点子汇集阶段评价某个点子的好坏，也不许反驳别人的意见。

研究表明，大家在无拘无束、相互激荡的情形下汇集的点子往往比一般方法所汇集的点子多 70%。

2. 德尔菲法

德尔菲法又称专家群体决策法，就是由一群专家来达成团队的决策。

1) 德尔菲法的特点

让专家以匿名群众的身份参与问题的解决，有专门的工作小组通过信函的方式进行交流，避免大家面对面讨论带来消极的影响。

2) 德尔菲法的一般步骤

(1) 由工作小组确定问题的内容，并设计一系列征询解决问题的调查表。

(2) 将调查表寄给专家，请他们提供解决问题的意见和思路，专家间不沟通，相互保密。

(3) 专家开始填写自己的意见和想法，并把它寄回给工作小组。

(4) 处理这一轮征询的意见，找出共同点，对各种意见进行统计分析；将统计结果再次返还专家，专家结合他人的意见和想法，修改自己的意见并说明原因，然后寄回。

(5) 将修改过的意见进行综合处理再寄给专家，这样反复几次，直到获得满意答案。

德尔菲法用于团队决策可以进行一些变通：比方说将专家换成团队成员；加入外部专家；为了减少成本、提高效率，可以不采取信函方式，而是直接沟通。

3. 异地思考法

异地思考法就是让团队离开原来的工作环境，摆脱日常事务的干扰，到另外的地方进行专门研究。比方说企业领导把管理人员和专业技术人员请到乡村别墅，住上两天，专门研究企业发展中出现的重大问题。

让参与决策的人离开办公室，到一个新的环境讨论问题，使他们摆脱工作环境中上下级界限的问题，隔离烦琐事情的干扰，由于大家畅所欲言、思想活跃，就可以提出一种高水平的构想，最后作出高水平的决策。

4. 思路转换法

思路转换法就是有意识变换常规的思维方法，从不同的角度，甚至相反方向来探索一个新的方案。通常人们总是觉得例行的做法是唯一合理的方式，一旦换一个新角度去审视，就会有很多意想不到的发现。

思路转换法就是突破旧的思维模式进行变革的一种决策方式。

8.6 集 体 写 作

沟通专家对来自 7 个不同领域的 700 名专业人士进行了一项调查，结果表明：87%的人说他们有时会作为团队成员参与集体写作。通常在下列情形下，需要集体写作。

- 任务重、时间紧，且一个人无法独立完成。
- 单个人不具备完成任务所需的各种知识。
- 团队成员有不同观点，但又必须达成共识。
- 因任务的风险过大，公司希望集中更多、更好的人手共同完成任务。

如果团队能正确理解并解释公文的目的、受众和内容，并能清楚讨论实现写作目标的最好方法，那么集体写作就是最成功的方法。

集体写作可以由两个或更多人组成的团队来完成。团队可以是民主管理，也可以由一位单独决策领导进行管理。团队也可以共同承担或分组承担撰写过程各环节的责任。

进行团队分工写作的方法常有好多种。一种方法是其中一人负责主笔，其他人给予反馈意见。另一种方法是将整个工作分成几项小任务，再将各项小任务分配给团队成员。这种方法公平地分摊了工作负担，但是协调性差。有时，团队成员会在一起同时工作，可以边讨论边相互提建议。

针对团队写作的案例分析发现：成功的团队以平等的方式来分配权力，工作中顾及每个人的情感，注重每位成员的参与。至于写作过程，成功的团队重视写作的修辞问题，团队一起计划修改方案，正确对待主管的批评意见，而且对任何修改持积极的态度。通常集体写作的程序分为计划、起草、修改、编辑和校对四个部分。

8.6.1 计划

针对大型项目，企业一般会采用正式的计划程序来明确中期和最终期限、会议日期、每次会议的出席人员及分工。将计划成文可有效避免实施中的误解。

在计划集体写作项目时，必须做到以下几点。

- 问题、受众、内容及写作意图要分析得明明白白。
- 动笔前应就所写文稿的组织、格式和写作风格达成共识，以便日后统稿时能较容易地把由不同作者撰写的内容统筹起来。要决定谁做什么，并明确完成项目各部分的截止日期。
- 在制定时间表时，要考虑到各自不同的工作风格和职责。单独工作的作者会花上整个通宵以完成一篇独立署名的文章。而集体写作的成员得在一起工作，要适应彼此的风格并满足其他方面的要求。
- 决定如何就每个人的工作给出富有建设性的反馈。
- 在确定最终截止日期时，要留有余地。在团队写作中，一旦有人没有按期交出自己应完成的部分，团队任务的完成就会受到影响。

8.6.2　起草

大多数作者发现单独写作要比团队写作快。但是，共同写作可以节省修改时间，因为当错误出现时，团队会及时作出修正。

在共同起草文稿时，可以参考以下建议。

- 给文稿加上标签、标明日期，以便人人都能按照最近的版本写作。
- 如果对写作的质量要求比较高，在大家完成资料搜集后，可以由水平最高的作者来起草文案。

8.6.3　修改

修改集体写作的文稿时，要注意其内容、组织模式和写作风格。以下是使修改过程更加有效的指导方针。

- 以团队的形式评估文章内容，讨论修改意见。通过头脑风暴法，提出尽可能多的修改方案来帮助负责修改的成员完善文稿。
- 要意识到不同的人偏好不同的写作风格，但要采纳符合标准或相应规范的风格。
- 在团队对文稿内容达成一致后，就由水平最高的作者对文章做必要的改动，使整个文章的风格统一。

8.6.4　编辑和校对

由于每个成员对标准文字修辞的掌握程度不同，团队写作的作品必须经过仔细的编辑和校对。

- 至少由一人负责检查全篇的语法、表达方式以及文字方面的正确性。另外，还要检查格式要素、名称和数字处理方面的一致性问题。
- 用计算机查错程序检查全篇文章。
- 即使用了计算机查错，最好再由人工校对一遍。

与写作团队中的任何成员一样，负责编辑任务的人需要知道该如何阐述观点。

8.6.5　提高集体写作的效率

以下是对写作团队的建议。

- 要留出充足的时间讨论问题并找出解决问题方案。
- 要花些时间去了解团队成员，树立成员对团队的忠诚。如果团队在成员心目中的地位很重要，那么团队成员会更加努力工作，最终的文稿也会更加完善。
- 要做一名负责的团队成员，参加所有的会议，及时履行自己的职责。
- 要意识到每个人都有不同的经历和不同的情感表达方式。

习　题

实训题

1. 准备团队展示：与团队成员任选一个议题一起讨论。

● 引导本科毕业生报考硕士研究生和提高考研率。

● 从市场引进新技术。

● 为与另一方开展项目合作的前期内部团队沟通。

● 公司内部管理问题与对策。

● 在工作场所禁止抽烟。

● 在工作时不能因私事上网。

● 当前热门的商业话题。

然后，准备 12 分钟的 PPT 或视频资料演示，与班级其他同学分享你团队的研究发现，让全部团队成员都公平参与，给受众留下深刻印象。最后，不要忘记说明资料来源。

2. 以小组为单位，虚拟创建一个企业，通过小组研讨，完成公司创业项目建议书并展示。

地点：沟通实训室。

 微课视频

扫一扫获取本章相关微课视频。

8-1　团体沟通 01.mp4　　　8-2　团队沟通 02.mp4　　　8-3　团队沟通 03.mp4

第9章 会议沟通

【学习目标】

- 明确会议的目的。
- 掌握有效组织策略。
- 了解会议的形式。
- 熟悉组织会议的基本步骤。
- 认识会议中的角色及其职责。

远程团队

技术能把两个相距很远的团队成员联系在一起。这些远程团队(有时也称为虚拟团队)成员以电子手段来合作共事。他们通过电话、电子邮件以及即时信息进行交流。没有了面对面沟通的有利条件,他们是如何保持联系和跟踪项目的呢?

作家南希·拉尔比(Nancy Larbi)和苏珊·斯普林菲尔德(Susan Springfield)是 SAS 公司远程团队的成员,SAS 是一家总部在北卡罗来纳州的一家软件公司。她们与来自美国和加拿大各地的作家一起共事,参与了为期 10 个月以上的团队项目。

拉尔比和斯普林菲尔德建议:团队成员,尤其是远程团队成员,在着手项目前,必须互相了解,知道客户以及项目类型。此外,远程团队成员必须一丝不苟地做好项目实施计划。每个计划步骤必须由专人负责,并明确截止日期。对于一个远程团队来说,假设是不允许的,因为这样就无法按照预期来确定某项任务会在何时完成。要给文件的每个版本编号以便能确保大家看的是同一个版本。Word 处理软件也要发挥它的特色,它可以记录什么内容变更了,是谁做了更改。最后,电子邮件可以很好地传播信息,但是,如果出了问题,那可能只有面对面地开会了。

(资料来源: [美]玛丽·蒙特(Mary Munter). 管理沟通指南(第七版). 钱小军,张洁,译. 北京: 清华大学出版社,2019. P56.)

由上例我们知道,会议在管理工作中起着十分重要的作用,它是组织决策、统一指挥协调的重要方式,也是沟通信息的主要手段。组织为了从事必要的商务和管理活动经常举行各种类型的会议。调查表明,管理者组织或参加各种会议的时间占其工作总时间的三分之一多,商务合作洽谈、调查研究、决策制定、规章制度贯彻、误解消除等均离不开会议活动,会议组织的好坏、效率高低直接关系到管理效能的高低。然而,在工作组织会议中却存在许多问题,如过于频繁、过于冗长、过于形式化等,一个低效率的会议不仅浪费了宝贵的时间,又达不到预期的目的。由此可见,会议有很多可以改善的空间。

9.1　会议的目的

会议沟通是指群体或组织中为传递信息、达成共识相互交流意见的一种形式。会议沟通是一种成本较高的方式，沟通的时间一般比较长，常用于解决较重大、较复杂的问题。通过会议可以将许多人聚集在一起，就某些问题相互交换思想并提出相应的对策。会议也是上下级沟通意见的途径之一。

一个处理得当的会议将是同时完成沟通及管理目的的最佳工具。会议的目的大致包括以下几个方面。

1. 交流信息，总结推广经验

开会给予组织成员之间产生沟通作用及发展成为有效团队的机会。组织成员可因此共同分担困难，分享经验和成功果实。会议是沟通意见的途径之一，高级管理人员可趁开会之机听取有关公司员工和部下的简报以了解情况并将经验予以总结推广。

2. 布置工作，予以指导

越来越多的公司经理已逐渐趋向于民主的领导方式，他们不再视自己为发号施令的老板，而视自己为团队的领导人，重点已由管理公司转移到管理下属。经理不但要管理个人，更致力于指导工作团体，而这种指导常常通过会议来实现。与此同时，管理层有时会接到上级交代下来的指示，开会就是传达这些指示的好方式。另外，许多组织利用会议来培训和开发员工的才能。

3. 达成共识，解决问题

在很多情况下，会议是为了解决问题的。这类会议的目的在于利用团队的创造力来解决问题。通常要将待解决的问题摆在桌面上，与会者提出解决的方法。在这类会议上，人们都为探求解决方法而努力，各抒己见，最后达成共识，拟出解决方案。

4. 群策群力，作出决策

现在的组织强调给部下更多的参与机会，鼓励经理与下属共同作决策，以及制造更舒适的工作气氛。自古以来的看法和近代的研究结果都认为集思必能广益，所以领导者们常以开会的方式作决策。

9.2　会议的几种类型及其有效组织策略

按照会议类型及其对应的特征，各类型会议组织策略也有所不同。

9.2.1　谈判会议及其有效组织策略

谈判会议是沟通的一种重要形式，它是不同实体为了达成利益而沟通、协商、妥协，

把可能的机会转化为现实的过程。随着时代的发展，无论是在国际交往的大舞台上，还是在国内活跃的经济贸易中，谈判会议向人们展示了它日益重要的作用。而行之有效的谈判会议策略更是促使你在谈判会议中获胜的法宝。

1. 谈判会议策略一：谈判会议目标的选择

谈判会议的目的是为了解决双方在利益上的冲突，常采取双向互动的讨论方法，力求达到一致的意见。由于谈判会议的目标是一种主观的预测性和决策性目标，它的实现还需要参与谈判会议的各方根据自身利益的需要、对方利益的需要和客观因素的影响，来制定谈判会议的目标系统和设置目标层次，并在谈判会议中经各方不厌其烦地"讨价还价"来达到某一目标层次。谈判会议目标不外乎以下几种层次。

1）最优期望目标

最优期望目标是指对谈判会议某方最有利的理想目标。然而在实践中，最优期望目标一般是可望而不可即的理想方向，很少有实现的可能性。因为在谈判会议中，没有哪一方是心甘情愿地把利益全部让给他人。尽管如此，这也并不意味着最优期望目标在谈判会议中没有作用。最优期望目标是谈判会议开始的话题。如果一个诚实的谈判会议者一开始就推出他实际想达到的目标，由于谈判会议心理作用和对手的实际利益，他最终可能达不到这个目标。

2）实际需要目标

实际需要目标是谈判会议各方根据主观和客观因素，考虑到各方情况，经过科学论证、预测及核算后，纳入谈判会议计划的谈判会议目标。这是谈判会议者要调动各种积极性，使用各方谈判会议手段，要努力达到的目标。

3）可接受的目标

可接受的目标是能满足谈判会议某方部分要求，实现部分经济利益的目标。因此，谈判会议者在谈判会议前制定谈判会议计划时应充分估计到这种情况的出现，并制定相应的谈判会议措施和目标。

4）最低目标

最低目标是商务谈判会议某方必须达到的目标。它与最优期望目标之间有着必然的内在联系。在商务谈判会议中，表面上一开始要价高，往往提出最优期望目标，实际上这是一种策略，保护的是最低目标，乃至可接受目标和实际需要目标。这样做的实际效果，往往超过了谈判会议者的最低需要目标，或至少保住这一目标。通过对最优期望目标的反复"压价"，最终也可能达不到最低目标。

以上四个谈判会议目标层次，是一个整体，各有各的作用，需要在谈判会议前认真规划设计，不可临阵凭"拍脑袋"确定。

2. 谈判会议策略二：预测需要和满足需要

谈判会议的根本问题不是为了解决相互冲突的底线或要价，而是解决双方需要、愿

望、担忧和关注的差别。

3. 谈判会议策略三：谈判会议相关资料的准备

与谈判会议相关的资料准备主要有以下几点。

(1) 有关技术资料。特别是引进设备的谈判会议，技术资料十分重要。它是选择技术和准确进行谈判会议的先决条件。

(2) 有关价格条款。价格条款是谈判会议中的关键条款。买卖双方在谈判会议过程中如果价格水平趋于一致，这笔交易就成功了一半。所以，取得充分而准确的价格资料是谈判会议前准备工作的核心部分。

(3) 有关法律条款资料。了解有关的法律法规，如《经济合同法》《专利法》《商标法》等，甚至需要了解国外的法律制度和国际惯例，只有这样，才能避免在谈判会议中的一些失误。

(4) 有关货单、样品的准备。在参加商品博览会或是市场推销、交易会上的谈判会议时，货单必须做得具体、准确，样品必须准备齐全，特别要注意事先准备好的谈判会议样品一定要与今后交货相符，即使是包装也要一致，以免今后处于被动地位。

4. 谈判会议策略四：谈判会议中要进退有度

(1) 当谈判会议陷入僵局时，暂时搁置重要议题。当重要议题的谈判会议陷入僵局时，暂时把它搁置在一边，先就较次要的议题达成协议以推动谈判会议继续进行。当大多数议题达成一致时，借着良好的势头，我们可以这样鼓励对方："看，许多问题都解决了，现在只剩下这一小部分了，放弃了多可惜啊！"这时打破僵局的可能性大大增加。

(2) 分清主次，大局为重。始终要铭记，不能因为要求微小让步而失去大笔买卖。很多时候人们容易捡了芝麻，丢了西瓜，要时刻关注核心议题。

(3) 讨价还价。不要接受首次报价或还价。要意识到，大多时候公司的产品和服务中包含巨额利润。他们的常规做法是，当内行的买家来谈生意时，会给买家留下讨价还价的余地。如果你拒绝对方的第一次报价，十有八九他们很快会另外开价。注意这次报价也不要接受，大多数时候，他们至少会再让你还一次价。

(4) 使用折中价格策略。也就是在不同的价格间让对方取折中价。同样地，你应提出比预期更高的要求。比如你们在为一辆新车的价格谈判会议。供应商开价14万元，你想12万元买下。采用折中策略，你开价10万元。这个价位对方是不会同意的。他们可能会说："我们下调到13.5万。"这时你可以说："为什么不取个折中价？"很多时候，如果这个价格不离谱，对方会同意，成交价就是两个不同价格间的中间价。

5. 谈判会议策略五：谈判会议中的回答技巧

谈判会议者对自己回答的每一句话都负有责任，因为对方可能把他的回答理所当然地认为是一种承诺。因此，一个谈判会议者水平的高低很大程度上取决于他答复问题的水平。

掌握谈判会议的答复技巧应注意以下要领。

(1) 让自己获得充分的思考时间。为了争取充分的时间，可以请对方澄清一下他所提

的问题，例如"请您把问题再说一次""我不十分了解您的意思"等。

(2) 找借口拖延答复。有时候可以用资料不全或需要请示等借口来拖延答复。比如，你可以这么回答："对您所提的问题，我没有第一手的资料来做答复。"或；"对不起，这个我没办法做决定，需要请示一下上级再答复您。"

(3) 不轻易作答。有些谈判会议者会提出一些模棱两可或旁敲侧击的问题，意在以此摸对方的底。对这类问题更要清楚地了解对方的用意；否则，轻易、随便作答，会造成己方的被动。

9.2.2　通知型会议及其有效组织策略

通知的目的是为了传播信息，采取单向的传播方式。在这里，一般不鼓励讨论，否则会影响信息的传播。

通知的类型有很多，根据适用范围的不同，可以分为六大类。

(1) 发布性通知：用于发布规章制度。

(2) 批转性通知：用于上级机关批转下级机关的公文给所属人员，让他们周知或执行。

(3) 转发性通知：用于转发上级机关和不相隶属的机关的公文给所属人员，让他们周知或执行。

(4) 指示性通知：用于上级机关指示下级机关如何开展工作。

(5) 任免性通知：用于任免和聘用干部。

(6) 事务性通知：用于处理日常工作中事务性的事情，常把有关信息或要求用通知的形式传达给有关机构。

对于指示性通知，要注意把要求和措施部分交代清楚，可以分条，也可用小标题的形式，这样才能便于下级执行。会议性的通知大家都见过，一般就是目的、会议的名称、内容、参加人员、会议时间、地点等，要注意的是应该把这些写准确，通知错时间、地点就是你的失职了。通知还有批转性通知、转发性通知，这类的通知就是有话则长，无话则短，也就是要简明扼要，直接陈述事宜即可。

9.2.3　协调解决问题的会议及其有效组织策略

解决问题型会议根据其目的主要分为以下两种。

1. 为了解决迫在眉睫的问题

这类会议的最终目标主要是针对如何扭转目前的局势，防止类似的情况再发生，制定一个计划；或针对某些个预期会发生的问题，讨论如何使问题最小化或阻止它的发生。比如，当你知道竞争对手马上就要推出新产品，而你的公司需要一年才赶得上时，你和你的行销人员就会召开会议，紧急决定改变公司的销售重点，或者决定开发新市场，毕竟，这种防患于未然的做法比问题产生后再考虑解决对策要好得多。

为了解决迫在眉睫的问题的会议，会议的模式相对严谨一些，所采取的方式也相对理性化一些。员工扮演了主动的角色，管理者的角色就是提出议题并引导他们进行讨论，通

过讨论提出不同的解决方案，从这些方案中确定一个最优解决方案。在这类会议中应坚持如下原则。

(1) 高度地参与。有时候不同的思考和不同的方法需要相当的时间才会出现。因此，不应该让口齿伶俐的人独占会议，以免因迟疑而未表达的意见被压抑。

(2) 合作精神。在说明会议的目的时，强调会议的结果仰赖每个人的贡献。这样能使大家的注意力集中到工作上，避免暗地里相互竞争、只想着为自己部门谋利益的现象出现。

需要注意的是，在试图找出解决方案的过程中，可能会遇到一些难题，例如，一方提出的观点受到另一方的批判，而另一方又不会对问题提出任何帮助，导致难以达成一致，甚至引起冲突。这时，下面的几点建议可以帮助你有效地摆脱这种困境：①讨论好处。不妨说说解决问题的某一观点的好处，因为很多时候人们需要通过对某一观点好处的分析来确信它是一个好的解决方案。②探究结果。如果不能找到一个解决冲突的办法，那就看看如果冲突得不到解决的话，会出现什么问题。对此，问一些开放的问题，看看对方的看法，如："如果我们不采用此方案，问题得不到解决的话，会发生什么事？"总之，通过这些导向会让人愿意去接受一些提议和方案，同时也避免了浪费时间的现象出现。

2. 解决组织内部的冲突问题

组织内部的冲突主要是指组织内部相同级别之间的冲突，这一冲突的主要原因是各部门只考虑自己部门的利益，而不顾及其他部门利益的本位主义。在这些部门中，目标不一致可能会导致目标冲突。另外，各部门员工与员工间的态度差异也会导致冲突。

解决组织内部的冲突问题，需根据冲突产生的不同原因具体问题具体分析。根据冲突产生的不同原因，组织内部冲突可归为以下两种。

(1) 情绪性冲突：这是由于个人情感、性格方面的原因引起的。

(2) 实质性冲突：这是由于工作中的不理解、不协调造成的。

无论是情绪性冲突还是实质性冲突，都是产生于个人或部门之间存在误解、工作方式方法上的差异、对有限资源的争夺或彼此间缺乏合作精神，所以作为管理者应善于倾听下属的抱怨和意见，针对问题的根源采取行动，或解除误会，或调整差异，或优化资源配置，或树立互利共赢意识，建立合作体系。

9.2.4 决策会议及其有效组织策略

决策的目的是为了在不同的方案中权衡利弊作出抉择。与会者不仅会讨论和决策，而且还要遵守会议的决议，即便自己持不同观点。一般来说，作出决策可以采取以下 4 种方式。

1. 权威决策

权威决策出现于最高掌权者具有决策权和否决权，单方面作出决定时，适用于当组织授予团队领导人作最终决策并要求全权负责时。这种策略的优点表现在决策迅速高效，在急需行动的情况下最实用，在权力界限明显的地方最有效。不足之处表现在虽然可迅速作

出决策，但实际支持和执行也不易；当复杂性增高时，权威决策的质量会由于考虑不全而受到影响。

2. 少数服从多数决策

少数服从多数决策出现于多数成员同意提案时，它是民主原则的基础。当决策结果不会对反对者造成消极影响时可以采用这种方法解决。诸如团队成员投票接受一项新的工作程序，团队成员投票选举团队领导等都是少数服从多数的实例。这种决策方式的优点表现在允许多数人对问题发表自己的意见，保证多数人获胜。不过投票容易导致输赢之争，输者将难以尽职和投入。

3. 共识决策

共识决策适用于所有成员都不同程度地支持某项议题，每个成员均有否决权。共识决策提供一种反映所有成员想法的全面解决方法，能够提高成员实施决策的积极性，体现平等之风。这种决策策略的优点表现在保证所有问题和思想得到公开辩论，每个团队成员都有机会发表意见；复杂的决议会经过深思熟虑，从而产生高质量决议。但是，如果决策时间有限或团队成员不具备决策的足够技巧或能力，决策就很难形成。

4. 无异议决策

无异议决策产生于所有成员对某项决策完全赞成时。当提案非常重要时，要求所有成员达成完全一致时，团队应作出无异议决策。这种决策的优点是可以确保团队每个成员都认为达成的决策是最佳的，并公开支持它；意见不合及冲突是最低的。但要知道，哪怕两个人的思想完全合拍，达成无异议决策也许都要花费很长时间，所以无异议决策常常难以作出。

只有通过以上几种方式作出正确的决策，才能确保会议完成成功的沟通，从而提高决策的可行性。需要说明的是，前面介绍的头脑风暴法也是在决策会议中经常采用的一种有效的方法。

9.3　会 议 形 式

企业应根据实际情况选择适合的会议形式，从而达到有效沟通的目的。

9.3.1　见面会议

见面会议是所有会议沟通中最有效的一种沟通方式。因为双方不仅能了解口头语言的意思，而且能够了解肢体语言的含义，比如手势和面部表情。此外，在处理一些微妙的人际关系或传递复杂信息时，见面会议也是最适合的方式。比如，处理部门与部门、组织成员之间纠纷，协调内部工作或就某一最新信息或指示要求大家交流并予以总结推广等。总之，见面会议更容易实现与会者之间的互动，有助于人们讨论复杂的问题，在日益逼近最后期限的情况下作出决策。

商务与管理沟通(第 2 版)(微课版)

当然，见面会议也有它的不足之处：它不能打破时间和空间的限制，让工作时间或工作地点不同的人们有效地进行沟通。既然是面对面的会议，就要求与会者事先确定好会议的时间和地点，可是由于现在的人普遍较忙，时间安排紧凑，很难凑到一个大家都有空的时间。另外，如果与会者相隔较远，如跨国公司，想要进行见面会议难度就更大。

基于以上优缺点，见面会议主要适用于一些中小企业内部沟通，以及一些地域跨度不大的企业外部沟通，如与客户、上下游企业间的沟通等。

9.3.2 网络会议

随着经济全球化的发展，如果人们要进行远距离的沟通，见面会议就不可行了，他们必须借助一个媒介来传递信息。今天，信息网络会议已被大家广泛接受并使用。它顺应了网络两大主流趋势，即多媒体和强交互，它集 PPT 演示文稿、音频和视频文件于一体，将信息立体呈现，确保演示效果的丰富和全面性。

网络会议能让与会者观看 PPT 演示，在主持人引导下浏览网页，或者和其他人沟通、讨论。与会者在参与远程会议的同时，可以通过浏览器共享文件。这是一种相对便宜和有效的团队协作技术。然而，这种网络会议的与会人员是隐蔽的，所以，与会人员往往在会议过程中"忙私活"，这不利于团队协作的加强，影响了会议的绩效。

为了弥补上述传统网络会议的缺陷，视频会议越来越盛行。视频会议是一种召开现场会议的方法，它为处在不同地点的人提供面对面的会议机会。这种技术利用计算机网络把音频和视频数据传输到所有的会议地点。视频会议同样也提供远程共享其他媒介的方法，包括书写板和 PPT 等计算机程序。视频会议可以提供面对面沟通的所有好处，而不用支付召集异地人员集中到一个会议室的直接和间接成本。在会议中，与会人员可以展示与工作相关的物品，比如器械或者产品，还可以发现其他人是否在认真听取会议观点和信息并作出适当反应。当然，视频会议也不是完美无缺的，总是用网络视频沟通会造成与会者之间的疏远。

信息网络会议主要适用于一些地域跨度大的企业的内部和外部沟通，如一些跨国公司、三资企业，它们有的在世界各地都有分公司，当需要召开会议时，往往通过信息网络会议来实现。

9.4 有效的会议组织

会议开得成功与否取决于会议组织，因此为了使会议有成效，就必须做好以下三阶段的工作：会前准备、会议期间的控制以及会后工作。

9.4.1 会前的原则及策略

1. 明确会议的必要性

会议的组织工作常常是从分析会议的主题和必要性着手的，就设定的议题而言，若不

经过多方讨论协商不足以解决问题，那才有必要召开会议；如果通过其他方式能使问题更有效地获得解决，就尽量不要开会。

2. 确定会议的目标

清楚会议的目标是很重要的，让所有参与的人事先了解会议的目标有助于会议效率的提高。一般来说，会议的目标有两类：一类是例行的，解决问题的会议；一类是应时的，产生观念的会议。解决问题的会议，主要的目的在于尽可能有效地达成某种决策；而产生观念的会议，主要的目的在于灵活运用脑筋，充分发挥想象力。会议的目标不同，所采取的会议方式也相当不一样。但不管哪种会议，都应该做到"议而有决"，这才是成功的会议。

3. 拟定会议的议程

明确会议主题和目标后，就可以决定会议议程，即按会上将要讨论的问题的重要性和类别依次排序，并限定各项会议内容的时间。这里要注意的是，一次会议所讨论的问题不宜太多，讨论时间也不宜太长。

4. 准备会议文件

为了顺利地召开会议，在会前应收集和整理与议题相关的信息，有必要的话应装订成册。如果内容太多，可以要点摘录的形式准备会议文件。

5. 分发预阅资料

资料不应该在会场阅读，应在会前先将会议议程和整理好的文件分发给与会者，使大家对将要讨论的问题事先有所准备，一到会场就可直接讨论并表决。这样可大大缩短会议的时间并提高会议的效率。

6. 确定会议的主持人

会议的成败与否很大程度上取决于会议主持人。作为优秀的会议主持人，不仅仅主持会议，而且要以一个政治家、鼓动者、调解人或仲裁人的角色参与会议。

7. 确定与会人员

参加会议的人员并不是越多越好，有时参加的人多了反而会产生消极影响，就是不晓得该听谁的和不该听谁的，这样一来，大家就都不讲话了。其实开会要分两种人：必须参加的人和随意参加的人。必须参加的人非讲话不可，随意参加的人光听就可以了。也就是说，在发会议通知的时候要注明哪些人是必须参加的，哪些人是随意参加的。这两者是有区别的：必须参加的人不到要追究；随意参加的人到也好，不到也好，我们可以把会议议程复印一份给他，他可根据会议议程选择是否参加。这样做是因为有的人可能只想听会议里面的一部分内容。比如，今天的会议谈到物流的问题，那么仓储的人就过来听听，听完他就可以走了，因为下面谈的是财务的问题，与他没有关系。

8. 与会者的座次方式

会议前，应该先明确出席会议的成员的座次。座次的安排也很讲究，它也直接影响到会议效果的好坏。可根据会议的目的、性质和与会人数选择不同的座次方式。常见的类型有礼堂式、长桌式、U 型和圆桌型，如图 9-1 所示。

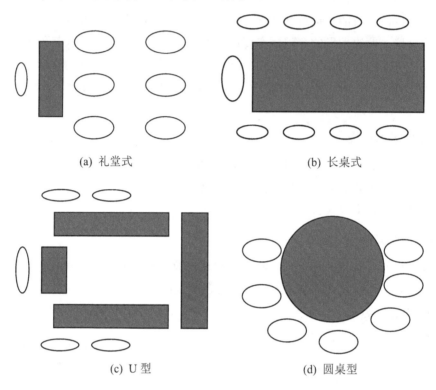

（a）礼堂式　　　　　　　　　　　　　　（b）长桌式

（c）U 型　　　　　　　　　　　　　　（d）圆桌型

图 9-1　与会者的座次方式

如今根据与会者角色的不同对会议的座次进行了有效的改善(见图 9-2)，至于各角色的地位和作用将在下面"会中的原则及策略"中作详细的讲解。

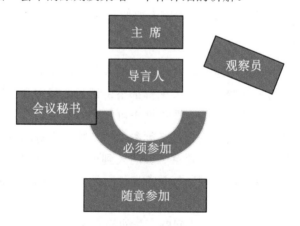

图 9-2　改善后的座次方式

9.4.2 会中的原则及策略

很多公司的会议都是由总经理主持，其实作为公司的高级主管，总经理应该多听少讲，不要什么会都主持。

一个公司开会的时候，坐在上面的有三种人：第一种人是主席，可把这种人定位为副经理；第二种人是导言人，可把这种人定位为经理；第三种人是观察员，可把这种人定位为总经理。这是指大会。如果是小会的话，则经理是观察员，副经理是主席，主任和组长是导言人。如果是工厂，厂长是观察员，副厂长是主席，导言人是车间主任。在这一体系中，最重要的应该是导言人。

主席是维持秩序的，他坐在导言人的后面，位子最好稍微设得高一点。

导言人是控制时间的，是整个会议过程中最重要的人，相当于主持人的作用。假设一个公司的议程有四个，那么就是四个经理每人负责一个议程的引言，又叫导言，负责引言的人才是主持这个话题的人。

至于会议中职位最高的领导者，如总经理，应该坐在旁边观察员的位子上，是控制全场的。他可以插话，但是大部分时间保持沉默，除非会场发生事情或发生问题而大家争执不下时，他才讲话。因为作为一个总经理，一个最高领导者，需要冷静地思考下属所讲的东西，他要尽量地听，必要的时候再插一两句关键的话。

会议秘书的作用也很重要，其职责如下：①会前详细检查会议议程是否准确合理，并及时分发给与会者；②会议期间记录会议时间、参加人数、会议内容等；③会后撰写会议备忘录，核对必要的数据，与主持人协商等。

9.4.3 会议议程的控制

1. 时间控制

常有这样的情况发生：原本只需花半小时就交代的事，非要开上一个小时的会，而本该开一小时的会，却要花上两个小时，致使与会者过于疲倦。很显然，这种会议是让人头疼的，那么如何杜绝这些现象的发生呢？不妨参照下面的做法。

(1) 控制导言人的发言时间。比如说一个公司会议从两点半开到四点，有四个议程，就给每个导言人 20 分钟，一共 80 分钟，另外 10 分钟给主席或观察员作总结。每个导言人就必须掌握好 20 分钟的发言时间，不要滔滔不绝，时间一到就要结束发言，要是真的没讲完，可以在大家讲完后再补充。

(2) 制定基本的规则。只要是会议，即使是自由形式的头脑风暴型会议，也要做到有章可循。基本的规则可以为每个人建立一个共同遵循的会议行为标准，从而提高会议效率。为了更好地控制会议时间，可列出的规则主要包括：①别人发言时不要插嘴，有意见等别人说完再提。②不要一有机会就喋喋不休。尽量言简意赅，给别人一个发言的机会。③不要心不在焉。别人讲话时不要交头接耳，应认真听并仔细思考，以便在最短的时间内作出反应。

2. 顺序控制

会议中要理清发言的先后顺序。在发言顺序上应提倡"由下而上""由外而内"的原则，以鼓励众人发展意见。

由下而上是指级别高的人后讲话，下属先讲话，即总经理和副总经理尽量不要先说话，先听各部门经理和其他与会者发言，最后再总结或提出自己的看法。

由外而内是指在各部门经理发言，也就是导言人导言时，各部门又有很多主任，还有很多门店，这时应该"外野兵团"先发言。也许大家看过解放军开会，通常的顺序是：师部、旅部先发言，接下来就是军长发言，接下来是军区司令发言，再接下来是总参谋部发言，最后是总参谋长作结论，这就叫作由外而内。因为野战兵团是最接近敌人，最了解敌情、最了解战场的，他们应该先发言。所以解放军开会不是总参谋部讲话以后交给野战师去操作，而是野战兵团把意见反映给总参谋部，总参谋部再根据这些意见作出决策。所以企业开会时应多让外地的门市、各地的分公司的经理和各地的门店店长先发言，总经理、副总经理及厂长、副厂长后发言，这样才能达到鼓励意见、集思广益的效果。

3. 会议记录的撰写

一份完整的会议记录资料对于会后执行会议决议、检查会议效果，甚至对下次会议的召开都起着至关重要的作用。正式会议记录应该包括下列基本要素：会议名称、日期、起止时间、地点、主办人、出席人员、缺席人员、会议主席宣布会议议程、会议过程、会议决议、下次会议的时间和地点等。

通常，会议记录的任务由会议秘书担任。会议记录并非易事，要做好这项工作必须注意以下几点。

(1) 充分了解会议主题、目的及议程。

(2) 可以采用笔记方式记录，也可采用手提电脑直接记录，或同时采用录音、照相或摄影方式。

(3) 记录时务必紧跟会议进程。

(4) 及时确认要点，澄清含糊不清的观点。

(5) 准确无误，避免夹杂自己的主观意识。

(6) 突出会议中形成的决议，写清会议后追踪和负责的人。

9.4.4　会后的原则及策略

会议结束后，会议组织者一般需要做以下工作。

(1) 为了贯彻会议精神、执行会议决议，可将会议记录或会议简报下发至与会者及其他有关人员。

(2) 根据会议精神，对执行工作进行监督和检查。

简而言之，一个会议的成功与否取决于会议主持人、与会者及会议秘书的共同努力。此外，会议前做好充分的筹备工作，会议过程中掌控好时间以及会后做好落实与检查是提升会议有效性的重要保障。

习　题

一、实训题

1. 有效会议策划案：为某一公司组织一次年终/季度总结表彰大会，经学习小组研讨写出策划案。

2. 商务谈判情景实演：以两个研讨小组为一个项目组，针对一个商务谈判活动，进行现场情景实演。

3. 会议组织评论：录制一场学院或某组织的会议全过程，学生对本次会议的整个组织过程进行研讨评论。

地点：学校及沟通实验室。

二、案例分析题

老张是某计算机公司的项目经理，他身边的员工始终在抱怨公司的工作氛围不好，沟通不足。老张非常希望能够通过自己的努力来改善这一状况，因此他要求项目组成员无论如何每周必须按时参加例会并发言，但对例会具体应如何进行，他却不知如何规定。很快项目组成员就开始抱怨例会目的不明，时间太长，效率太低，缺乏效果等。而且由于在例会上意见相左，很多组员开始相互争吵，甚至影响到了人际关系的融洽。为此，他非常苦恼。

讨论：产生问题的可能原因是什么？应该如何有效地组织项目组例会？应该如何提高项目组例会的效率？

(资料来源：2019年全国计算机技术与软件技术资格考试——系统集成项目管理工程师试题案例)

 微课视频

扫一扫获取本章相关微课视频。

9-1　会议沟通01.mp4　　　9-2　会议沟通02.mp4　　　9-3　会议沟通03.mp4

第 10 章　会见与面谈

【学习目标】

- 掌握会见的基本形式及在以面谈为代表的会见中的沟通技巧。
- 理解会谈准备信息收集时要注意的问题。
- 掌握选拔会见的技巧。
- 了解反馈与咨询会见的技巧。

绩效面谈

某公司客服部张经理因本月给下属杨小玉评了最低分，在绩效面谈时，杨小玉与张经理发生了争吵。杨小玉提出三点投诉理由：

① 张经理无法解释打分的标准是什么，这种评分是在凭印象打分，还是有意打击报复下属；

② 杨小玉向张经理请教绩效改进的方法，张经理没有给予明确的回复，这样的面谈是在浪费时间；

③ 张经理言语带有讽刺性，是在侮辱人格。

人力资源部黄经理收到杨小玉的投诉后，开始核查工作，客服经理也反馈了两点意见：

① 评分标准是公司统一制定的，张经理本人是严格按照公司标准来执行的；

② 因公司绩效面谈一直流于形式化，上个月人力资源部要求进行绩效面谈，但并没有告诉部门经理绩效面谈应该怎么谈。

面谈是公司制企业中必不可少的一部分。在网络和通信技术应用越来越广的 21 世纪，会见和面谈仍然在商务和管理沟通中有着不可替代的作用。

10.1　会见的解析

会见在商务交往中是一种极其普遍的沟通，它出现在各种环境之中。可以说，在很多情况下，当我们同我们所生活和工作的社会环境系统发生关系时，会见就会发生。例如，当我们申请贷款买房时，当我们想换工作时，当我们看医生时，当我们想进入学习班学习时，当别人想了解我们如何完成工作时，等等，许许多多的环境中，会见都会发生。

10.1.1　会见的内涵

词典中关于会见的含义包括多种："一项正式的见面或谈话"；或者"为了检验一个

申请人是否适合于某一职位而进行的接见"。其他的解释还包括一个记者为了给某人写传记或为电台、电视台写新闻报道时，在某些环境向被采访者询问他们的观点与个人经历。所有这些解释都说明，会见不是人们偶然的或随机的碰面，是事先安排好、有目的的见面。所以，目的性是会见的根本特征。只要是带有目的性的见面即可称为会见，而会见中最常见的就是面谈。更进一步的研究表明，所有的会见，不论它们的目的或内容如何，都有以下一些共性。

(1) 会见是预定的正式的事件。

(2) 会见人员在两个以上。

(3) 会见通常是面对面的接触。

(4) 会见发生的原因是因为其中某一参与者或所有参与者认为会见可以满足个体需要。

10.1.2　会见与沟通的联系

所有会见中都存在着一些共通的沟通技巧。会见发生的媒介主要是以语言为基础的口头沟通，但也包括非语言沟通的使用，如体态、手势、面部表情和空间领域语言的使用。在会见过程中的技巧还包括倾听、表达、使用与理解身体语言和谈判。一般来说，会见与许多沟通过程相同，根据目的不同可以分为以下几个方面。

(1) 交换信息。如向银行申请贷款时，银行的工作人员将会询问申请者的财政状况，如工资和支出等，同时这个潜在的客户也会询问利率和还款期限。

(2) 互相影响。如面试申请工作时，申请者将尽可能地展示他的经历与背景的资料，以影响面试者给他这个工作。

(3) 主导。如一项调查性会见是为了核实一个严肃的经济问题时，管理者可能主导被会见人不要再犯相同的错误。

上述目的经常发生重叠，譬如，在一个选举会见中，竞选者通过给被会见更多的信息以施加影响。很明显，发生在这些会见中的沟通的形式是相当复杂的，而且它还包括通过以言语和非言语为基础的媒介与所有参与会见者进行的双向沟通。

综上所述，我们可以得出关于会见的认识：在两个或两个以上个体之间进行的正式的、有目的的、预先安排好的碰面，会见必须存在于社会中，所以它的本质属性是社会性，而且有一定的目的。在这个碰面当中的互动是复杂的，同时也反映了参加碰面的个体在其中的角色。例如，会见通常是由参加会见人中的一个人组织、控制并实行的，执行此项职责的个体被称为接见者，而被会见的人则一般称为受见者。受见者通常被期望能比接见者展示更多的信息。在一些情况下，如选举会见或咨询会见，这些信息可能就是个人的经历及能力的反映。

10.1.3　会见的双方

会见并不是两个平等个体之间的社会碰面。接见者倾向于经常在以下方面施加影响。

● 会见面谈的内容。

- 会见面谈的时间。
- 会见面谈的细节。

接见者为了营造压力环境，可以直接地、公开地施加这些影响。例如，接见者可能直接提出实际的问题，同时他希望受见者也能以同样的方式回答。然而，接见者的这些公开、直接的行为并不是其展示影响的唯一途径，接见者有时侧重引导方式。例如，接见者根据自己的想法对受见者进行引导，以便使受见者能够提供更多的相关信息。而在某些环境中，接见者的影响并不那么直接。例如在咨询会见中，接见者多采用迂回的方式，限制自己的行为，对那些与受见者利益息息相关的东西尽量少加评论，给会见的对方以倾诉的空间，自己仅仅扮演倾听者的角色，因为他们所做的只是一些咨询性的工作，而作决策的是受见者。然而，即使在这种受见者处于主动地位的情况下，他们也应该注意到接见者正在聆听、注视着他们的一言一行、一举一动，他们可以通过对接见者的身体语言作出迅速的反应，以获取更多的信息，并且他们应该密切注意接见者对他们的语言信息、动作信息做出的反应。在多个个体对一个个体的会见中，如选举委员会或讨论小组，这其中的互动是相对复杂的，特别在讨论会形式的会见中，往往是由一个人进行管理与控制。这个人通常被认为是讨论小组的"主席"。他召开会见的目的是讨论问题、解决问题，但他工作的中心主要集中在受见者所讨论的问题的时间、内容、平等性和标准上，以保障会见的主题不被歪曲，保持会见顺利、平衡地进行。

10.2　会见中的影响因素

图10-1展示了关于会见过程的一个较全面的观点，它阐明了在会见中接见者、受见者和会见环境三方之间的互动关系，在这种互动关系中，环境、洞察力和行为是相当重要的因素。

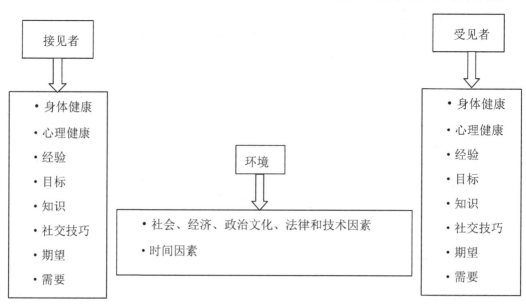

图10-1　会见的影响要素

10.2.1 环境

环境因素不仅包括会见所发生的客观小环境，而且还包括外部大环境。外部大环境能介入并影响会见。它的介入与影响不但来自外部的噪声，如电话铃声和交通的噪声，而且还来自参加会见的人自身带到会见室中的知识与经验。这些知识与经验与会见环境的社会因素、技术因素、经济因素和政治因素都有着千丝万缕的联系，比如：社会失业率将在很大程度上影响求职面试，在高就业率与高增长率的情况下面试者相对被动，而在高失业率与低增长率的情况下则受试者相对被动。

再来看一下会见的小环境。例如，会见空间的布置可以对会见互动的效果产生惊人的影响。大部分办公室都可以分为两个区域，具体如下。

(1) 办公区域：这部分区域主要是指办公桌周围的那片区域。它的设置主要是为正式交谈服务的。通常是办公室的主人坐在办公桌的后面，他们是交谈的引导者。由此可见，这一区域还有营造压力氛围的功能。

(2) 非办公区域：稍远离办公桌的那一区域，如果是较大的办公室，其中可能还会有舒适的沙发和茶几。在这个区域内的交谈被认为是建立在比较平等的基础之上的。改变办公室的设置与布局将会使这些区域发生改变。另据研究表明，交谈时，双方座位成直角时交谈比面对面的交谈要自然 6 倍以上，比肩并肩的交谈要自然两倍。会见者可根据会见需要进行选择。

同时，为了不同的目的还可以利用周围的空间。所谓空间利用就是指交谈者彼此间的距离控制和空间变化。行为学家把常见的身体距离分为四种，并研究了它们的间隔尺寸，公众距离为 3.6m 以上，如演讲、上课；社交距离为 1.2～3.6m，如一般熟人、同事等；私属距离为 0.5～1.2m，如老朋友、近邻、关系密切的师生等；亲密距离为 0～0.5m，如密友、亲人等。虽然我们的日常交际中不一定有这种精确的距离控制，但个人之间的空间距离感是存在的，无意中改变了人们的习惯距离，就会侵犯对方的私人空间而引起对方的不适甚至反感。乘公交车时，如车内空位较多，人们不会坐在有人的座位旁边；在公共电梯内人们总有些局促感。社会心理学的实验结果表明：人们越亲密，越友好，彼此就站得越近。朋友比陌生人站得近，相爱的人站得近，想成为朋友的人站得近。如果交际中人们有意或无意地改变了这种距离，就会被理解为发送了某种暗示信号，也会自然收到反馈信息。交谈时人们常常自觉或不自觉地使用空间距离变化来表示对谈话内容的好恶。听到令人惊喜的消息会跑过来站在讲话者旁边，希望再听听；听得入神时会把身体倾向说话者或者靠近说话者。

以上揭示了外部环境、实际的会见环境及会见者在这些环境中的动作或运用这些环境的方式是如何影响会见的质量与结果的。会见的质量与结果还会受其他因素的制约，如参加会见的人的期望、经验、目标和需要、社交技巧、外貌和观点等。下一部分将对其中一些因素进行解释。

10.2.2　洞察力与行为

有人将人际间的会见比喻成演戏，个体和团体通过"表演"来影响和操纵"观众"的理解与印象。把这个比喻运用到会见环境中，作为演员的接见者和受见者所使用的会见环境被称为"舞台"，"舞台"的大小与状态受到大环境的影响，接见者与受见者不仅相互之间发生作用，而且对他们的"角色"也起作用。通过外表因素展现角色。这些因素包括服装、头发和眼睛。头发是外表中一个重要的因素，人们往往通过一个人的头发来判断一个人的类型。例如，银行经理的头发较短，而长头发的人主要是嬉皮士、音乐家、艺术家和对社会不满者。再有关于在某一工作环境中女性是否适合于管理工作的评判标准还受到服装、首饰和发式的影响。服装和头发只是外在表现，真正的影响因素是以下几种。

- 个体的性格、气质及能力。
- 精神状态。
- 社会阶层。
- 认知或期望的行为。

一个人的外貌形体也是非常重要的。有报道说，在美国，身材较高的人更容易找到工作，而且起薪也较高，相反较胖的人找工作就要困难一点，特别是那些人际交往方面的工作。因此需要通过外在因素，了解行为动机。

图 10-2 阐明了会见中认知行为目的和动机之间的关系。

- 对行为的译码。
- 对此行为与他们自己先前行动之间的关系的认识。
- 对自己行为的编码。
- 理解各自的目标与需要。

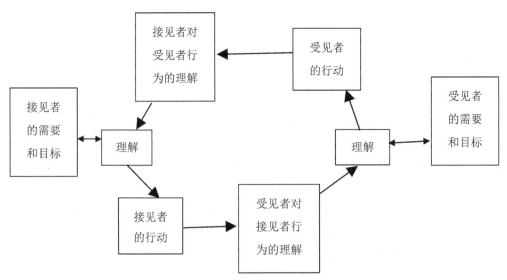

图 10-2　作为一种社会碰面的会见

　　例如，在一个收集信息的会见开初，接见者可能会意识到受见者的回答只是简单的"是"或"不是"，这是受见者紧张的标志。由于接见者想要使会见成功，如想尽可能地获取更多的信息，接见者会改变会见的行为、过程或时间，尽量去减少受见者的紧张心理。接见者所选择的行为反映了以下一系列因素。

- 他们对受见者的认知。
- 会见的经验。
- 会见发生环境(主观环境和客观环境)。
- 对行为可能成功的期望值。

　　例如，对于受见者在会见中的紧张的状态，如果事先接见者认识或在会见之前遇见过受见者，那么接见者就会更有信心和更轻松地理解受见者的感受并问及产生紧张的原因。受见者的回答依赖于接见者所表现出来的行为是否得体或是否具有威胁性。相反，如果会见结束的相当快，那么受见者会认为是浪费时间。所以，作为一个接见者必须具备熟练的社交技巧。在一些特殊的情况下，适当地运用一下社交技巧是非常有益的，也是必要的。应该被考虑到会见过程中的社交技巧主要包括以下几个。

- 与受见者建立和谐的关系。在会见的过程中，通过对会见环境中的温度湿度进行调节营造舒适的会见环境；通过共同的话题给受见者营造和谐的氛围。
- 具有精确的洞察力。
- 能适应环境。
- 在会见中占据主动而不是被动。

　　应用社交技巧虽为刻意，但要流于自然。接见者通常还可使用以下技巧。

- 会谈前准备明确的大纲。
- 在会见刚开始就与受见者就大纲进行了沟通。
- 以开放及引导式提问为主。
- 运用反映与调查的技巧。
- 有效地结束会见。

　　一个高效的接见者必须具备使用互动的手势语言和体态语言等非语言因素的能力。会见中，语言包含的内容只占接见者与受见者之间所传递信息的一小部分。沟通中的大部分信息包含在互动中的非语言因素与动态因素中。对白领的日常活动信息进行调查发现，来自体态及声音的信息占到信息总量的 85%。非语言信息包括在谈话的特征中，如声音、空间、形体等，它们能使一个有经验的接见者认识到受见者的如下特征。

- 紧张(音调升高和长时间的停顿)
- 外向(语速快和声调高)
- 争强好胜、缺乏耐心(语调低沉，速度快，重点突出)

　　语音、语调的准确使用、变化的音高、优美的嗓音、足够的音量，都能适当地反映一个人的交谈状态，也对交谈的积极进行产生影响。语言与个性有着一定的联系。这些联系使听者可以通过讲话人讲话的方式来认识讲话人的性格特征。例如，一个人讲话时的声音尖细，且不够洪亮，那么他就会被认为太年轻或是有些造作；如果言语中缺乏高潮，音调平缓，则被看成冷漠、孤傲。

接见者和受见者还使用手势来解释并强调口语语言，研究人员发现通常在相关的词语或短语之前或在大多数停顿中使用手势。

手的动作可以表示各种可能即将实施的行为。据有关资料介绍，日本负责接待事务的工作人员发现，当接待人员把倒满的热茶端给客人时，攥紧食指、中指，双手稳稳地接住的客人，一般为人诚实忠厚、通情达理；而用大拇指和食指轻轻地接住的人，一般都敏捷练达、精于社交；而小拇指翘起，其他四指合起接住杯子的人，一般都自卑感较强，神经过敏。接待人员根据客人的接杯姿势来判断客人的性格，从而为客人提供恰到好处的服务。不仅手势能反映人的性格与心理，足部动作有时也能反映人的心理。据说为了在剧烈的经济竞争中获胜，有的情报人员甚至录下谈判者的足部动作以用来分析和研究对方的个性心理特征，以便"对症下药"，采取相应措施来征服对方。据有关资料介绍，人在神情专注和感情兴奋时，双足会缓缓摇动，或停止不动；而陷入沉思时脚尖则会摆动频繁；坐下后把脚架起来的人，往往较傲慢和得意，这样做是为了显示自己的地位和优势；那些架脚而又好晃动脚尖的人，往往性格轻浮，目空一切，狂妄自大；那些坐立不安，频频移动双脚停放地点的人，往往内心十分焦虑、烦躁和不安；等等。在会见过程中，眼神、面部表情和头部动作的运用都会增加信息互换。研究发现，想要说服听者的交谈者在交谈时都具有以下特点：

- 总在注视对方。
- 运用更多的手势和点头。
- 说话速度快且斩钉截铁。
- 总在微笑。

眼神通常被用于传递信息、强调话语或增加口语语言的说服力。在交谈时眼睛会告诉人们很多的东西。人们可以通过眼睛流露的隐秘去调整交谈的方向、节奏、基调；也可以通过眼睛表达出丰富的内涵，增强讲话的效果。在非语言信息的传递中，目光具有特殊的作用。人们往往通过目光去判断一个人的性情、志向、心地、态度。眼睛不会隐瞒，所以交谈者应该心怀坦诚，目光从容，否则"第一关"就难以通过。对谈话人来说，应该把自己的真诚、热情、感染力通过炯炯目光传递出去，而听话人的目光就是无形的屏幕，能把自己的情绪告诉谈话者。目光的交流对谈话状态的维系是必不可少的。目光接触也有不同的含义。一般来说，听话或说话的人如果心中有鬼，是不敢正视对方的。女性在交谈中喜欢观察别人，如果双方不说话时，她们又会转移视线。男性则喜欢盯着别人，在对方讲话时又会显出漫不经心的样子。据有人观察，交谈时注视的时间约为 30%～60%之间。如果凝视时间过长，说明双方对人的兴趣超过了话语本身。目光接触因民俗不同而各异。据说阿拉伯人谈话要求看着对方眼睛；日本人则是看着面部，不死盯着一处；美国人可能对视时间长些；而英国人对视要少些。

了解眼神语言的含义，就能在交谈时合理地运用目光，以增强交谈效果，减少误会。一般情况下，除去演讲，正常交谈时双方的目光以水平位置相同或相近为好。俯视时有盛气凌人之感，会使对方产生自卑或抵触情绪。有人在办公桌前坐定，一边办公，一边与人交谈，常使人感到不快。交谈时也切忌斜视，因为一般场合，斜视的含义贬多于褒。恰如其分的目光，可以体现出一个人的道德、修养、情操。交谈时东张西望、左顾右盼是不礼貌的。如果说话者如此，则反映出傲慢、缺乏交谈的诚意、修养欠佳；如果听者如此，则反映出轻视、不专心。这些都会影响双方感情。谈话时应该看看对方，但不必总是盯着对方的眼睛，以免使对方手足无措。凝视、注视对方要适度，否则会使人觉得不礼貌，对女性尤其要注意这点。

10.3 选拔式会见

这类会见是以选拔人才为目的的面试。

10.3.1 面试的不同阶段

1. 选拔性面试的典型步骤

选拔性面试可以分为以下四个典型的步骤。

1) 建立和谐关系阶段

在此阶段，面试者至少要向受试者明确此会见的内容和持续的时间。这个阶段的目的在于引起受试者说话，使面试开始进行。这时面试者主要询问一下诸如受试者的业余爱好等，以慢慢切入正题。

2) 询问个人简历阶段

这个过程包括询问受试者过去的工作记录等。在此阶段一般使用无时间限制的随便的提问，以及反馈调查和总结等方法。

3) 回答询问阶段

在此阶段受试者要回答面试者所提出的问题并能得到他们自己所想获得的信息。

4) 告别的阶段

在此阶段，面试者和受试者将会在今后的行动与进程中达成一致的意见。

2. 细化的模式及相关的问题

上述过程也可以被细化为一个可选择的、更为细致的模式，它包含以下阶段。

- 目标与期望阶段。
- 让受试者感到轻松阶段。
- 个人简历的证实与加强阶段。
- 询问阶段。
- 巩固阶段。
- 完成阶段。

下面给出了一些在这个模式的各个阶段中，面试者常用的话和一些常问的问题。

- 目标与期望阶段："在这一小时中，我们所要做的是对你过去在事业中所取得的成就作一个简单的回顾，然后再来探讨一下你的经验如何运用到我们的计算机公司中。"
- 让受试者感到轻松阶段："在我们开始之前，你要不要一杯咖啡？"
- 个人简历的证实与加强阶段："据我所知，你在 BZQ 计算机公司从事营销工作，听起来那是一项颇具挑战性的工作。"
  "回顾过去，你认为在作为销售经理时你的业绩有哪些？"
- 询问阶段："告诉我你在 BZQ 公司的工作经验与这项工作有联系的原因。"
  "你有哪些特长？"
  "关于这项工作和本计算机公司你想了解些什么？"
- 巩固阶段："你怎样评价你将给本计算机公司带来的一切？"
- 完成阶段："我们将在明天晚上结束对所有候选人的面试，如果方便，我希望我们能在星期三下午通知你我们的决定。"

10.3.2　面试中的知觉偏差

影响面试过程的因素中比较重要的是偏见，这会影响面试者对受试者的认识和所下的结论。这并不是选拔面试所特有的，在其他类型的管理会见中，也有类似的情况发生。在 15 分钟的会见中，所剩余的用于证实自己所下结论的时间实在很少。除了时间，对面试者来说偏见和错误的其他来源包括以下四个。

- 对受试者是否喜欢的反应。
- 过分看重共有的教育背景。
- 固定形式。
- 外貌因素。

虽然面试者的偏见不可能完全消除，但可以通过以下方法来减少或限制。

- 有组织地、系统地提问。
- 几个面试者单独会见但共同决定。
- 对面试者进行培训。

此外，选拔会见中的失误会与所问问题的内容和顺序有关。在一个会见中，提问的主要目的在于获得信息、观点或者意见，因此对问题应该有如下要求。

- 开放而不是封闭。
- 限制诱导。
- 按彻底、连贯的顺序进行。

需要尽量避免以下诱导式提问。

- (简单的)"你开车来的，不是吗？"
- (复杂的)"由于石油价格的上涨，对我们来说节约开支是非常重要的，所以你是否认为应当坐火车出差？"
- (微妙的)"我们能使我们的市场份额增长多少？"

10.4　信息收集式会见

商务和管理沟通中运用信息收集会见的例子包括市场调研会见、事故之后的调查会见和旨在评估组织内部变革的会见。信息收集会见的结果常常包括报告或研究文件，它们可能用于指明主要组织变革范围，如新的营销策略，同时回顾组织变革的过程，指出需要变革的必要性并把其作为有效变革管理的第一步。信息收集会见通常是起始步骤中的关键一环。需要指出的是，关于废品率、质量成本和工人意见等的事实，无论对服务性组织还是生产性组织来说，都是通向提高质量道路的关键而重要的第一步。

在信息收集的会见环境中，如市场调研，管理人员工作的重心是获得大量用于分析的调查结果。因此封闭性问题的回答将更简洁，更易记录和分析。在调研会见的过程中，会见的正确性和可靠性主要取决于以下因素。

- 调查问卷。
- 受见者。
- 接见者。

在这类信息收集会见中，应多采用有组织、有条理的问卷调查方式。大多数信息收集会见的过程都可分为以下几个阶段。

1. 收集背景信息

这个初始阶段包括建立一个基本的、实用的框架，用以回答"什么""怎么样"和"谁"。它可能还包括组织图表、生产记录和一系列文件，所有这些都作为背景信息。

2. 准备阶段

在这个阶段，要决定在会见中需要获得何种信息并如何获取这些信息，这些决定将回答如下问题。

- 被会见人是谁？顺序如何？
- 会见的时间有多长？
- 会见的地点在哪儿？
- 将问一些什么样的问题？
- 会见结果如何记录，是笔记还是录音？

3. 会见过程

获得的信息的质量不仅取决于提出的问题，而且取决于提问的方式。一个老练的接见者将在会见中运用一些无限开放性问题和沉默等技巧，并掌握说话的时间与会见的时间。

4. 分析阶段

会见结束之后，有必要分析一下所得到的信息及会见过程的效率。

10.5　反馈与咨询式会见

在管理沟通中，有一类会见是在管理人员同他的一名下属之间进行的，关于这名下属自身发展问题的讨论。其类型分为答评会见和咨询会见。这两种类型的会见在过程与结果上有一些差异。

10.5.1　答评会见

对进行答评会见的管理者来说，答评会见的目的如下。

- 回顾答评者在某一特定时期内的表现。
- 指明其将来业绩有待提高的方法。
- 制定其个人业绩的目标。
- 评估一下其培训与发展的需要。

这些会见为公司的人事调动和工资管理提供依据，这种类型的答评会见多应用于正式的社会场景。如果它发生在使用开放答评系统的组织中，接受答评的雇员可以看到文字报告，并被允许对报告进行评论，也许还能在报告上做标记；如果在封闭的答评系统中，答评报告是保密的，接受答评的雇员不会看到报告。封闭的系统可能使进行答评的管理人员在他们的报告中更公平一些。

然而，无论是开放的还是封闭的答评系统，都会存在着一些问题，受评者有自己的目标，其中一些目标可能会与答评者的目标发生冲突。受评人的目标包括以下几个。

- 增加升职与加薪的机会。
- 影响老板的判断。
- 怎样才能使领导看到其工作业绩。
- 找出提高的方法。
- 接受培训、帮助或支持。

对雇员和管理者双方来说，发生冲突的可能性，取决于他们在答评过程中坦率与诚实的程度，如果管理者不展示他们对其下属工作业绩的真正评价，那么答评过程很可能就变成了走一下官僚形式，那些对其业绩与错误诚实、没有弄虚作假的雇员将会冒过度批评的风险。如果有文字记录，而且会见和记录都着重于客观地评价行为、业绩和目标而不是个性特征，那么这种危险性就可以减少。这个过程中客观的程度受一些因素的影响，如偏见等。显然，为了再考虑一下当前的工作业绩和以后提高工作业绩的方法，有必要说明以下几点。

- 工作的目标或内容。
- 好的工作业绩是什么。

对许多管理工作来说，结果或目标很难以客观的或定量的形式表达出来，结果鉴定者与受评者之间的对话可能趋于主观和个人的判断，其局限性与发生冲突的可能性是很明显

的，必须采取措施以保证对工作业绩的评价具有"特定的、共同设立的、适度的"目标。因此，反馈是管理过程中一个极其重要的因素，它不应该仅仅局限于"每年一次"的正式会见，而应当融汇到管理者与被管理者日常的互动之中。那样的话正式答评会见将成为一个非正式的连续过程的一部分。正式的答评会见仍有可能提高这些互动的质量，因为它应是仔细地计划、准备并执行的。

在本章前面所讲的选拔会见和信息收集会见的内容中，有很多观点同样可以运用到答评会见中。高效的答评会见的步骤如下。

1. 准备阶段

该阶段包括通知受评者会见发生的时间和地点，保证地点适合于会见并有足够的时间进行会见。它还要求答评者阅读有关的背景文件，如去年所说的和所达成的一致意见。最重要的是，在会见之前要告诉受评者答评的目的。应该给受评者足够的时间，让其能够准备关于他们工作业绩的想法。

2. 会见阶段

首先，答评者要让受评者回忆以前定下的目标，并告诉他们这次会见的内容和过程。由于会见的重点是工作而不是人，所以在会见的开始要鼓励受评者谈一谈他们关于自己工作业绩的观点。答评者应当使用倾听技巧，调查并明确好的、坏的方面。这部分会见的结果必须是双方都同意的，是为提高工作业绩而定下的目标。会见期间应当做一些记录，但不能破坏已经建立起来的和谐关系，对那些敏感的问题不要作任何记录，最后会见结束要做一个总结。

3. 会见以后阶段

会见内容要正式记录下来，如果是一个开放的系统，要让受评者看完后再签名。共同达成的目标也要记录下来，这其中也包括管理人员的行动，这些行动的实施和日期的标准对答评会见的可信度来说都是非常重要的。

10.5.2　咨询会见

咨询不只是帮助或倾听或提供一个"可伏在上面哭泣的臂膀"，这个过程的有效实施需要很多技巧。关于咨询过程进行的方式设计基于理论方法之上。它们包括精神动力法、认识法、行为法和人本法。完成咨询过程需要的技巧由所使用的方法决定，例如人本法对顾问有如下要求。

- 真诚。
- 对他们的受见者要不落俗套并且应该是积极的。
- 完全接受受见者。
- 能体会受见者的情感。

还有其他一些方法更注重于理解、分析评价受见者谈话内容的能力。作为一个管理者必须认识到熟练的咨询必须经过训练，这种训练包括在专业顾问的监督之下长时间的理论

学习和实际工作。

必须看到，在这种类型的会见中，管理者的洞察力和偏见是极其重要的。在会见中，管理者不能将自己的感情、反应和观点强加给受见者，如果做不到这一点，不仅会影响会见的效率，而且会使受见者感到迷惑不解。此类会见的过程与本章所讲的其他类型会见有很多相似之处，具体如下。

1. 准备阶段

咨询会见建立在管理者与受见者之间的和谐的关系基础之上，如果管理者会见中感到不自在，那就应该考虑换一个人代替他进行会见或由人事部门处理。但是如果受见者特别指出要与他会谈，那么他就应该完成这个会见。准备阶段还包括准备一个安静的房间，保证会见在进行时不被打断；还要求管理人员准备足够长的会见时间。

2. 会谈阶段

这种类型的会见是相当耗时的，如果管理者时间有限，他在会谈开始前应提出来；如果有必要，他还可以考虑再另选一个时间进行另一部分的会谈。

另一个困扰管理者的问题是信心，如果会谈双方中的某一方对会谈没有信心，那么会谈就不要进行下去。这时需要一个职业顾问来把会谈进行下去。会谈的目的是让受见者阐述出现的问题。在会谈中，管理需要倾听受见者所讲述的问题，运用与此过程相关的技巧。这个过程中，不需要管理者阐述自己的判断，也不必发表自己的观点，他只需要倾听和接受。

如果需要采取行动，管理者的职责只限于帮助受见者选择某种行动方案，但真正做决策的是受见者，因为这是他的问题而不是管理者的。许多咨询会见可能达不到决策阶段，但是至少应该有这样一个准备。

3. 会见完成后阶段

会见结束后，管理者有必要"自我评价"一下他的咨询，并反思一下是否还有待改进的地方。在实际的工作中，有效的咨询还包括减少摩擦或冲突，更好地控制时间，保持高昂的士气。

习   题

一、思考题

1. 分析会见面谈中各种原则的重要性。
2. 简述进行批评会见和抱怨会见的时间、原因和方式。
3. 简述谈判沟通中环境影响的具体方面。

二、实训题

"最后通牒"

1. 实训目的：

考察学生性格，以及是否理性。

2. 实训准备：

多个 10 元硬币

3. 实训步骤：

把学生分为"建议方"和"接收方"，教师给每位建议方 10 元，建议方要给接收方钱。如果接收方同意了建议方的出价，那么剩下的钱就归建议方所有；如果接收方拒绝了建议，那么他们双方什么也得不到，这 10 元将归还给教师。

4. 实训训练要点：

(1) 游戏问题设计的多样性。

(2) 游戏结果与实际个人个性的契合度。

5. 实训安排：

(1) 地点：教室。

(2) 学时：2 学时。

 微课视频

扫一扫获取本章相关微课视频。

10-1 会见的解析 与影响因素.mp4   10-2 选拔会见.mp4   10-3 信息收集 会见.mp4   10-4 反馈与咨询 会见.mp4

第11章 谈判沟通

【学习目标】

- 了解谈判的类型，区分不同谈判类型的特点。
- 熟悉谈判的程序。
- 根据谈判对手及环境采取相应的策略。
- 掌握谈判沟通中的报价、确定及烟雾技巧。

第一次开价的结局

有位性急的手表批发商，经常到农村推销商品。有回他懒得多费口舌去讨价还价，心想都是老主顾了，就照和上回的成交价差不多的价钱出手得了。

他驱车来到凯特斯克尔，走进公路边的一家商店，进门就对店主说："这次，咱俩少费点时间和唾沫，干脆按我的要价和你的出价来个折中，怎么样？"

店主不知他葫芦里卖的是什么药，不置可否。他以为这是同意的表示，就说："那好！价钱绝对叫你满意，绝对不掺水分，你只要说打算进多少就行了。趁今儿下年天气好，咱哥儿俩省下时间钓鱼去！

他的报价果然好得出奇，比头回的成交价还低出不少。他心想对方肯定会高兴。

但对方并不搭腔。

他便一厢情愿地问："照这个价钱，你进多少？"

可是对方答道："一只也不进！"这可把他弄懵了，问道："多少？一只也不进？这个价钱可比上回低了一大截呀。你说实话。"可店主说："你以为乡下人都是老蔫？我早就知道，你们这些城里来的骗子们呀，嘴里说价钱绝对优惠，实际比你心里的底数不知要高出多少！告诉你吧，任你说出大天来，我也是一只不进！"整整一下午，两人讨价还价，直到日落西山才成交。成交价比他原来所说"绝对令对方满意"的价格又低了一大截。生意做下来，他不但一分钱没挣到，反而倒赔了汽油钱。从这次的教训中，他学到，老乡从不接受城里来的"骗子(以及其他任何人)开出的第一个价码。在以后的谈判中，要先留下余地让他们尽情地讨价还价。

(资料来源：[英]盖温·肯尼迪(Gavin Kennedy). 谈判 如何在博弈中获得更多. 祝欣，陈述，译.

北京：民主与建设出版社，2018.)

这个故事形象地说明了谈判沟通的必要性。谈判是对买卖双方的价值的肯定，是对交易物质量好坏、价值高低的必要评定。看了接下来的内容，你可能会明白更多。

11.1 谈判沟通的特点及分类

商务谈判是不同的经济主体在商务活动中，为了各自的经济利益，就各方相互联系又相互差异的各种提议和承诺进行洽谈协商的过程。它是各方旨在确立、变更、发展或者消除相互商务关系而进行的一种积极行为。

1. 商务谈判的特点

商务谈判的特点主要体现在以下几个方面：

1) 主体广

商务关系寓于社会关系中，这就决定了以调节商务关系、实现经济利益为目标的商务谈判所涉及的主体必然十分广泛。例如，生产者与消费者之间，生产者与经营者之间，公民个人之间，公民个人与各种公司、企业之间，企业与企业之间，企业与主管部门之间，主管部门与国家之间，国家与国家之间等都可能基于不同的经济利益目标而进行商务谈判。

2) 层次多

商务关系的存在具有不同的层次，与此相对应，为了调节商务关系而进行的商务谈判的主体也具有不同的层次。最低层次的商务谈判通常是在公民个人之间展开的，例如早市上卖鸡蛋的小贩与购买者之间"寸土必争"的讨价还价；中等层次的谈判则往往发生在公司、企业等经济组织之间；高层次的谈判则是在国际组织之间、国家与国家之间展开，如中美之间的贸易谈判、欧盟与经互会之间的经济合作谈判，等等。

3) 内容宽

随着我国经济的飞速发展和对外开放不断走向深入，商务谈判的内容也从传统的商品贸易、技术贸易、工程承包、加工贸易、运输等扩展到补偿贸易、保险、拍卖、商标与专利的转让等领域。随着国门的打开，国际性的商务关系，如国际贸易、国际投资、国际航运等已成为现代商务谈判的非常重要的内容。

2. 商务谈判的分类

仅以商务谈判所涉及的内容为标准，可将商务谈判细分为以下几种。

(1) 有关财产的商务谈判。主要包括产品购销谈判、供用电谈判、财产保险谈判、财产租赁谈判、投资谈判、借贷谈判等。

(2) 有关劳务和完成工作的商务谈判。如货物运输谈判、仓储保管谈判、建设工程勘察设计与建筑安装工程承包谈判、加工承揽谈判等。

(3) 涉外商务谈判。主要包括货物买卖谈判、补偿贸易谈判、合资经营谈判等。

11.2　谈判沟通的程序

11.2.1　寻找对手

商场意味着竞争和挑战,在商场中,积极努力地寻找发现"对手",是首要的一步。

1. 寻找新客户

在能力所及的条件下,客户越多越有利。

2. 珍视自报家门者

有时,会有买主自己找上门来,这的确是求之不得的良机。如果在电话中交谈,要确认对方的地址、姓名、电话号码,说话时不要太啰唆,以免引起对方的戒心。当对方问到价格及库存量时,不要急于说"见面再谈",这样会引起对方的不快。电话结束,千万不要吝惜说"谢谢您的合作"。如果是去面谈,要注意带好样品。

3. 勿忘牵线者的作用

"媒人"历来是人们所重视的重要角色。而且与"媒人"的关系越密切,可信度便越高,成功的可能性便越大。按成功的可能性大小,"媒人"的介绍有以下几种。

(1) 同行的介绍。这是最为热情的,介绍人陪同你到访问处,亲自见面。

(2) 利用餐会、聚会介绍。介绍人将双方邀来介绍认识。

(3) 电话介绍。介绍人通过电话告诉对方。

(4) 介绍信或名片介绍。

11.2.2　勇下"战书"

商务谈判中的"战书"是指对商谈各事宜的预约。

预约是商务谈判的前哨战,通过预约,对手之间可以有一点初步的较量,不仅如此,还可以了解一下对手的水平。预约会解决很多谈判必备的问题。

预约可以有多种方法。

(1) 访问法。可以直接前去,与对方或该公司的接待人员约好谈判的时间、地点,但这种方法被拒绝的可能性较大。

(2) 介绍法。通过"媒人"引见,这是很有效果的,因为对方一般会给"媒人"一个面子,即使是拒绝,也会给你一个台阶。

(3) 引导法。由自己的领导发出信函,使你的预约有一个更高的"层次"。

(4) 自荐法。自己写信去预约,但效果较差。

(5) 电话预约。这样当面不易开口的话也可以畅所欲言。虽然对方正忙得不可开交,也可以有直接交谈的机会,还能节约时间。电话预约是最常见的形式。在你用电话预约时,如果遭拒绝,可以避免当面被拒绝时的难堪。

预约的时间一旦确定，就必须遵守。在约定的时间内到达，是商务谈判必须遵守的原则。约时间时，要避免以下的不宜时间，分别是：会议前后、午餐前后、出差前后。

地点的选择要恰当。选择对方较好说话的场所，也就是令对方最轻松的场所。所以，对方挑选的应该优先选择。如果对方请你选择，你可以依据对方的性格来确定。①选在对方的接待室。这时你便有许多需要注意的问题，如：应坐在靠近入口处等候；对接待人员表示好感；在对方到达以前，不要吸烟、喝茶；面谈时，不要同对方正面相对，可以坐在对方左边或右边的位子上。②选在对方的家中。在家中商谈，气氛一般会比较和谐。到其家中时，要注意对其家人也要有礼貌。对方让你坐在哪里，你就坐在哪里。对方没到时，不要吸烟、喝茶。③选在公司外，如高尔夫球场、餐厅、咖啡屋等。四周要没有喧闹，并且应该分清宴会与商谈的差别，气氛应有商谈的意味，否则会给人以不庄重的感觉。喝酒时，更不可硬邀对方共饮。

11.2.3 准备应战

(1) 调整心理：保持良好的心境，要有充分的心理准备。

(2) 重视服饰：服装对谈判人员也同样重要。应当注意以下几方面。

① 切忌服装不整。一般谈判人员很少穿公司制服去拜访客户，但客户来访，必须穿制服接待。不论制服还是便服，都应该整洁大方，注意衬衫的领子、袖口是否干净，裤子是否挺直。鞋子也应注意保持光亮。

② 注意个人卫生。除服装必须整洁外，还应注意自身的清洁。

(3) 勿忘必需品：有些业务人员去拜访客户，寒暄之后正要入正题时才发现遗忘了文件、样品等重要物品，回去取已来不及，从而失去了对方的信赖。不同的谈判内容必带物品也有很大出入，以下仅供参考。

① 个人必备品。主要有：手帕、手表、钱包、小包卫生纸、钢笔、名片、眼镜、笔记本、钥匙、打火机、工作证、驾驶执照等。

② 公文包中物品。业务员的公文包中，必须放一些业务必需的物品，如样品、文件、介绍信、产品说明书、价目表、发票及收据、计算器、印章、印泥、街道地图、零钱及给对方的赠品等。

11.2.4 初逢对手

1. 交换名片

第一次访问客户，一定要交换名片。即使在预约的电话中已经通过话，彼此也已通名报姓了，还是应当交换名片。

(1) 递出名片的方法。名片不能放在桌子上，或者放在桌上推出去，这样是很不礼貌的。名片应该自下而上递出，递出时名片的正面要正对着对方。递出的同时自报一下姓名。

(2) 接受名片的方法。对方向你递出名片时，尽可能用双手去接，不要随随便便用两

根手指一夹了事，态度应该谦恭、有礼、诚恳。

(3) 注意保存名片。不管对方或自己的名片，都应该注意保存好。不要放在屁股后的口袋里或杂乱无章地堆放在皮箱中。

(4) 名片可作话题。互相交换的名片中，往往隐藏着一些可以用来交谈的材料，双方就可以就此展开交谈。

2. 保持适宜的态度

首先应该保持正确的礼仪。应当注意以下几点。

(1) 与女性、尊长握手时，应由对方伸出手，不可贸然采取主动。如果对方不愿握手，就不要勉强。握手时态度要热情一些，但不可过火。

(2) 可用点头来表示敬意。这时要微微含笑，但不要嬉皮笑脸，让人误解。态度应当庄重温和，彬彬有礼。

(3) 互致敬意时，不要把双手插在口袋里或双手叉腰，双手应该置于身体两侧或交叉腹前。其次，注意你的形象。有人坐下时松松垮垮，七倒八歪，跷着二郎腿或脚尖不住颤动，这些都是极不礼貌的。下面是一些正确的姿势态度。

① 入座时应礼貌地点点头，表示谢意，然后平稳地坐好。

② 应该注意坐姿。不要弯背曲腰，也不要跷起二郎腿，或两腿叉开太大。

初逢对手，态度不要过于亲昵或大大咧咧，应当保持一定距离，庄重有礼。

3. 重视礼节

温文尔雅、彬彬有礼是非常重要的。如果在对方的接待室商谈，要坐在靠门的地方等候。在对方到达之前，不要抽烟、喝茶。对方到达后，如果对方不抽烟，即使有烟灰缸也不要抽烟，没有烟灰缸就更不能抽烟；只有对方开始抽烟，自己才能抽。对招待自己的接待人员要表示谢意，但不要马上端过茶来喝，等对方请你用茶时，再喝也不迟。接待人员给你送来毛巾，应该只拿毛巾轻轻拭擦额头和手，用过以后轻轻折好放下。在拜访客户之前，事先应做好一切准备工作，如漱好口，洗好手，头发、脸面整理好，甚至先上个厕所。总之，使自己清爽舒适。在和人商谈时咳嗽、擦鼻涕、吃药都是非常失礼的行为。有体臭、口臭的人，应特别注意卫生，以免让人厌恶而又不好开口。有一些个人的习惯性动作和举止，自己习以为常，而对方却容易误会，从而使谈判进行得不愉快。如搔头皮、摸鼻子、摸下巴、揪耳朵、擦脑门、搓手、双手抱胸、跷二郎腿、颤脚等。在对方家中时，对其家人要有礼貌，不要东张西望，问东问西。如在公司外的某个场所谈判，要注意不要把商谈搞成宴会，席间也不要喝太多的酒，更不能强迫对方一同喝酒。

4. 勿轻视寒暄

见到对方应客气而适度地问候："您好！""您早！""打扰您了！"态度要真诚大方。刚与对手见面时的客套话虽是客套，可也非常重要，值得注意。这几分钟的寒暄，有助于气氛的融洽。在寒暄阶段，对人都要尊称"您"，无论男女，无论年纪大小，都不要直呼"你"。此外还有一些尊称如"贵公司""贵处"都应注意恰当使用。

11.2.5　展开战势

1. 制造气氛

谈判前氛围的营造就像百米比赛前的助跑，无论是你去访问对方，还是对方来访问你，商谈绝不可能一开始就讲到主题，需要一个前奏来进行铺垫，这有助于气氛的营造。但前奏也不可拖得过久，要恰到好处，时机适当时，就应把话题转入商谈的正题。选择话题很重要，一般可有如下方法。

(1) 从对方的名片中找话题。对方名片上的头衔、职位、地址等都可引出话题。

(2) 从对方的房间(接待室或会议室)、公司内部环境或公司外部环境入手，引出话题。

(3) 从自己在报纸、杂志或电视、广播中见到或听到的关于对方或对方的公司的有关消息展开话题。这些资料，一般是在见面前经过精心查找和准备的。

(4) 以介绍人为话题。可以利用介绍人来和对方拉关系，使对方有"一见如故"的感觉。

(5) 选择对方感兴趣的事或最近的新闻来加以评述，这也需要事前周密的准备。

另外，要善于迎合对方。对方所说的话题，要善于承接，使其平稳过渡到正题。尤其注意不要忽视对方的话题，不要自顾自地只说自己的，而不管对方如何。

2. 应对客户

客户想和你做成生意，一定希望对你的公司有所了解，有些问题实在不太好回答，需要斟酌考虑；但也有些问题，实际是客套话，不必过于在意。但是商务谈判中的会话与一般会话还是有区别的，应该根据对方的提问内容谨慎选择词句作答。

3. "我"的信息

使用第一人称代词"我"，是一个在避免冲突的情况下划清范围的有效方法。当你说"我很抱歉，这个对我来说行不通"时，"我"这个字能战略性地让对手在你身上集中注意力，有利于让你表达观点。传统的"我"表达的信息是通过使用"我"来按动暂停键，暂时脱离坏的气氛。当你想要抵御对手的消极言论时，你可以说"我觉得……当你这样说时是在要求对方暂停。但是，在使用"我"的时候，请注意不要用逼人的语气，否则会导致争吵。使用"我"时的语气应该是镇静、平稳的。

4. 善用同理心

同理心并不是指对别人友善或赞同，而是指理解他们。同理心能帮助我们了解对方的处境，理解他们所作所为(对于他们自己)的意义，明白什么力量能改变他们。而谈判当中的标注则是有效应用同理心的方法。标注是一种通过认知评估他人情感的方法。给他人的情感命名，然后把你认为对方拥有的情感用语言表达出来。这能让你不必询问一些外部未知的信息(比如"你的家庭怎么样？")来套近乎，就能迅速地和对方接近。标注是获得亲密关系的捷径，也是一种能够节省时间的情感黑客。

11.2.6　胜利在望

商谈之中，对方的肯定，也就是你的获胜，并不是突然来到的。在对方作出肯定之前，必须了解到对方将要作出肯定，然后紧紧抓住时机，再做最后的冲刺，使胜利尽快到来。因此，把握住商谈成功的各种迹象，掌握各种成功的试探方法，是非常有必要的。

1. 良机莫失

商谈之中察言观色，有时确可"先知先觉"。对方是否在听你的话呢？是否渐渐产生了兴趣呢？如果对方有下面的各种表情、行动，则表示对方渐渐产生了兴趣。此时，你可不要错过良机。

(1) 对方的脸颊微微向上升。这是对方刚刚开始感兴趣的迹象，对于比较感兴趣的话题，人们都渴望听得一清二楚。

(2) 肩部保持平衡。对方坐立时，两肩不平，是一种疲惫的表示；肩部平衡，表明他的精神很好，对你的话题不厌倦。

(3) 嘴角向上扬，嘴时常半闭半开。很显然，嘴角向下，是一种轻视或者感到不屑的表情；嘴巴紧闭，表明他对你的话题实在不想参与；而嘴角上扬，表明他的兴趣被你调动起来了；而嘴巴半开时，你要明白，他将会同你一起讨论某个话题了。

(4) 眼睛眯起变细。这是对方思考的一种表现，此时他不但在仔细地听你讲话，而且大脑中也在不停地进行反应。

(5) 对方眨眼次数减少，睁大眼睛。频频眨眼，表明了他的不耐烦；而眨眼次数减少，表明他已经被你的话题所吸引；突然睁大眼睛，是他已经明白了你的意思。

(6) 眼睛发亮。眼睛是心灵的窗户，"窗户"一亮，内心也便有亮的可能了。

(7) 随着你的指示移动目光。表明他已经深深投入到必须紧紧抓住你的每一言行的地步。

(8) 身体略向前倾。此即为"倾听"的写照，一个人专注听别人说话时，身体便会略向前倾，以图听得仔细明白。

(9) 频繁同你配合。这时，对方已经积极地参与了进来，当他频频回答"嗯"，或者表示赞成地点头，他的态度也就可以看出来了。

(10) 在你讲话时，对方的部属有事报告，对方干脆说："就交给你处理好了。"表明他不但在听，而且想一口气听完你的话，以至不希望有任何中断。

(11) 有电话时，也让别人代听，这同上面(10)的情况相同。

上述 11 种表情和动作，是我们努力的目标。当对方有了上述的表情时，事情便大有可为。

2. 捕捉信号

如果说前面所讲的一系列动作表情是对方已经感兴趣的有利时机，接下来，就要看他的进一步表示了。这进一步的表示，便是对方想接纳你的建议或条件了。下面的一些动

作或问话，犹如一个个的信号，向你暗示商谈将要成功。作为商谈人员，必须善于捕捉这些信号。

(1) 向周围的人问："你们看如何？""怎么样，还可以吧？"这是在寻找认同，很明显，他的心中已经认同了。

(2) 突然开始杀价或对商品吹毛求疵。这种看似反对的言论，其实他是想做最后的一搏，即使你不给他降价，不对商品的所谓"毛病"作更多的解释，他也会答应你的。

(3) 褒奖其他公司的产品，甚至列举产品的名称。这犹如此地无银三百两，既然别家产品如此好，他又为何与你费尽这些周折呢？

(4) 对方问及市场反映如何，制造厂商是哪一家，产品的普及率及市场占有率；或问及付款方法、商品的折旧率以及保证期限、售后服务或维修状况等。这是最直接的交易信号。

(5) 对方直叹"真说不过你""实在拿你没办法"。这已经在比较委婉但又心甘情愿地表示服输，你已经胜利了。

(6) 对方不时用手摸摸商品，凝视商品。这是标准的爱不释手的姿态，当收到这些信号时，就应把商谈的重心转移至最后的成交阶段。

3. 投石问路

商谈时，不能被动地应战，而要主动地进攻，以寻求胜利的到来。特别是当客户犹豫不决时，就更要助他"一臂之力"。当你看时机差不多成熟了，就积极地表示："那么，就这样，我们明天送货来。""那么，请在这份合约书上签字盖章吧。"也许，这种做法有可能会被拒绝，但如果以消极、沉默、被动的态度等待，又可能错过成交的极好机会。鉴于这种情况，可以"投石问路"，探探虚实。以下的各项试探方法，可以灵活应用。

(1) 假设法。你可以将假设成交时才会有的问题提出来，因为你所提的问题只是假定的状况，会使对方回答时感觉"不必负责"，从而可以轻松地回答，但往往因此使对方进一步答应成交。

(2) 肯定的暗示法。这种方法，看似问话，实际上包含了答案，可以促使对方做出肯定回答。比如，你可以问："您好像比较喜欢这个颜色，是吗？""这个款式好像比较适合您的需要吧。"

(3) 二选一法。提出两个选择项，使对方由二者之中选出一样。例如，对方要购买一批运输车，有 2 吨的和 4 吨的，当他想买又没有完全表示十分肯定的时候，你可以问："4 吨的和 2 吨的，还是 4 吨的比较好吧？"再如，在一次商谈中，其他都进行得顺利，只是在付款的期限问题上对方尚有犹豫，于是你可以问："分期付款的期限，是五年的好还是三年的好呢？"用这种二选一的问话，使对方的答案可以控制，可以使你所掌握的主动权更大。

(4) 承诺法。当你感到把握很大，推定对方会答应，为了使对方首肯，你可以问："那么，明天早上我过来拜访，贵公司是早上九点开始上班吧？"这样一问，对方首肯的决心会更大。

这样，你投出了一系列"石子"，观察对方的反应，然后根据反应作出适当的战术调整，引导商务谈判走向最后的成功。

11.3　谈判沟通中的报价技巧

价格虽然不是商务谈判的根本问题，但它却是商务谈判的焦点问题，可以说绝大多数商务谈判都是围绕价格展开的，而报价就是价格谈判的备战。报价技巧可以从以下方面做文章。

1. 诱发冲动

以最佳的语言介绍商品，让顾客亲自参加操作，刺激他的购买欲望。例如：一个西装笔挺的中年男子走到柜台前停下，售货员小姐站起来接待。男士漫不经心地顺手拿起一只声控玩具飞碟。"先生，您好，您的小孩多大了？"小姐笑容可掬地问道。"6岁。"男士说着，把玩具放回原处，眼光又转向其他玩具。"6岁！"小姐提高嗓门，"这样的年龄恰好玩这种玩具。"说着，便把玩具的开关打开。男士的视线又被吸引到声控玩具上。"这种玩具刚刚到货，是最近非常流行的玩具。"小姐把玩具放到柜台上，拿着声控器，一边熟练地操纵玩具，一边用自信的口气说："小孩子玩这种用声音控制的玩具，可以培养出强烈的领导意识，对于开发小孩子的现代意识也很有帮助。"说着把另一个声控器递到男士手里，于是那位男士也开始玩起来。大约两分钟后，男士关掉开关，停下来端详玩具，若有所思。"这种玩具设计很精巧，玩起来花样很多，比别的玩具更有吸引力，孩子肯定会喜欢，来买的人很多……""这套多少钱？""250元。""噢，太贵了，200元好吗？""先生，好玩具自然与低劣玩具的价格不一样，况且与培养孩子的才华比起来，这点钱是微不足道的。您买了它不会后悔的。"小姐稍停了一下，拿出两节崭新的干电池说："这样吧，这两节电池免费赠送。"说着把一个原封的玩具递给男士，男士一手接过，她迅速开好发票，男士交钱买下玩具。售货员小姐在这里使用了感性销售法。这就是诱发冲动型的感性销售艺术。通过对顾客购买冲动的诱发成功地引出了报价，看似在价格上做文章，实际还是在顾客背后的需要上进行谈判。

2. 以最小单位适时报价

商务沟通中不可避免地要谈到价格问题时，需要谈话的艺术。

首先，谈话时只有当顾客问及价格的时候才提出，时候要恰当，不能过早。当顾客询问价格的时候，如果不是随便问一句，就是说明你的商品已引起了他的注意及兴趣。其次，如果顾客很早就问及价格问题，最好装聋作哑，拖一段时间再讨论这个问题，不宜过早地谈到这个敏感问题。如果顾客坚持要讨论，可以开始采用缓兵之计的回答："那取决于您的特殊要求""那取决于您选择哪种型号""这要看您想节约多少资金""这要看机器的质量如何"等。但是，如果顾客还是坚持让你马上回答他的问题，你的回答应该是建设性的："在考虑价格的时候，要考虑到这种设备的使用寿命，它的使用寿命是×年。同时也不要忘记这机器每天可以为你多增加多少产量。它的价值为××元，只需几个月时

间，您就可以把这机器的成本收回来。"在作出答复之后，要若无其事地继续洽谈各项事宜，回避让顾客进一步讨论价格问题。因为直接报价，往往使对方大吃一惊。但我们用建设性的回答，就对这价格进行了具体说明，可能使用×年，平均每天的折损费很低。这样，顾客容易接受。实践表明，同一个价格，不同的报价法产生的效果大不相同。最好用较小的计量单位报价。有些产品可以大量销售，而以吨为单位，但许多顾客都只买少量的，如几十千克，那么明智的推销员总是以每千克或每 100 千克多少钱来报价，这样顾客就不会被价格吓住。如果一下子报出每吨几千元，就可能吓住顾客。实践证明，以一件产品的价格报价要比以一打产品的价格报价更能促成交易。

3. 以诚相待赢得顾客

有时，你是做成了一桩买卖，但由于采用的手段不对，虽然成了这一笔，却永远失去了顾客；反之，虽然眼前暂时失去了一笔生意，由于你的诚挚相待，赢得了顾客的信任，建立了长期的关系。美国乔治敦的一家服装店，有个店员叫布拉姆顿，她是学心理专业的。一天，有位女士进店想买一套秋装。"您想买多少钱的呢？"布拉姆顿小姐问。那位女士说："我不在乎钱的多少。""噢，那我倒想向您提一个问题：您买这套衣服仅仅是因为需要呢，还是因为您刚和丈夫吵了一架，想花一大笔钱气气他呢？""你说什么呀？""在气头上花钱，这可是非常昂贵的报复形式。我劝您这几天还是好好想想，想办法弥补裂痕，仅买一套新衣服是不能调和夫妻感情的。"这位顾客悻悻地离开商店。正如布拉姆顿所预料的，过了几天，这女士又来到店中，向布拉姆顿表示感谢，她庆幸自己因这个店员的劝告而没有一气之下做出一件事后要后悔的傻事。布拉姆顿小姐打消了顾客错误的念头，不仅是对商品的态度，而且是对生活的态度，在一件小事上，端正了顾客对生活的理解；同样，作为店员，布拉姆顿很称职，因为她为商店争取了忠诚的顾客。

4. 避免激怒顾客

有时，顾客出于对商品质量、信誉的疑虑而拒绝购买，甚至还说出刺耳的话来，面对这种情况，为了维护企业或产品的形象，有必要正面回击顾客的批评，从而消除其内心的疑虑。这里说的是正面回击顾客错误的指责或不合理的挑剔，并非意味着对顾客本人进行回击，请看下面的实例。

有对准备结婚的恋人，来到××电器集团公司展销部购买电冰箱。小两口围着××牌电冰箱转了好久，男的正准备掏钱付款时，女方突然改变主意："我看，我们还是去买日本东芝冰箱吧！""怎么你又变卦了，原先不是说好的吗？""我觉得这种国产的冰箱不保险，不如日本的好，不过再多花千把块钱就是了。"

这时候，站在一旁接待他们的售货员眼看到手的生意没了，脱口便说："得了，得了，你早说不买，就别问这问那，日本的好，你们有钱，去日本买好了，何必上这儿来。"这两口子给这么一抢白，转身就想走。

这时候，门市部主任微笑着走了过来："两位请稍留步，我有几句话要对二位说。"两口子不由自主地又转过身来，还是气鼓鼓的。"真对不起，方才我们售货员没有礼貌，冲撞了二位，这都怪我们管理不善，我向二位道歉。"这两口子听了这话，气消了一半。

"至于买不买我们的冰箱都没有问题，只是有一件事要向二位讨教。方才这位小姐说，我们的冰箱质量有问题，是否可以具体说明一下，我们好改进工作。"女方冷不防被主任这么一问，一时不知如何作答，迟疑了一会儿，才吞吞吐吐地说："我也是听人说东芝的冰箱好。"她指着冰箱背后的散热管，继续说："这些弯弯曲曲的管子都露在外面，也不好看。"主任心里明白了。"小姐，这完全是误会。当然，东芝电器历史长，牌子老，有许多优点。但是，我们国产的冰箱近些年来也有很大的进步，你们方才看到的这种冰箱正在走向国际市场。"小两口将信将疑的。主任又说："我们的冰箱，经过周密的计算，将散热管暴露在空气中，散热速度快，达到提高效率、节约电能的目的。实验结果表明，与同等容积的密封式冰箱相比，我们的产品耗电量仅是它们的 1/3。如果一天省半度电，小姐，请你算一下，一年省多少电费？"

就这样，主任巧妙地挽回了败局，促成了生意。主任正面击退的不是顾客，而是顾客由于疑虑而产生的责难。主任正面反击时，没有用"这是胡说""诬蔑"等字眼，而是用了一句"这完全是误会"来反驳对方的错误看法。使用此法与顾客讨论时，一定要注意语气的柔和、用词的恰当，千万不能用激烈的贬义词，否则会激怒顾客，造成难以挽回的局面。

5. 拐弯抹角间接说明

在谈判中，反驳对方的拒绝，消除其疑虑，用间接法比正面回击法要婉转得多，拐个弯来说明观点，间接地驳斥对方的观点。

日本一个木屋销售人员在与顾客谈判中进行了如下讨论：

"我喜欢××公司的产品。"

"您能详细地指点一下吗？"

"他们的广告似乎很有气魄。"

"先生，我们是应以广告的气魄大小来作判断呢，还是应该以质量来判断？"

"你们房屋里的各种木制家具，不是很容易产生扭曲变形的现象吗？"

"你说的完全正确，如果比起钢铁制品、水泥构造来说，木制家具的确容易发生扭曲变形的现象。但是，请您注意，我们制造房屋及家具的木板，不是普通的木板，而是经过完全干燥处理过的。所以，扭曲变形的系数降到最小的程度，也就是说，降低到人们肉眼无法发现，而只有精密仪器才能够测定出的地步，所以在这点上，您完全可以放心。"

这就是一则使用间接法与顾客进行讨论，从而达到消除顾客内心疑虑的例子。从这个例子中，我们可以得到以下启发。

其一，当对方明确告诉我们说"不喜欢你们的产品，喜欢别的厂家的产品"的时候，应当冷静地加以分析，诚恳地向其讨教，只有弄清顾客心中的想法，才能对症下药，并使之口服心服。

其二，当对方提出某家产品和我们的产品相比较而对我们的产品提出异议时，切不能盲目抨击对方所提到的厂家或产品，而应在笼统地与顾客谈论的同时，在"但是"或"不过"后面做文章，正面阐明或介绍我方产品优越之处，即使前边已说过，也仍不妨耐心而

巧妙地再来一遍。

其三，采用间接法时，说话的程序大致应当如下。

- 嗯！这很有道理，依你的看法是不是这样……，你这个想法可能有错误，先生，我是这样想的……(强调)
- 曾经有很多人这么说……，不过，不知道可不可以这样说……(谈出自己的观点)
- 喔！这倒很有趣，先生，您能给我讲讲您这样认识的原因吗？(询问)
- 我也是这么想过的，但是……(间接法)

间接法如能运用自如，效果颇佳。

6. 具体介绍

怎样才能让顾客一听就明白呢？小的商品可以随身携带，随时拿出来向顾客介绍，而大型的商品(如汽车、房产等)或抽象的商品(如保险、证券)，则无法随身携带，顾客也就看不见摸不着了，这便需要推销员言之有物，将其好处具体化、形象化(如照片、图片、图表等)，以表现商品魅力。

7. 转换话题迂回变通

有的时候，如果针对顾客的疑虑或拒绝，一直说过去，可能会越说越僵。这时应微笑着将对方的拒绝暂时搁置起来，转换成其他话题，用以分散对方的注意力，瓦解对方内心所筑起的"心理长城"。等到时机成熟，再言归正传。广东一家玻璃厂厂长率团与美国欧文斯公司就引进先进的浮法玻璃生产线一事进行谈判。双方在部分引进还是全部引进的问题上陷入僵局，我方的部分引进方案美方无法接受。这时，我方首席代表虽然心急如焚，但还是冷静分析形势：如果我们一个劲儿地说下去，可能会越说越僵。于是，他聪明地改变了战术：由直接讨论变为迂回说服。"全世界都知道，欧文斯公司的技术是第一流的，设备是第一流的，产品是第一流的。"我方代表转换了话题，在微笑中开始谈天说地，先来了个诚恳而又切实的称赞，使欧文斯公司代表由于谈判陷入僵局而产生的沮丧情绪得以很大程度地消除。

8. 大胆保证

犹太人被认为是世界上最懂得经商的民族之一，他们经商有许多秘诀，其中有一条是他们推销商品时谈吐的自信。有一个例子：布朗和史丹顿是犹太人，他们在美国开了一家"西门行销公司"。一天，史丹顿从美国打电话给日本的麦当劳社长藤田先生，他对藤田先生说："美国麦当劳汉堡公司采用我们新开发的'浮现游戏法'，这 5 年来业绩蒸蒸日上，贵店是否有意采用？"史丹顿停了一下，接着说："日本一向采用摇奖机，决定哪些顾客幸运中奖，其实这种方法已经落后了，应该采用新式的'浮现游戏法'，才能吸引更多的顾客。"史丹顿又说，所谓"浮现游戏法"是一张卡片上印有奖品名称，表面上看不出来，必须用指甲擦一擦，使字体浮现，再决定送什么奖品给幸运的顾客。由于游戏的方法极为简单，顾客能尽情享受，所以很受欢迎。史丹顿说，美国麦当劳汉堡店已发出 7 亿张游戏卡，全美国人口约 2 亿，游戏卡的发行量却足足为人口的 3.5 倍，多么惊人的数

字。"史丹顿先生，请你到日本来说明吧。"藤田先生表示有兴趣，打算请他们到日本来，说完正想挂上电话，史丹顿连忙提了个问题："我到日本说明这种游戏方法，贵公司必须支付我10万美元的演讲费。""为什么要10万美元？""虽然我所做的说明前后不过2小时，可是这等于是一种技术转让；如果拿不到10万美元，我就不去日本。""原来如此！"藤田挂上电话。他盘算着：2小时的演讲费约30万~50万日元，史丹顿的要价折合2400万日元，等于10分钟要200万日元，实在太昂贵了。于是，他打电话到美国麦当劳总公司，说了这事。公司回答，史丹顿的要求很合理，美国麦当劳公司请他来演讲时，也付了一笔演讲费。这样，藤田便主动打电话给史丹顿："你要我们付出10万美元的演讲费，并不过分，可是美国的麦当劳公司已经付钱给贵公司了，而日本的麦当劳和美国的麦当劳是合作公司，所以不需要再付钱，难道你想拿两次钱吗？"史丹顿笑着说："那就算了，我愿意免费前往日本作说明，条件是不能告诉别的公司，因为不管是否是连锁店，请我演讲，都得付钱。"不久，史丹顿先生来到日本，发表关于"浮现游戏法"的演讲，构思果然新颖。"只要采用这种游戏法1个月，我敢保证，销售额会提高16%。"史丹顿自信地说。"提高16%的销售额？不可能，我知道你想推销贵公司那套开发技术，不过，也不能凭空揣测啊！"藤田抗议说。"我敢保证，销售额一定增加16%。"史丹顿加强语气补充道："我敢这样保证，才要求10万美元的讲课费。"增加16%的销售额究竟有多少呢？日本麦当劳1个月的销售额大约是100亿日元。如果增加16%，一个月的销售额就是116亿日元，而成本已在100亿日元的销售额中抵消了，因为不必增加各种费用，只有牛肉和面包的用量加多，那么16亿日元扣除牛肉和面包费，就是净赚的金额了。史丹顿进一步分析说："在这16亿日元当中，大约六成都进了藤田先生您的腰包里，大约有10亿日元左右。想想看，我把赚钱的技术教给你，让你每个月多赚10亿日元，而我只一次性地要2400万日元，一点儿也不过分啊！"藤田先生不免发出这样的慨叹：日本也有电通、博教堂等著名的广告代理商及行销公司，可是，他们却不敢向顾客保证采用哪一种方法可增加百分之几的销售额。犹太人经营的公司就大不相同了，他们对于自己开发的技术充满信心，大胆地向顾客保证能增加百分之几的销售额，这种自信的推销方法真是太了不起了。

9. 证明自己价格合理

当顾客抱怨价格太高时，如何去说服他呢？任务是千方百计地向他证明自己的价格是合理的。可以这样来证明：①价格比较。把自己的产品与另一种价格更高的产品相比较，它的价格就显得低些。如果某一产品的价格在很多产品中是最高的，人们就会认为它是"非常昂贵"的。因此推销高价商品需要收集一些必要的资料，如实例、图表，以便随时可以将自己推销的产品与比较贵或比较便宜的作比较，以说服顾客。②货比货。说服抱怨价格太高的顾客，可以将自己的产品与另一种价格低、质量劣的同类产品进行比较，使顾客明白一分钱一分货，以优点冲淡价高。当顾客在价格上持异议时，可以向顾客强调所有能抵消价格的因素，这是一种好办法，也是唯一正确的方法。例如，逐一说明产品在性能、外型、包装、售后服务、支付方式等方面的优点，可以冲淡价格因素带来的心理影

响。③化大差别为小差别。如果两种产品或服务在价格上存在着一定的差别，自己的产品价格又偏高，除了以货比货来说服对方外，还可以采用"化大为小，化整为零"的方法进行比较，目的在于缩小价格差别。如："印 10 000 万册的差价是 500 元，每本才多收您 5 分钱，这算得了什么？连一支香烟钱都不到。"特别是用来和人们日常生活中的一些零花钱相比更有动人心弦的力量。

11.4　谈判沟通中的确定技巧

11.4.1　结束商谈须知

当商务谈判彼此双方都有合作的意图，经过双方的交涉与协商，彼此达成了共识，下一步就要签订合同或协议了。这种协议有两部分：一是口头上双方共同确认和肯定的，二是书面协议，即合同或订单。这时应该特别注意，因为接近成功时往往会产生麻痹大意的心理，稍微一疏忽，被对方钻了空子或双方都无意中漏掉了某些重要内容，其结果必然是造成以后出现问题，双方发生意见与争执。因此有一些注意事项是应该特别重视的，可以概括为 6W2H。

(1) When，即日期：交货日期、付款日期、合同期限等。交货日期是非常重要的一环，它影响到企业的信誉和效益。交货日期过于拖后，有可能使生产出来的产品造成浪费(如食物等不易保存的产品会腐烂变质)，更重要的是客户也不会答应；交货日期过早，本公司的生产能力不足以在短时间内提供那么多的货物，将会影响公司的声誉，客户有可能会趁此机会压价。可见交货日期一定得好好把握。付款日期则更为重要，曾有粗心大意的业务人员与人签合同时竟忘了付款日期的确定，结果对方迟迟不付货款，拖了一年又一年，给本公司造成了极大损失。货币具有时间价值，所以付款日期一定要确定。合同期限，合同应确定一个本身生效的时期，这是一个最基本的法律常识。

(2) Who，即立约人、提货人、使用人、购入部门、承办人、付款人及公证人。上述这些都是必须在合同或订单中明确规定并写入合同的。一旦合同发生问题或纠纷，可以找上述负责的人帮助解决。

(3) Where，送货处、置货处、总公司、工厂、分店、负责人住宅等的地址和电话一定得搞清楚。首先要明确货物从哪儿起发，送到哪儿。如果对方负责运货，则要明确货物起发的地点；但如果由本方负责送货，送到哪儿一定要明确。此外，总公司、工厂、分店、负责人住宅的地址与电话也要明确。一旦发生问题，可以直接找当事人解决。

(4) Why，使用或购买的目的、理由等。为什么要购买这种产品？其用途是什么？

(5) What，商品的名称、型号或号码等，这些必要事项的确定非常关键。商品名称不确定，就无法知道本合同的交易内容是什么。型号或号码不明确，有可能导致无法发货或产品无法使用。

(6) Which，商品的数量、重量、厚、长、高、宽、深、面积、体积等。数量是一定要明确规定，写在合同或订单上的。这些指标，一方面是为了确定商品，另一方面则为了确定运输工具和运输方式。

(7) How，即商品的形式(样式)、包装、色彩怎样，付款条件怎样。商品的形式、包装、色彩对一些商品，尤其是对于装饰性的商品，如汽车、家具、服装、工艺品等非常重要。付款条件，预付款还是收到货再付款？现金还是支票？商业汇票还是银行汇票？这些内容会影响到公司的经济效益，应该明确。

(8) How much，即成交金额的数目，包括货款、运费、各种杂费等。

上述的 6W2H，均应一一确认，其中关键的项目则要明确地写入合同之中，使之具有法律效力。写合同时，应让客户也看得到。同时，要一边写一边念出来，让所有在场的人都对合同有所了解。还要特别注意阿拉伯数字与英文的写法。

11.4.2 事后处理

商谈马上就要结束，合同也要签订了，却可能因为结论不一致而告吹；或协议已经达成了，却因某些细节上存在分歧，处理不当而使一切努力白费。所以，结束商谈的阶段及事后处理，更要非常小心。此时应做到先易后难。做决定可以从小到大逐步来做。在最后阶段中，遇到难以决定的事，应该由对方容易答应的小处着手，比较难处理的都留在后面一一加以协调，逐步使对方从小到大渐次同意。一旦小的条件都答应了，大的条件也可能一并答应了。

11.5　谈判沟通中的烟雾技巧

11.5.1　击中中心目标

在谈判过程中有时会面临难题，此时就难以提出快速的陈述及有意义的回答了。如果不经仔细考虑就回答，通常会造成不良后果。要想较好地回答对方问题，需要稍做思考或准备。以下的建议，在对付那些试探的买方时，会有所帮助。

(1) 回答问题前，要给自己一些考虑的时间。

(2) 在未完全了解问题之前，千万不要回答。

(3) 要知道有些问题并不值得回答。

(4) 有时候回答整个问题，倒不如只回答问题的某一部分。

(5) 逃避问题的方法是顾左右而言他。

(6) 以资料不全或记不得为借口，暂时拖延。

(7) 让对方阐明他自己的问题。

(8) 倘若有人打岔，姑且让他干扰一下。

(9) 谈判时，针对问题的答案并不一定就是最好的回答。

11.5.2　以虚度实，跨越话题

谈判中，一些不愉快的话题，或发生严重意见分歧时，就不必太黏滞。特别是一些不

需提起的环节和交代说明应撇开，这样会更有利于在共同之处取得一致。

11.5.3 倾听

如果希望自己的观点能够有效地说服对方，则应注意下面八个要诀。

(1) 倾听。如果对方希望表现自己，你就尽量保持沉默倾听；等你发表意见时，他就会欣然地聆听了。

(2) 不要打断。通常打岔会令对方生气，以致阻碍了意见的交流。

(3) 不要批评。人们往往尊敬说话温和的人。

(4) 不要急着说出你自己的观点。一般来说，最好能够先让对方说出他的观点，然后再发表你的意见。

(5) 当你了解对方的目的和处境后，最好再复述一遍。通常，人们都喜欢自己为人所了解。

(6) 抓住重点，牢记在心，避免争论时遗忘了它们。

(7) 讨论时避免双方脱离主题。

(8) 不要正面反对对方的某个观点。因为人们都喜欢保持合作的态度，而不愿意有冲突。

11.5.4 以退为进

谈判中先发制人，得寸进尺不失为一种策略，但是，这样很容易招致对方的抵触情绪，影响双方良好人际关系的建立与维护，使谈判陷入僵局。因此，有经验的谈判者往往采取以退为进的策略。但是，不要让步太快。慢慢让步不但能使双方感到满足，而且也更加珍惜它。这样做，看起来是你的一种让步，其实你是以对方应该得到的东西来换取他在其他方面的让步。谈判中，要让对方尽可能多发言，充分表明他的观点。而你应该少说为宜。除了让对方多说，还要设法让对方先说，先提出要求。这样做，既表示你对对方的尊重，又可以根据对方的要求确定你的策略，可谓一举两得。

谈判时不要忘记"这件事我会考虑的"之类的说法，这也是一种让步。虽然是一种非实质性让步，但这种说法能给对方心理上以慰藉。

11.5.5 制造烟幕

有时候谈判的人们想要改变话题，以延迟决定或暂时蒙混对方视线，此时就要制造出短暂的烟幕。现举例如下。

(1) 讨论某个含糊不清而又不重要的程序。

(2) 谈谈无关的奇闻。

(3) 到洗手间去。

(4) 突然感到肚子饿了。

(5) 让某个说话不清且有点不讲理的人来解释一个复杂的问题。

11.5.6　对症下药

怎样引导买卖双方更加积极地参加谈判，最直接的途径就是提一个好问题，但麻烦的是我们往往在商谈之后才会想到那些最好的问题。不过，只要我们能够遵循以下几个原则，可以大大改进提出问题的能力。

(1) 不要提出有敌意的问题。

(2) 不要提出指责对方诚实的问题。这样非但无法使他更诚实，反而会引起他的不快。

(3) 即使你急着想要提出问题，也不要停止倾听对方的谈话，把问题先写下来，等待时机再提出。

(4) 不要以大法官的态度来询问对方。

(5) 不要随便提出问题，要伺机而出。

(6) 不要故意提出一些问题，表明你是多么聪明。

(7) 不要在对方还没有答复完毕之前打断对方。

在谈判中，幽默可以打破僵局，摆脱困境。有一位大学生思想很活跃，且为人诙谐，他在当了推销员之后，萌发出一个好主意。他有一次走进一家报馆问："你们需要一名有才干的编辑吗？"

"不。"

"记者呢？"

"也不需要。"

"印刷厂如有缺额也行。"

"不，我们现在什么空缺也没有。"

"那你们一定需要这个东西。"

年轻的推销员边说边从皮包里取出一块精美的牌子，上面写着："额满，暂不雇人。"如此轻而易举地促成推销。

美国俄亥俄州的著名演说家海耶斯，当初还是一个初出茅庐、畏首畏尾的实习推销员。一次，一个老练的推销员带着他到某地推销收银机。这位推销员并没有电影明星那种堂堂相貌，他身材矮小、肥胖，红通通的脸，却充满着幽默感。当他们走进一家小商店时，老板粗声粗气地说："我对收银机没有兴趣。"这时，这位推销员就倚靠在柜台上，咯咯地笑了起来，仿佛他刚刚听到了一个世界上最妙的笑话。店老板直愣愣地瞧着他，不知所以然。这时，这位推销员直起身子，微笑着道歉："对不起，我忍不住要笑。你使我想起了另一家商店的老板，他跟你一样地说没有兴趣，后来却成了我们的老主顾。"而后这位老练的推销员一本正经地展示他的样品，历数其优点。每当店老板以比较缓和的语气表示不感兴趣时，他就笑哈哈地引出一段幽默的回想，又说某某老板在表示不感兴趣之后，结果还是买了一台收银机。旁边的人都瞧着他们，海耶斯又窘又紧张，心想他们一定会被当作傻瓜一样赶出去。可是说也奇怪，店老板的态度居然转变了，想搞清楚这种收银机是否真有那么好。不一会儿，他们就把一台收银机搬进了商店，那位推销员以行家的口

吻向老板说明了具体用法。结果这位推销员运用幽默的力量取得了成功。

11.5.7　激将法的妙用

谈判中的激将法就是谈判者通过一定的语言手段刺激对方，激发对方的某种情感，由此引起对方的情绪波动和心态变化，并使这种情绪波动和心态变化朝着己方所预期的方向发展。谈判中，运用激将法取得谈判成功的例子是很多的。

A 市某橡胶厂进口了一整套现代化胶鞋生产设备，由于原料与技术力量跟不上，搁置3 年无法使用。后来，新任厂长决定将设备转卖给 B 市一家橡胶厂。正式谈判前，A 方了解到 B 方两个重要情况：一是该厂经济实力雄厚，但基本上都投入再生产，要马上腾出200 万元添置设备，困难很大；二是该厂厂长年轻好胜，几乎在任何情况下都不甘示弱。对内情有所了解后，A 方厂长决定亲自与 B 方厂长谈判。下面是二者的谈话。

A 方厂长："昨天在贵厂转了一整天，详细了解了贵厂的生产情况。你们的管理水平确实令人信服。"

B 方厂长："哪里哪里，老兄过奖了！我年轻无知，恳切希望得到老兄的指教！"

A 方厂长："我向来不会奉承人，实事求是嘛。贵厂今天办得好，我就说好；明天办得不好，我就会说不好。"

B 方厂长："老兄对我厂的设备印象如何？不是说打算把你们进口的那套现代化胶鞋生产设备卖给我们吗？"

A 方厂长："贵厂现有生产设备，在国内看，是可以的，至少三五年内不会有什么大的问题。关于转卖设备之事，昨天透露过这个想法，在贵厂转了一天后，想法有所改变了。"

B 方厂长："有何高见？"

A 方厂长："高见谈不上。只是有两个疑问：第一，我怀疑贵厂是否真有经济实力购买这样的设备；第二，我怀疑贵厂是否有或者说能招聘到管理操作这套设备的技术力量。所以，我并不像原先考虑的那样，确信将设备转卖给贵厂，能使贵厂三年之内青云直上。"

B 方厂长听到这些，觉得受到了 A 方厂长的轻视，十分不悦。于是，不无炫耀地向 A 方厂长介绍本厂的经济实力和技术力量，表明本厂有能力购进并操作管理这套价值 200 万元的设备。经过一番周旋，A 方成功地将"休养"了三年的设备转卖给了 B 方。

11.5.8　沉着应答

谈判中回答问题，不是一件容易的事。一个谈判者的水平高低取决于他答复问题的水平。掌握谈判的答复技巧应注意以下的要领。

1. 回答不要彻底

答话者要将问话者所提问题的范围缩小，或者对回答的前提加以修饰和说明。例如，对方对某种产品的价格表示出关心，发问者直接询问这种产品的价格。如果彻底回答对

方，把价钱一说了之，那么在进一步谈判过程中，回答的一方可能就比较被动了。

2. 不要确切回答对方的提问

回答问题要给自己留有一定的余地。在回答时，不要过早地暴露你的实力。通常可先说明一个类似的情况，再拉回正题；或者，利用反问把重点转移。例如："是的，我猜想你会这样问，我可以给你满意的答复。不过，在我回答之前，请先允许我提一个问题。"若是对方还不满意，可以这样回答："也许，你的想法很对，不过，你的理由是什么？""那么，你希望我怎么解释呢？"等等。

3. 减少问话者追问的兴致和机会

问话者如果发现了答话者的漏洞，往往会刨根问底地追问下去。所以，回答问题时要特别注意不让对方抓住某一点继续发问。为了这样做，借口问题无法回答也是一种回避问题的方法。

4. 让自己获得充分的思考时间

一般情况下，谈判者对问题答复得好坏与思考时间成正比。有些提问者会不断地催问，迫使你在对问题没有进行充分思考的情况下仓促作答。所以答复者要沉着，不必顾忌谈判对手的催问，同时转告对方你必须进行认真思考，因而需要时间。

5. 有些问题不值得回答

谈判者有回答问题的义务，但是并不等于谈判者要回答对方所提的每一个问题，特别是对某些不值得回答的问题，可以礼貌地加以拒绝。

6. 不轻易作答

谈判者回答问题，应该具有针对性，有的放矢，因此有必要了解问题的真实含义。有些谈判者会提出一些模棱两可或旁敲侧击的问题，意在摸对方的底。对这类问题应更清楚地了解对方的用意。否则，轻易作答会造成己方的被动。

7. 找借口拖延答复

有时可以用资料不全或需要请示等借口来拖延答复。例如，你可以这么回答："对你所提的问题，我没有第一手资料，我想，你希望详尽圆满的答复，但这需要时间，你说对吗？"

8. 可以将错就错

当谈判对手对你的答复做了错误的理解，而这种理解又有利于你时，你不必去更正，而应将错就错，因势利导。例如，当买方询问某种商品的供应条件时，卖方答复买方可以享受优惠价格。而买方把卖方的答复理解为，如果他想享受优惠价格就必须成批购买。而实际上卖方只是希望买方多购买一些，并非"成批购买"是买方享受优惠价格的先决条件。如果买方作了这样的理解后，仍表示出购买的意向，卖方当然不必再把自己的原意解释一番。

11.5.9　战略性生气

当有人提出非分要求真正惹恼你的时候，请深呼吸，然后允许自己有点小怒火，在可控的渠道内发泄出来，对事不对人。你可以说："我看不出你的提议有什么可行的地方。"这种在时间上恰到好处的发火，叫作"战略性生气"，能促使你的对手警醒并面对问题。哥伦比亚大学的学者丹尼尔·埃姆斯(Daniel Ames)和阿比·瓦兹拉维克(Abbie Wazlawek)研究发现，承受战略性生气方的人更容易认为是自己提出了过度的主张，即便实际上对手并不那样认为。这带给人们的启示是：要小心"战略性生气"可能会对你产生的作用，不要让自己沦为"战略性生气"的受害者。威胁不是通过愤怒来表达的，而要靠"镇静的姿态"，也就是自信和自我控制。这是强大的工具，镇静地说"对不起，这个方案对我而言行不通"就能起作用。

11.5.10　注意代词的使用

关注对方使用的人称代词，可以帮助你评估对方做决定的过程中的地位以及对方的执行力情况。他们越喜欢用"我"，就说明他们越不重要。相反地，如果谈判者的地位越重要，就越不会使用第一人称代词。在谈判中，一个聪明的决策者并不希望自己被逼到墙角，被迫做出决定，他们会把话题引向谈判桌之外的人，以防自己陷入被动。

11.5.11　说"不"是一种保护

说"不"是一种保护。这可以追溯到人类对自决权深层次的普遍追求。人们需要掌控的感觉，当你明确允许他们说"不"赋予他们自决权的时候，他们的情绪就能平和下来，做决定的效率也能提高，对方也能真正关注你的建议。他们被允许把主动权抓在自己手里，允许他们改变，这也为你赢得了时间，以便用解释和调整说服对方：你建议的修改比维持现状更有益。

杰出的谈判专家都会寻找"不"，因为他们知道这往往是谈判真正的起点。

向你的对手礼貌地说"不"，平静地听对方说"不"，让对方知道我们欢迎他们说"不"，这能在谈判中产生积极的影响。实际上，你邀请对方说"不"，还有一种神奇的力量——能打破藩篱，产生更多有益的交流。

这意味着你要训练自己听别人对你说"不"，而不是抗拒或以其人之道还治其人之身。当有人对你说"不"的时候，你需要重新思考这个字可能代表的其他意思，而且是更真实的意思，例如：

- 我现在还未准备好同意。
- 你让我觉得不舒服。
- 我不明白。
- 我觉得自己付不起这个钱。
- 我想要的是其他东西。

- 我要了解更多的信息。
- 我想和其他人讨论一下。

然后，在停顿之后，以解决问题为目标进行提问，或简单地用"标注"的方法影响他们：

- "这个怎么样，对你没用吗?"
- "你想要怎么样才能让这个方案行得通?"
- "看起来有些问题给你造成了困扰。"

人需要说"不"。因此，不要期望到了某个阶段才听到它，而是让他们尽早说出来。是的，他们说的词确实是"是的"，但这个词只是让一个夸夸其谈的人离开的手段。他们稍后就会含糊其词，声称情况发生了变化，强调预算困难甚至包括天气问题。当时他们只想摆脱某人。

实际上有三种不同的"是"，它们分别是虚伪的、肯定的和承诺的。

虚伪的"是"就是你的对手想要说"不"，但觉得说"是"反倒能更容易跳出当前轨道，或只想虚伪地让对话持续下去，从而获得更多信息或好处；肯定的"是"通常是正常的，一般是对非黑即白的问题做出的回应，有时也用来挖陷阱，而大多数只是一个简单的确认，同时也不承诺会采取行动；承诺的"是"是真正的交易，是双方真正达成一致将要采取行动，这个谈判中的"是"最终会变成合同上的签字。承诺的"是"是你想要的，但三种"是"听上去语音几乎一模一样，因此你要学会辨认对方说的是哪一个。

人类世界已经非常习惯通过被说服来达到承诺的"是"这个目的，而我们发现，人类已经成为使用虚伪的"是"的大师。无论你把它称为"买入""接触"或者其他什么，一个优秀的谈判者知道自己的任务不是让自己如何表现亮眼，而是要逐渐引导对方发现谈判者的目标，并让对方认同这些目标。

如果你是一个家庭主妇，接受了净水器推销人员的问题："你是否希望享受一杯洁净的水?"很明显答案就是"是的"，但你真正想要喊出的是"不用"。经过这番提问之后，你就能猜到接下来的所有对话都是痛苦的。

在这个表象之下，我们说出"是"和"不"是固有的矛盾。无论在什么谈判中，毫无疑问我们最终想要得到的都是"是"。但我们错误地把谈判中的"是"的正面价值，等同于一般的"是"的正面价值。因为我们把"不"看作"是"的对立面，于是我们推断"不"永远是一个坏东西。这就大错特错了。说"不"能让说话者感到安全和可控，你提出的问题能迅速地让对方做出"不"的回答，对方就会觉得因为否定了你而掌握了控制权。优秀的谈判者欢迎甚至引导对方实实在在地说"不"来开启一场谈判，这是对方投入和思考的表现。

被逼着说"是"虽然直奔目标，但对方会产生防御、恐惧和不安的心理。这就是为什么如果你想要电话推销什么东西，不要用"我们能不能花几分钟聊一聊"来开场，而是要说"现在您是否不方便说话"，这时你得到的答案就会是"是的，现在不方便"，然后得到一个新的时间建议或终止，或者你会得到"不，没关系"，然后让对方的注意力转移到电话上。

　　说"不"并不代表着失败，如果策略性地使用它，它就成为一个打开前进道路的答案。当你不再害怕"不"这个字的时候，你就到了每一位谈判者追求的解放时刻。因为如果你最大的恐惧是"不"，你就无法进行谈判，你被"是"绑架了，双手被牢牢地拴住了，那样你就完了。所以，我们一起彻底分析"不"，这是对自决权的再次肯定，不是对权力的滥用，不是一种拒绝的行动，不是固执的表现，也不意味着谈判的结束。实际上，"不"经常让讨论变得热烈。你越早说"不"，就能越早看到之前没有发现的机会。说"不"经常鞭策人们采取行动，因为他们觉得自己已经受到了保护，而现在机会正在流失。

　　我们要明白"不"到底是什么。"不"在谈判中保护和有益于各方，而不是危害他们或他们的谈判对手。"不"能产生安全感和控制感，这是达到可执行的成功所必需的。这是一个停顿，一种推进，一个让说话者能表明他们需求的机会。

　　如你所见，说"不"有许多好处：

- 说"不"能把真正的问题摆在面前。
- 说"不"能保护人们做出、修正不够有效的决定。
- 说"不"能让节奏放缓，这样人们可以自由地思考自己参与的决定和协议。
- 说"不"能帮助人们感到安全，情感舒适，并对他们的决定有控制权。
- 说"不"能推动每一个人都努力向前。

　　让你的对手觉得说"不"和真正引导他们说"不"绝不是一回事。有时候，如果你在和一个走神的人说话，唯一能让他回过神的办法就是唱反调，让他们说"不"。这样做的最好方式是故意错误地标注对方的情感或者欲望。你说一些自己明知是错误的东西，比如在对方想要留下来时，故意说"似乎你真的决心放弃这份工作"。这样就逼得他们仔细听，并在说"不"纠正你的时候获得舒适感。

　　另一种在谈判中迫使对方说"不"的方法是，询问对方什么是他们不想要的。你可以说："让我们一起讨论一下你在什么情况下会说'不'。"人们这时会很自然地说"不"，因为这让他们感觉到了自我保护。一旦你成功地让他们说出了"不"，他们就会更开诚布公地提出新的选项和想法。"不"同样也是一种探测器，就像以前煤矿里用来测试氧气含量的金丝雀。如果你竭尽所能，对方还是不说"不"，那么你面对的这个人可能是不愿做决定的，或者非常糊涂，或者另有所图。在这种情况下，你必须结束谈判转身离去。

　　你可以这样想：没有"不"就不会前进。

习　　题

一、思考题

1. 分析一下"诱发冲动"的典型心理。

2. 简述谈判技巧及具体应用场景。

3. 简述"战略性生气"的应用案例。

二、自我测试

1. 你想出售自己的游艇,并得知卖得好的话能到手 30 万,于是想去登广告。某人得知这一消息后,找上门来表示愿意出价 33 万并且付现金。此时你将:

A. 二话不说,立即成交。

错误。你只想到了自己短期内能得到多少收益,没有仔细考虑这游艇真正价值多少。商品的价格是由市场说了算的,而不是由个人卖家决定的,买家才是那个决定最终卖价的人。你的不假思索没有考虑到接受第一次开价后可能面临的问题。记住,永远都要对最先的开价提出异议。

B. 请他等广告刊出后再谈。

错误。你的行为有些疯狂。对方的出价远远超过了你的预期,你却要把对方请走,这很欠考虑。对方很可能在看见另一艘游艇后立马成交。当然,不排除你能从别人那儿拿到更高出价的可能,但这也可能是你的最后一次机会了。

C. 再讨讨价。

正确。怎样讨价不是最重要的,最重要的是你要努力地讨价还价。你可以同意出售这艘游艇,但需要有所保留,比如:一、甲板上的设备不卖;二、船尾缆绳价格另算;三、交付日期有所要求或者其他什么条件。在接受对方并不算高的出价之前,得让他作出些让步。讨价还价是最好的选择。不过这并不代表,你需要花费过多时间。你正好可以借此机会,试探一下买家是否愿意接受更高一点的价格。比起最终成交结果,为达成交易所作的努力这个过程才更重要。

2. 你想买游艇,恰好听说有艘中意的"伊莎贝拉"号已登出广告,开价 33.5 万。但你只能凑足 33 万。你找上门去向卖主表明了自己的期望,还告诉他只凑到了 33 万。对方同意按照此数成交。你认为:

A. 这个价格无法拒绝。

错误。这是性格急躁的谈判者会作的选择,考虑得不够周到。

B. 里面有没有别的名堂。

正确。对方能接受的最低价格是多少呢?他如此快地降价是不是这条船有毛病?你会一直怀疑这是不是笔好交易,这份疑虑将会剥夺你未来的愉悦感。而最紧迫的问题在于,你要怎么向老婆父母解释这笔钱是怎样用掉了。

C. 庆祝做成了一笔有利的买卖。

错误。你怎么确定这个是你占别人便宜而不是别人占你便宜的买卖?它可能会是一笔划算的买卖,也可能只是你花大价钱的错误决定。如果运气不好,那些游艇上看起来并不明显的小毛病都需要去修理,那这就和你当初的想法背道而驰了。

三、实训题:

模拟谈判

1. 实训目的
通过对谈判的问题进行背景分析,初步展示和分析本方的优劣势;阐述本方谈判可接

受的条件底线和希望达到的目标；介绍本方本次谈判的战略安排；介绍本方拟在谈判中使用的战术。

2. 实训准备

选择谈判主题

3. 实训步骤

前情提要：一家新成立的连锁商店在和一家大品牌批发供应商谈判中遇到了些麻烦，这家连锁商店通过借款进行连锁门店扩张，这也就意味着，他们在处理问题和创造利润的同时，还承受着沉重的贷款利息。目前来看，据他们的计算，如果他们的 5 家连锁零售店中，某品牌的商品每件能够降价 1 便士，便能充分满足消费者的需求，从而带来销量实现整体盈利。如果他们能够从该品牌批发供应商手中，给一些销量较低的产品争取到类似折扣，便可以消除银行担心他们利润空间太小而无法偿还债务的疑虑。他们在乡下某个地区刚收购了一家小型连锁店，该连锁店的前老板和批发商(与前文提到的批发商相同)签订过协议，协议中写到，这家小型连锁店的 6 家下属商店可以拿到比其他公司低近 1 便士的产品批发价。现在，他们收购了这家连锁店，但批发商拒绝让连锁商店的其他连锁零售店同样享受这一优惠，而且批发商很坚定地告诉他们，15 个月合同期满后，原来的这 6 家连锁店也将失去额外折扣优惠，统一采用批发商和连锁商店之间签订的合同。

内容：两个同学分别扮演连锁商店发言人和批发供应商，互相进行交涉，看是否能在保证批发供应商利益的前提下，同时能达到连锁店的要求。

4. 实训要点

(1) 在模拟谈判中，可以交换角色进行重复演练，从而熟悉实际谈判中的各个环节。这对初次参加谈判的人来说尤为重要。

(2) 模拟谈判的目的在于总结经验，发现问题，提出对策，完善谈判方案。所以，模拟谈判的总结是必不可少的。

5. 实训安排

(1) 地点：沟通实训室。

(2) 学时：2 学时。

 微课视频

扫一扫获取本章相关微课视频。

11-1　谈判沟通的特点、
　　　分类.mp4

11-2　谈判沟通的
　　　程序.mp4

11-3　谈判沟通中的报价
　　　技巧.mp4

第 12 章　人际冲突处理

【学习目标】

- 认识冲突的类型。
- 明确人际冲突的定义。
- 了解人际冲突产生的原因。
- 掌握冲突的基本过程和处理方法。

问题出在哪里

贝台公司是一家专门从事新兴产品生产与销售服务的公司，公司自成立以来发展迅速，销售额每年增长 60%以上。与此同时，公司内部存在着不少冲突，影响着公司绩效的继续提高。随着销售量增加，加班加点不仅司空见惯，而且没有相关政策规定，引起了公司员工的极度不满，一些优秀员工选择离开公司。同时，公司的组织结构采用直线职能制，部门之间的协调比较困难。例如，常常会发生以下情况：销售部经常抱怨研发部开发的产品偏离顾客的需求，生产部的效率太低，使自己错过了销售时机；生产部则抱怨研发部开发的产品不符合生产标准，销售部门的订单无法达到成本要求；财务部则认为其他各部门经费支出太高。而一些职能经理虽然技术水平首屈一指，但是心胸狭窄，总怕他人超越自己，因此常常压制其他员工，使得部门人心涣散，士气低落。

讨论：

贝台公司的冲突有哪些？原因是什么？如何解决贝台公司存在的冲突？

即使一个组织内的每一个人责任感都很强，也难免会有冲突。在商务活动中合作的双方、买卖的双方也常常产生冲突。虽然很多人因为不喜欢冲突而漠视它的存在，但是没有引起注意的冲突并不会自然消除。相反，它会蔓延开来，使得下一步的沟通变得更为困难。因此，我们要注意解决商务和管理活动中出现的各种冲突。

12.1　冲突的类型

人际冲突是人际交往中普遍存在的一种社会互动行为，在人类全部的社会活动中随处可见。人与人之间利益的不同，沟通的障碍，认识的差别，个性的差异，都有可能造成冲突的发生。由于冲突在不同的背景下会以各种形式出现，所以很难给冲突下一个确切的定义。一般来说，人际冲突是指人与人在相互交往和互动过程中，因为种种原因产生意见分

歧、争论、对抗，使得彼此关系出现不同程度的紧张状态，并为双方所感觉到的一种现象。人际冲突的存在具有客观性和普遍性，且有其积极的一面，即有着对群体产生积极影响的潜在可能性。正确地认识和解决人际冲突，可以使我们提高解决冲突的能力，从而提高处理人际关系的技能。

尽管冲突的表现形式多种多样，但归纳起来，可以将冲突大致分为内心冲突、人际冲突、组织冲突三种类型。

12.1.1　内心冲突

当一个人的动机群中有两个或两个以上的动机成为主导动机时，就处于内心冲突之中。两个主导动机分别指向两种行为，但在同一特定的时间内，只允许一种主导动机成为行为。内心冲突最大的特征是将当事人处于十分细微的再次选择之中。由于两个主导动机难分上下，因而，往往造成行为犹豫不决。内心冲突并不一定是坏事，有时，也可以加以利用。

内心冲突发生在个人本身时通常表现为目标冲突和认识冲突。所谓目标冲突，指的是积极和消极的两种结果间的相互作用。只要个人的行为与所产生的效果互不相容或不一致，就会产生目标冲突。也就是说，只要存在多目标决策，就必然产生目标冲突。如有的工作收入较高，但危险性较大；有的工作对个人未来发展有利，但当前待遇不高；而有的工作环境相当安逸，但没有发展前景。当个人意识到其想法、态度、价值观与行为有分歧的时候，便产生了认识冲突。如在公交车上遇到小偷行窃，如果自己挺身而出，又担心受到伤害，如果不管不问，自己又于心不忍，这时一个潜在的我和现实的我就会发生冲突，这就是人们通常所说的思想斗争。产生了认识冲突，会让人感到紧张和不适，解决这种冲突的途径在于改变自身原有的想法、态度、价值观或行为，使认识和行为保持一致。

在一些重要的决策中，目标冲突与认识冲突往往并存。一般来说，在决策前目标冲突越大，决策后认识冲突就越突出。

12.1.2　人际冲突

所谓人际冲突是指两个或更多社会成员之间，由于反应或希望的互不相容性而产生的紧张状态，一般是指个人与个人之间的冲突，是人与人之间在认识、行为、态度和价值观等方面存在的分歧。个人之间的冲突之所以发生，主要是由于生活背景、教育、年龄和文化等的差异，而导致对价值观、知识及沟通等方面的影响，因而增加了彼此相互合作的难度。只要人与人之间存在目标、价值及行为的不一致或相互排斥，便会产生人际冲突。人际冲突可分为建设性冲突和破坏性冲突两大类。尽管大多数情况下人际冲突在很大程度上是消极的，但某些起因于工作的人际冲突却可以帮助人们发现存在的问题和隐患，甚至可能是解决问题的途径。

12.1.3　组织冲突

组织冲突包括组织间冲突和组织内冲突。组织在发展过程中，往往会与竞争者、政府部门、社区、媒体、利益相关者等外部组织之间存在错综复杂的关系。当组织与组织之间在利益、信仰、价值观等方面产生差异时，就会产生组织间冲突，如企业之间的竞争、国家之间的战争等都是组织间冲突的具体形式。组织内冲突，指的是组织成员相互之间发生的摩擦和碰撞，这种摩擦和碰撞不仅影响组织凝聚力，而且影响组织工作效率。一般来说，组织内冲突主要有两种形式：一是纵向冲突，是组织内不同级别之间的冲突，常常是由于上级控制过严，以致下属不服所产生的；二是横向冲突，指组织内相同级别之间的冲突，即由于各部门在目标、利益以及态度上存在差异而产生的，如部门之间经常会在报酬公平性和福利计划等方面由于不平衡而产生冲突。

人际冲突是人际关系中的普遍现象，一旦出现一些小型的人际冲突，就要拿出"立即"与"尊重"的态度，处理当下的事件，以免"积怨太深"或"积非成是"，造成难以挽回的后果。虽然人际冲突对人际关系有很大的负面影响，但冲突也可以有正面的意义，它能提供一个机会，使彼此能澄清自己的看法，并讨论双方在关系中所扮演的角色。一般来说，冲突能指出问题的症结，能使我们有所改变，帮助我们深入认识自己，使彼此有情绪宣泄的管道。

12.2　人际冲突产生的原因

人际冲突问题是一个普遍存在的问题，它几乎存在于人与人的一切关系之中。工作关系中人际冲突的影响是多方面的。对企业来说，人际冲突往往会产生两方面的效应。一方面，如果企业员工之间存在关系紧张、互不信任、互不团结、内耗现象严重，缺乏沟通、各自心灵闭锁、拉帮结派等不良人际关系，会造成企业生产效率低下，凝聚力下降。一旦企业出现困难或危难之时，员工不能同舟共济渡过险关，最终可能会导致企业的倒闭或破产；另一方面，如果将人际冲突作为个人或企业竞争的动力，那么它的消极影响就可能会压缩到最小，从而使企业的生产效率提高，竞争力增强。因此我们应该找到其引起的因素。

人际冲突涉及人的问题，因此其引起的因素是来自多个方面的。大体可总结为以下三个方面。

12.2.1　沟通方面

沟通是人们分享信息、思想和情感的过程。这种过程不仅包括口头语言和书面语言，也包含形体语言、个人的习气和方式、物质环境等，即赋予信息含义的任何东西。我们知道，不良沟通是冲突产生的原因，但并非所有冲突都是由不良沟通所引起的。另外，沟通通道也影响到冲突的产生。人们相互间传递信息时会进行过滤，来自不同通道中的沟通偏差都使得冲突产生潜在的可能性。同事之间、上下级之间如果能及时沟通、互相理解，已

出现的或轻或重的人际冲突，就有可能减少或消除一些。

12.2.2　组织方面

组织变动、组织规模过大、组织中责权不清、组织中领导的风格不具有亲和力、奖酬体系不合理、分配给成员的任务与能力不符等均可导致人际冲突。无论是大群体还是小群体，领导行为总是与群体活动有关。只要有群体存在，就会有冲突出现。一般群体冲突可分为合作性冲突和敌对性冲突两大类。前者是指一个组织中由于不同的部门或人群之间利益或认识差异产生的冲突，但组织具有共同的目标；后者常指敌对性的组织或群体之间发生的冲突，他们之间没有共同的目标。

冲突实际上就是矛盾。有些冲突对组织发展具有破坏性，如由于信息不畅引起的组织成员间的相互猜疑，分配中由于缺乏比较客观的评价方法造成相互间的攻击和不满；由于认识和价值观的不同造成工作中的相互指责和矛盾；等等。这些不仅影响到冲突双方的工作情绪，而且会对工作效率和效果产生不良影响。例如，某金融公司实行工资奖金与目标任务挂钩，现分配给信贷回收的两个部门年任务如下：A 部门资产质量不好 200 万元，B 部门资产质量较好 500 万元。在执行过程中，A 部门的人员虽多方努力也无法完成任务，因此，工资少拿 40%，奖金没有；而 B 部门的人员仅一个大项目就轻松地完成了任务，成天悠闲自在，奖金、工资一分不少。因此，A 部门人员攀比 B 部门人员，引起两个部门间的矛盾。这两部门间的冲突是由组织造成的。

然而，认真分析冲突的作用，我们会发现冲突并不总是坏事情。有些冲突却对组织发展具有建设性作用，如对有些岗位的公平竞争，对同一事件在决策时的不同观点和主张等。这些冲突会激发组织成员的工作热情，提高决策的可靠性。对于领导来说，不能一味怕冲突，为了搞好工作，一方面要注意抑制和迅速化解破坏性冲突；另一方面还要积极、适度地制造建设性冲突，如适度提高内部的竞争意识，形成组织内部公平的竞争机制等。

12.2.3　个人方面

由于多方面的原因，导致人的认识、价值观、世界观的不同，因此引起了人对相同问题的看法各异。

1. 观念不同

观念是客观世界在人们头脑中的理性反映，即人脑对客观世界的理性认识。观念的产生与所处的客观环境关系密切，正确的观念就是人的大脑对客观环境的正确反映。人类的行为都是受行为执行者的观念支配的，观念正确与否直接影响到行为的结果。许多人在人际交往时容易只站在自己的立场上，希望别人能够理解自己，忽略了别人内心的想法，经常觉得自己是正确的，别人应该听自己的，或者爱用自己的标准去要求别人。每个人的内在素质与处事风格不相同，导致在工作过程中产生一些摩擦，这也是人际冲突产生的原因。

2. 心理背景

心理背景指交往双方的情绪和态度。它包含两个方面的内涵：①沟通者的心情、情

绪，在处于兴奋、激动状态与处于悲伤、焦虑状态下，其沟通意愿与沟通行为是截然不同的，后者往往沟通意愿不强烈，思维也处于抑制和混乱状态。②沟通者对对方的态度。如果沟通双方彼此敌视或关系淡漠，沟通过程则常由于偏见而出现误差，双方都较难准确理解对方的思想和行为。

3. 角色差异

每个人在社会生活中都会有一个特定的角色位置。不同角色位置上的人，其思想观念和行为方式也会有所不同。如果固守自己的角色，不注重对其他角色观念、角色行为的理解，就会导致角色与角色之间的冲突。工作和生活中常见的角色差异现象有：

(1) 代沟。所谓代沟，就是"因年龄差异而造成的生活态度、价值观念、行为方式等方面的差异、对立乃至冲突"。代沟现象不仅限于家庭，也出现于群体和社团中。形成代沟的原因很复杂，较普遍的原因有：年龄差别造成的心理差别，时代不同造成的不同的生活方式等。尽管代沟现象反映的是两代人之间的差异现象，但这种差异并不是绝对的。

(2) 行业差异。行业差异是由于行业不同形成的。因社会分工而产生千差万别的职业，也为从事不同职业的人之间的沟通增加了困难。行业差异的主要表现是，行业与行业之间的封闭与保守，造成隔行如隔山；从事不同职业的人的特殊行为方式，造成了人与人之间理解上的困难，如一些人对从事艺术工作的人的放荡不羁行为方式的费解等。

(3) 职位差异。职位差异是由于职位不同形成的。职位差异通常存在于有地位差异的交往双方之间。这是由两者因职位、地位不同而产生的自我感觉差距而造成的。职位差异影响双方关系的和谐与感情交流。

4. 文化差异

文化差异是构成人际冲突的另一个重要的原因。人的出身、受教育的程度、生活或工作的环境、社会政治制度、习俗差异等都是造成文化差异的原因。文化背景是沟通者长期的文化沉淀，也是沟通者较稳定的价值取向、思维模式、心理结构的总和。由于它们已经转变为我们精神的核心部分而为我们自动保持，是思考、行为的内在依据。因此，文化影响着每一个人的沟通过程，影响着沟通的每一个环节。当不同文化发生碰撞、交融时，人们往往能发现这种影响。

人际冲突最本质的原因是源于人与人、人与组织、组织与组织之间的交流、沟通的不足。由于沟通所导致的人际冲突主要是源于沟通障碍的存在。

12.3　人际冲突的过程

日常组织生活中充满着各种关系的冲突，对于个体及整个组织的绩效而言，并不取决于是否产生冲突，而是取决于冲突行为的适度性及冲突结果的有效性。

冲突过程大致可分为四个基本阶段，如图 12-1 所示。这些阶段帮助我们将冲突想象成一个过程，使我们通过了解其过程来分析某个特定的冲突。

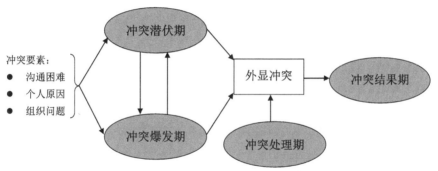

图 12-1　人际冲突的过程

12.3.1　冲突潜伏期

当从内心知觉到有冲突发生，虽然尚未到爆发的那一刻，其实就已进入人际冲突的阶段，即冲突潜伏期。此阶段只需加强对潜伏期的侦测，就能预知或控制冲突的方向及程度，使其向建设性冲突的方向前进，进而减缓冲突的程度，使大家以较平和、理性的态度解决冲突。此阶段的策略有：可使用温和、坚定与诚恳的态度处理事件；谈话中多用"我"字开头，少用"你"字开头等。这一阶段一般又可细分为三个阶段。

1. 潜在冲突期

该阶段冲突的原因已经潜伏于组织或个人之间，不过冲突本身仍然是潜在不动的，冲突有可能会发生也有可能不会发生。即冲突发生的前兆，在潜伏期表示冲突尚未发生，是潜在的冲突。潜在冲突是指在组织和个体关系所处特定环境里潜伏着但未突现出来的冲突，如责任与权利的分配，目标控制和追求目标时的行为等，这些对组织的运作非常重要。而且，组织很少能在所有成员都同意的情况下作出这些决议。换句话说，组织的日常动作会引起意见分歧和冲突。潜在冲突产生的原因包括以下三个方面。

1）沟通方面

语义理解困难、误解、相互间缺乏沟通或沟通过于频繁，以及在沟通渠道中的"噪声"等，都会引起冲突。

2）组织方面

分配给小组成员的任务大小、小组的工作目标、领导的风格、奖励制度以及小组独立性等都会引起冲突。

3）个体因素

由个人的价值观所引起的冲突。

2. 察觉冲突期

大多数组织即使在日常决策中也存在意见不一致的现象，例如，谁将得到提升？什么方法是达到销售目标的捷径？怎样评价员工的业绩？等等。如果这些冲突持续进展，个人即会察觉到冲突的存在，当个体和小组开始意识到这些差异存在的时候，他们就处在了察觉冲突阶段。在这一阶段中，有时候在个人未感受到之前，可能已获得解决，也有可能是冲突的双方中只有一方意识到这种潜在的冲突，如当上司看到下属没有做好工作时，上司和下属之间的问题就出现了。类似地，当上司认为额外的沟通没有必要时，下属可能认为是缺少上司的反馈，这些感知差异是察觉冲突阶段的特点。

明确该时期冲突的特点，并设身处地地去分析它是很重要的。当你已经意识到自己与某人在一些问题的认识上出现差异时，你要分析这些差异反映了什么问题，对方是否也意识到这些差异的存在，他对这种情形的感知与你是否相似。分析这些问题的原因在于，人们在感知方面的差异直接影响着感知冲突的形成。

3. 感知冲突期

与察觉期紧密相关的是感知冲突期。冲突双方开始对冲突的原因与对方的反应作相关解释，并且体会到冲突已不可避免，并准备冲突的来临。当从内心知觉到有冲突发生，虽然尚未到爆发的那一刻，其实就已进入人际冲突的阶段。感知冲突是可感知的冲突对潜在冲突的参与者的感情影响，这一阶段发生在实际冲突行为之前，并对冲突行为产生影响，反映了我们的感知与情感。正是在此阶段我们对实际冲突发生的可能后果加以概念化并由此产生情绪变化，表现出害怕、不信任、生气、焦虑、紧张、敌意及挫败感等。

12.3.2　冲突爆发期

冲突爆发期也称"公开冲突阶段"，或称为冲突的"行动阶段"，是冲突行为的公开化。冲突爆发时，无论是口头或肢体的冲突，都会对双方造成伤害。最常见的是争吵、敌对和公开的攻击；也有可能表现出其他形式，如怠工、防卫、冷漠或造谣等。这一阶段包括冲突行为、解决问题、公开对抗、转换行动或其他的可能行为。在此时，无效地处理冲突不如暂时不去处理，若能设法控制愤怒的情绪，让自己冷静下来，其实暂时不处理冲突就是最好的处理。学会接受无法接受的事情，不代表永远无法解决问题，我们需要一些时间来思考人生的难题。

12.3.3　冲突处理期

人际冲突一旦"爆发"后，不要责备它、阻断它或否认它，应静观它的变化，思考可能因应的对策，也许冲突双方都有悔意，也许后面还有"余震"不断。若能应用满意方式来解决两者的冲突，可创造双赢的结果，但并不是所有的冲突都能得到双赢的解决。所谓"双赢"是"你好，我也好"，没有人吃亏，这是最理想的结局，但一般人很难放下身段，寻求对双方有利的解决之道。"不解决的解决"，其实就是学习接受无法接受的事情，要做到这一点并不容易，但它往往是解决问题的一个不错的方法。总之，这是一个作抉择的时机，让事情暂时告一个段落或有一个结束。

12.3.4　冲突结果期

冲突结果这一阶段是由潜在、察觉、感知、实际冲突及处理相互作用的结果。冲突可能得到解决，也有可能冲突的过程未获得建设性的处理，冲突的潜在条件仍在恶化，以另一更严重的方式爆发，其结果可能会比原来的冲突更严重，直到被改正和解决为止。

12.4　人际冲突的处理方式

由于每个人对人际关系的认识和态度不同，个人性格、社交技能和行为方式各异，人际冲突的处理方式和行为表现也会有所不同。近年来人际冲突管理已经成为心理学、社会学、管理学多门学科关注与研究的热点。

充分了解人际冲突的性质及其产生的原因，并且能够采取十分恰当的方法来避免或解决冲突，对于任何负有管理责任的人来说都是非常重要的。一般而言，个人对待人际冲突大致有五种不同的方式：回避、对抗、妥协、迁就及合作(见图 12-2)。在处理人际冲突过程中采取何种策略，主要取决于冲突个人本身的需求或目标。

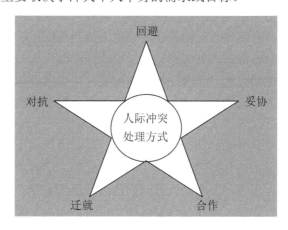

图 12-2　人际冲突的处理方式

12.4.1　回避

回避是一种被动的行为反应形式，是指在冲突的情况下采取退缩或中立的倾向，对自己的需求与他人的需求都漠不关心。采取这种策略的人会不惜一切代价避免冲突，其具体方式为：试图忽略冲突，回避其他人与自己有不同的意见这一事实。因为冲突让他们感到不舒服或非常害怕。当其被要求对某一争论表示态度时，他往往推托说"我还没有对这一问题作深入的了解"，或"我必须收集到更多的资料"，等等。

尽管回避者确实想实现自己的目标，然而他们并不能以一种积极的方式来对待冲突，这一冲突的处理方式属于不自信且不合作型。实践证明，对于重要问题采取回避的态度往往是不明智的，因为回避不仅无助于问题的解决，甚至有可能导致问题的恶化。回避策略反映了回避者对紧张和挫折的恐惧和厌恶情绪。

但是，在下列情况下选择回避策略可能是有效的：冲突主体中没有一方有足够力量去解决问题；与冲突主体自身利益不相干或输赢价值很低；冲突一方或多方不关心、不合作；当冲突微不足道，或还有更紧迫、更重要的问题需要解决时；认识到对方不可能满足你的要求时；当问题得以解决还不如不解决好时；当收集信息比立刻决策更重要时；当其他人能有效地解决冲突时；当实际权力与处理冲突所需要的权力不对称时，回避的态度可能比较明智。例如，作为一名中低层管理者面对公司高层管理者之间的冲突时，采取回避的方式可能会好一些。

12.4.2　迁就

迁就是指在冲突的情况下尽量弱化冲突双方的差异，更强调对方的利益。这是一种向对方让步的做法，即高度关注对方的需求，忽视自己的需求。当事者改变自己原有的立场，主要考虑对方的利益、要求，或屈从对方的意愿，压制或牺牲自己的利益及意愿，对于人际间和谐的重视程度，远大于自己目标的完成与否。这是一种不坚持自己的利益和具有较高的合作倾向的态度，这一冲突处理方式属于合作但不自信型，反映的是一种退让的风格，是一种利他的行为，或者是对别人愿望的一种服从，或者是一种与别人长期合作的策略。其具体方式为：愿意牺牲自己的目标而使对方达到目标；尽管自己不同意，但还是支持对方的意见；原谅对方的违规行为并允许他继续这样做。他们把退让、抚慰和避免冲突看作维护人际关系的主要方法。采取这种策略的人往往会赢得别人的好评，但如果遇事一味迎合，则可能被认为是软弱的表现，更何况放弃不一定会如预期的那样让彼此关系保持和谐。

当冲突问题不十分重要或非原则问题时，或需要以暂时的退让以换取长久的信誉时，可以考虑采取迁就策略。如当你发现自己错了，希望倾听、了解更好的观点时；当你想表现出自己的通情达理时；当该问题对别人或组织比对你更为重要时；当你希望为以后的交往建立信用时；当你处于弱势，希望能尽量减少损失时；当需要融洽和稳定至关重要的关系时；当你允许下属从错误中得到教训和经验时。

12.4.3　妥协

妥协是指在冲突双方互相让步的过程中达成协议的一种局面。冲突双方都放弃自身的部分利益，以便在一定程度上满足对方的部分需求，即双方都有所坚持，也有所退让，并接受一种双方都达不到彻底满足的解决方法。采取这种策略的人既考虑目标又考虑双方关系，倾向于将不同的利益和观点加以平衡，同时采用"给予—获取"的方法来解决冲突。其具体方式为：在沟通中相互妥协或采取折中的方案；给冲突的另一方提供不合理的补偿；无法沟通而求助于第三方或仲裁人；求助于现有的制度。

妥协是一种被人们广泛使用的冲突处理方式，它反映了处理冲突问题的实利主义态度，有助于改善和保持冲突双方的谐和关系，尤其在促成双方一致的愿望时十分有效。妥

协策略不追求各方的最佳满意程度，而是取得各方适中的、部分的满足。由于在妥协过程中各方可以将他们的损失减少到最低程度，同时又能够有所收获，因而妥协策略经常能够奏效。妥协可以被看作是一种基本的合作和较自信的举动，也是解决冲突比较实际的准则。倾向于妥协的人能够帮助组织在不同的冲突中作出决策，但是如果这种决策不能真正解决问题，还会导致问题再次出现，那么这种妥协导向就应当避免。在使用妥协方法时应注意适时运用，特别注意不要过早采用这一方式，如果过早采用会出现以下问题：可能没有触及问题的真正核心，而是就事论事地加以妥协，因此缺乏对冲突原因的真正了解，在这种情况下妥协并不能真正解决问题；也可能会错过其他更好的解决方式。

在下列情况下可以选择妥协策略：冲突双方无一方有能力包赢，从而决定按各方的有限资源和利益来分配；双方未来的利益有一定的相互依赖性和相容性，有某些合作、磋商或交换的余地；双方实力相当，任何一方都不能强迫或压服对方；当问题很重要，而你左右不了局面，过于坚持己见可能造成更坏后果时；当对方具有同样的影响力，且准备提出其他目标时；当你需要为复杂问题找到临时性的解决办法时；当时间十分紧迫，需要找到一个权宜之计时。

12.4.4　对抗

有些人在面对冲突时采用针锋相对的处理方式，即一个人在冲突中寻求自我利益的满足，而不考虑对他人的影响，这种处理方式称为对抗。对抗是一种坚持己见而缺乏合作倾向精神的行为。分为直接对抗与间接对抗。直接对抗包括身体和语言的暴力；间接对抗是指无法直接针对冲突对象表达意见，而采取其他方式让对方知道自己的不满。这是运用逼迫身体、心理或其他行为来达到目的方式。对抗属于自信但不合作型，它是人际冲突中的"赢一输"处理模式。其具体方式为：沟通双方都十分明白双方利益的界限，而且双方在沟通中相互攻击；沟通双方都是从自己的角度讨论问题；争论的重点放在解决方法而不是去协调理解对方的价值观；沟通双方对问题持短期观点。被攻击者当时较弱，但隐忍后伺机反击，实力相当者可能会立即反击，最后形成双输。采取这种策略的人，往往只为实现自己的目标而不顾别人的利益，甚至牺牲别人的目标来达到自己的目的，认为冲突非赢即输，只有顺利实现自己的目标才能体现自己的地位和能力。对抗策略常涉及权力和控制方面，它往往导致人们的不良评价。

但在某些情况下可选择对抗策略：当处于紧急情况下，迅速果断的行动极其重要时；当问题很重要，需要采取不受欢迎的行动时，例如缩减开支、制定惩罚制度；当你知道自己是正确的，并且问题的解决有益于组织，那么就是对付那些从非竞争性行为中受益的行为的时候。

12.4.5　合作

以合作的态度来处理冲突是一种十分理想的模式。它指的是冲突双方均希望满足两方利益，并寻求相互收益的结果，尽可能地扩大合作利益，既坚持己见又与他人合作的行

为，追求冲突解决的"双赢"局面。在合作中，双方的意图是坦率澄清差异并找到解决问题的办法，而不是迁就不同的观点；在沟通中，双方都充分运用自己的能力和创造性去解决问题，而不是为了击败对方，最终结果是双方的需要都得到了满足。过程中牵涉到意愿、控制情绪、客观表达问题、坦诚面对自己的想法与感受，最后达到双赢局面。这一冲突处理方式属于合作且自信型，它是人际冲突中一种"双赢"的冲突处理模式。

采用合作策略的人对待冲突的态度是：一个人的行动不仅代表自身利益，而且也代表对方的利益，当遇到冲突时，应注重维持人际关系，并确保双方都能达到目标。人际冲突调查结果表明，采用合作策略的人或团体往往是较成功的管理者或绩效很好的企业，他们能充分利用冲突带来积极影响，并能充分看到对方的长处，对其绩效及能力进行良好的评价。但是相对于其他冲突处理方式，合作在应用中却是最为困难的。

在下列情况下可以选择合作策略：相关人员具有共同的目标并愿意达成协议，一致的协议对各方有利；冲突双方不参与权力斗争；双方未来的正面关系很重要，未来结果的赌注很高，双方都是独立的问题解决者；冲突各方力量对等或利益互相依赖；当你发现问题非常重要，不允许妥协时；当你需要综合不同人的不同意见时；当你需要把各方意见合并而实现承诺时；当你希望建立或维持一个重要的相互关系时；当有可能扩大双方共同的利益时；当你向他人表示信任、坦诚和合作时。

有学者通过对上述五种策略的有效程度进行调查发现，以合作代替对抗，能避免双方陷于输一赢的竞争情境，使用合作策略常能有效地解决冲突问题，对抗策略效果很不好；回避策略和迁就策略一般很少用，使用时效果都不好。通过调查适当的冲突策略和效果之间的关系发现，合作的策略往往被认为是有效的；而对抗和妥协性的策略被认为是中等有效；回避和迁就策略则被看作既不会有效，也不会适当。然而也有研究指出，是否能够有效地处理冲突，处理方式的选择更依赖于情境，具体问题具体处理，没有一种适用于一切情况的冲突解决方法。一般来说，合作和某种程度的妥协方式对于处理战略问题是适当的。

12.5　人际冲突中的沟通策略

在日常生活中，由于资源分配、立场倾向等原因引起的人际冲突是难以避免的，而一定价值观下的组织与个人在遇到冲突时的面对方式、处理方法都不尽相同。冲突与书信、会见和会议一样，也是一种沟通方式，只是它的形式比较激烈，负面的影响也比较大，会造成一定程度的破坏性。

12.5.1　处理人际冲突应遵循的原则

发生人际冲突并不可怕，如果处理得当，人际冲突也可以成为双方增进了解的切入点。处理人际冲突时应遵循以下几条原则。

(1) 对事不对人。在发生冲突或争执时，将焦点置于事情本身，客观分析冲突的起因与双方对错，不将冲突扩大化。

（2）给情绪降温，作合理的让步。在发生人际冲突时，双方都处于一种应激状态下，在这种情绪状态下，很容易说出彼此中伤的话而造成无法挽回的局面。此时，作适度的让步不失为一种明智的选择，让步并不代表忍气吞声，把握好度也是一种智慧。

（3）当时当地解决冲突。发生人际冲突时，直面问题，坦诚以待，立即处理，而不要暗自较劲，更没有必要记仇。

12.5.2　人际冲突中的沟通策略

不同的冲突处理方式导致不同的结果：要么激化、要么减弱，或维持现状，或避免冲突，或解决冲突。下面根据冲突的弹性和冲突双方的互动性强弱将人际冲突管理中的沟通策略分为以下九种加以介绍。

1. 维持现状

这种形式是否认冲突存在，避免面对不同意见或拖延冲突处理时间。此策略适用于冲突双方互动性低、论点弹性低的冲突。面对不同意见，单方面维持现状，不采取行动。这种策略只能暂时使用，不是解决问题的最终办法。

2. 淡化差异

这种形式是只接受部分问题，强调共同点，淡化差异点的方式。此策略适用于冲突双方互动性中等、论点弹性低的冲突，即当你自己的想法清晰但缺乏决策者支持或你没时间和精力去组织长时间的讨论时。

3. 运用权势

当冲突双方通过协商不能解决，可以由上级主管部门作出裁决，按"下级服从上级"的组织原则，强制冲突双方执行上级的决定或命令。这种形式是单方面运用权势和影响力，使他人听从你的意见。此策略适用于情况紧迫时，冲突双方互动性高、论点弹性低的冲突，即当你对事情绝对自信，而且要马上去做，或者你认为事情还没有必要到要讨论时。

4. 制定规划

这种形式是以正式规定、等级制度来控制冲突双方的行为。此策略适用于冲突双方互动性低、论点弹性适中的冲突，即当决定过程比结果更重要时。

5. 和平共处

这种形式是在共同的协议下各执己见，各行其是。此策略适用于冲突双方互动性中等、论点弹性适中的冲突，即当双方都坚信自己是对的，而且无妨大局时。

6. 讨价还价

这种形式是通过协商交易，从具体问题入手，双方共同达到所希望的结果。此策略适用于冲突双方互动性高、论点弹性适中的冲突。达成协议对双方都有好处。

7. 迎合对方

这种形式是即使你不同意对方的看法，你仍不表示意见并按对方的意见去做。此策略适用于冲突双方互动性低、论点弹性高的冲突，即当你认为对方的专业能力高于你很多，或这件事情对你来说无关紧要而对对方很重要时。

8. 全力支持

这种形式是即使你不同意对方的看法，你仍然在一定限度内支持对方。此策略适用于冲突双方互动性中等、论点弹性高的冲突，即当对方能力不错但缺乏自信，希望你帮助他时。

9. 携手合作

这种形式是通过一系列坦诚讨论，冲突双方整合在一起。此策略适用于冲突双方互动性高、论点弹性高的冲突，同时这种事情很重要，参与者非常值得信任，并且有充裕的时间沟通。

当然，没有任何一个过程、一套技巧、一种知识可以保证将个体及组织从冲突的现实中解放出来，知识、敏感程度、技巧以及冲突各方的价值观直接影响到冲突结果。有效的管理者应该明确他们承担着监控自己的能力和为他人提供支持的责任。

习　　题

一、实训题

要求：用头脑风暴法找出解决冲突的方法，为下列冲突提供解决的建议。

(1) 张新和杨华都觉得写作很难。王玲的成绩比他们两人都好，所以他俩愿意做全部调查工作，请王玲负责研究报告的组织、撰写、修改、编辑和校对。王玲认为，这样一来，她的工作量就太大了。此外，因为她对这两人调查工作的好坏只有到最后才能知道，工作进度会很难控制。

(2) 因为晚上分别有选修课和会议，张新和杨华想在晚上 8:30～9:30 开个小组会讨论完成作业的事，必要时还可以开得晚一些。但是王玲晚上课后需要回家，8:30 以后就搭不上公交车了。她希望会议安排在下午课后 4:00～5:00。但其他人都不想这么早开会。

(3) 组长林俊希望公平地将工作加以分工，并且严格执行截止日期。马娅正在准备考研究生，她想承担轻松一些的工作。

(4) 许莉很清楚她经常会在团队争论中指出逻辑错误，她经常提醒团队成员任务还未完成。她不愿意她的团队交出错误百出的结果，但是不知其他成员是否认为她过于挑剔。

(5) 张新的团队在测试中答错了几个问题。事后他和王玲谈话，竟发现她知道所有的答案。他很生气地质问对方："那么你为什么当时没有发言呢？"王玲冷静地答道："杨华说他知道答案，我只是不想同他发生争执。我们应该团结合作，我不想让任何人丢脸。"

地点：沟通实验室。

二、案例分析题

凯越公司营销部的冲突

"调查顾客市场的工作实在是太难做了，陈总监，"策划部伊娜向营销总监抱怨说，"我不明白她们营销部是怎么做事的。"

"我同意，"策划部张凡插嘴道，"如果他们不加强措施的话，这个项目不会准时完成的。"

"那么，问题到底出在哪儿呢？"陈总监问张凡和伊娜，"我的意思是，为什么你们认为无法完成这项工作呢？"

张凡说："每次我们制定一个初步的截止日期，应在该日期前完成相应的工作，但任务总是完成不了。伊娜和我总是提前一两天完成自己手头的活。但是，李克和陈莉通常什么事情也没有做。他们要等到最后一刻才想起要做点什么。我知道他们在营销部非常忙，不像我们在这儿，整天等着事情做。"

伊娜说："大部分时间他们没有干完手上的活。比如上周，李克在会议上只露了一面，问我们他还要对我们搜集的顾客资料做点什么。在今天展会上，陈莉告诉我们正式交报告的日期是两周后，因此，她现在没有必要把精力花在这个项目上。"

听了伊娜的话后，陈总监只是点了点头。

"还有陈莉很尖刻，"张凡说，"不知道是不是有人跟她说了什么，但是她看起来似乎是对我们的会议不满意。每次，我试着讲个笑话，但是她从不报以微笑。我讨厌这种她对我们不满的感觉。"

"你有没有问过陈莉是怎么回事？或者让她知道你们有这种感觉呢？"陈总监问。

"没有。"张凡回答说。

伊娜接着说："除了尖刻以外，在开会的时候，陈莉从未做过任何贡献。大多数时间，她总是在和某人通电话。这个样子，我们如何完成最终报告？"

讨论： 如果你是陈总监，你有什么建议给张新和伊娜以帮助他们解决与营销部李克和陈莉的冲突问题？你有什么建议使他们的会议更加有效？

📹 微课视频

扫一扫获取本章相关微课视频。

12-1　人际冲突产生的原因.mp4　　　12-2　冲突处理的方法.mp4

第13章 危机沟通

【学习目标】

- 了解危机的概念。
- 了解危机的类型。
- 掌握危机沟通中的"雄鹰"政策和"鸵鸟"政策。
- 掌握"雄鹰"政策的原则、计划和实施要点。
- 了解危机中与新闻媒体沟通的方法。

互相尊重的企业文化

互相尊重的企业文化无疑有助于在危机时赢得员工的理解和同情。在通用电气(GE)和西尔斯(Sears)公司,都设有负责员工沟通的高级经理。他们与公司外部的同行们合作,经常有专家在场帮助分析员工的所思所言,搭建一个在危机中与员工交流思想的平台。1999年6月,IBM发生了严重的员工沟通危机,公司宣布对退休金计划作出重大调整后,公司员工同时在互联网和内部网上对高层管理班子表示不满。因为按照新的政策,支付给每个人的退休金要根据其为公司服务的年限进行计算,这使得一些人要重新考虑他们什么时候以什么方式退休才最为划算。许多员工认为这种做法损害了公司对员工的信任。在由IBM员工创建的退休金俱乐部网站上,每天的点击率达到了15 000次,员工们在此发泄他们的不满。

讨论:

如果你是IBM的总经理,你将如何应对这次严重的员工危机?

(资料来源:[美]劳伦斯·巴顿. 组织危机管理(第二版). 符彩霞,译. 清华大学出版社,2002: P128.)

我们生活在一个动态变化的年代,危机似乎已经成为人们生活的一个部分。中东频发的恐怖袭击事件、美国的校园枪击案、东南亚海啸数十万人丧生、国内层出不穷的食品安全事件、2020年的全球新冠病毒感染的疫情等各种危机事件让人们应接不暇。任何企业在发展过程中,难免遭遇到各个方面的危机。政策环境变化、产品质量问题、自身管理不善、同业竞争等各种因素,都有可能通过一些瞬间爆发的事件,让企业陷于危机之中。危机具有突发性、不可预见性、破坏性、紧迫性和舆论关注性这五个基本特征,所有的企业都不敢轻视危机管理在企业管理中的重要地位。

在危机管理中,沟通作为危机处理的基本手段和工具,具有其他任何手段和工具都无法替代的崇高地位。一个重大的危机处理不当,危机期间或危机后没有与公众进行有效的传播沟通,企业的声誉会在几天甚至几小时内就全部毁尽。然而,成也沟通,败也沟通,

善于沟通能起到点石成金、化干戈为玉帛的神奇作用，而不科学的危机沟通策略则可能会加剧事态，使企业在公众心目中的形象一落千丈。正如英国公共关系专家弗兰克·杰弗金斯(Frank Jefkins)所说："在充满传奇的世界上，我们面对着无法预见的恐怖，这些恐怖事件能够破坏绝大多数有名气的公司的声誉和销售额。"

13.1　危机的概念

人们大量的社会活动是在危机当中度过的。尽管研究者对危机下了很多定义，但是危机本身是一个情景性很强的概念，很难用统一的定义加以概括，从不同学者的界定上我们可以看出一些共同特征。如赫尔曼(Hermann)认为，危机是指一种情境状态，在这种形势中，其决策主体的根本目标受到威胁、做出决策的反应时间很有限，事件的发生也出乎决策主体的意料。罗森塔尔(Roster)认为，危机是一个对社会系统的基本价值产生严重威胁，并且在短时间和不确定性很强的情况下必须做出关键性决策的事件，这种不确定性的事件很可能对组织会造成巨大的伤害。也有研究总结了危机的特征。如福斯特(Forster)概括出了危机的四个显著特征，即：急需快速做出决策、严重缺乏必要的训练有素的员工、相关材料紧缺、处理时间有限。里宾杰(Lerbinger)进一步提出了一个事件发展为危机必须具备的三个特征：该事件对企业造成威胁；如果企业没有采取行动，局面会恶化且无法挽回；该事件具有突发性。危机一旦发生，就具有较强的爆发力，而且会在很短的时间内传播，对企业产生损害。公关危机管理在国外已经发展得比较成熟，已经形成一种行业。随着危机公关受到越来越多的中国企业的重视，相当多的企业开始设立自己的公关部门，或者聘请专业的团队来帮助自己处理相关问题。

13.2　危机的类型

1. 产品和服务危机

产品和服务是企业的灵魂，当企业出现产品/服务危机时，如果处理不当，往往还会引发媒体危机、客户危机，以及经济抵制、索赔、诉讼等诸多连锁性危机。如果处理得当，则有助于企业的技术创新、知名度和美誉度的进一步提升。而当危机来临时，企业如果选择不采取措施和观望态度，往往会使企业"兵败如山倒"，产生很大的公关问题。企业与客户之间的关系既是共同市场的合作者，也是局部利益的竞争者，甚至是投诉与诋毁并存的，因此它们是种动态的、多元的关系。当企业与客户产生纠纷时，不外乎三种责任形式：企业责任、客户责任、双方责任。如果是企业责任，企业必须无条件退让，以便息事宁人；如果是客户责任和双方责任，企业可能需要巧妙让步。

2. 财务危机

企业经营管理的关键是产品的销售、货款的回收、物资的采购、款项的支付，而这些环节无不与企业内部控制休戚相关。内部控制不健全，势必会造成对应收账款的管理弱

商务与管理沟通(第2版)(微课版)

化，盲目采购存货，造成物资积压，生产成本升高，给企业带来很大的经营风险，从而引发财务危机，进而造成公司经营混乱。

3. 安全事故与公共危机

安全属于人的基本需求，是必须确保的需求。如果企业不小心触碰到了这条高压线，极易引发公众舆论、政府的全面介入，企业会陷入困境。安全事故主要有两类，一是企业生产安全事故，二是企业产品安全事故，都一定要想办法杜绝。2018年和2019年波音公司制造的737MAX 8客机先后在印尼和埃塞俄比亚坠毁，空难事故发生后媒体竞相报道，全球几乎所有的波音737MAX 8客机都被航空公司或监管机构停飞了。这场灾难也吓坏了波音公司的投资者。数日之内，波音公司的股价下跌超过10%，市值蒸发了近300亿美元。公共危机的涵盖面非常广，包括自然灾害、流行疾病、经济危机、社会暴乱、军事战争、恐怖袭击，发生任何一种公共危机都会对企业造成致命的影响，因此公共危机也是企业不得不面对的一个课题。很多时候，公共危机往往是企业不可控制的，企业需有危机应变和管理能力。而扎实的应变和管理能力则有待于日常的管理和培训才能够获取。

13.3 危机沟通中的"雄鹰"政策和"鸵鸟"政策

当危机降临企业时，企业必须作出迅速的反应来挽回损失。这时，坦诚的沟通是极为重要的。然而，随危机种类的不同，企业危机沟通的方式也需有所不同。一般而言，"主动出击是最好的防御"这一原则总是适用的。能够迅速采取行动，果断承担责任的"雄鹰"式的企业总是能够得到公众的谅解，化干戈为玉帛。而遇到危机就辩解说"这不是我们的责任"，试图做把头埋在沙子里的"鸵鸟"式的企业，最终会发现其信誉已造成了无法挽回的损失。

13.3.1 雀巢的"鸵鸟"政策

2005年5月25日，浙江省工商局公布了该省市场儿童食品质量抽检报告，其中黑龙江双城雀巢有限公司生产的"雀巢"金牌成长3+奶粉赫然被列入碘超标食品目录。同时，浙江省工商局已通报各地，要求对销售不合格儿童食品的经营单位予以立案调查，依法暂扣不合格商品；不合格儿童食品生产厂家生产的同类不同批次商品必须先下柜，抽样送检，待检测合格后才可重新销售。雀巢的这种奶粉被发现碘含量达到191~198μg，超过国家标准的上限40μg。据食品安全专家介绍，碘如果摄入过量会发生甲状腺病变，而且儿童比成人更容易因碘过量导致甲状腺肿大。

5月26日，雀巢(中国)公司迅速反应，给媒体发布声明称，雀巢碘检测结果符合《国际幼儿奶粉食品标准》。雀巢对浙江碘的检测结果高度重视，立即对原材料使用和生产加工过程进行了全面检查。调查发现该产品使用了新鲜牛奶做原料，碘天然存在于鲜奶中。此次抽查显示的碘超标是由于牛奶原料天然含有的碘含量存在波动而引起的，并且该成分的含量甚微，"雀巢"金牌成长3+奶粉是安全的。

5 月 27 日，在上海，联华、欧尚等大超市纷纷表示，已与雀巢经销商协商，将对问题产品撤柜，而家乐福已向全国发布撤柜通知。继全国各大超市将"雀巢"金牌成长 3+奶粉全面撤柜后，部分超市开始无条件退货，但雀巢中国公司表示对"问题奶粉"目前尚不实行召回。

5 月 28 日，雀巢(中国)有限公司正式对外公布，出现碘超标质量问题的奶粉批次为：20040921。雀巢公司虽然声称清楚生产数量及销往哪些市场，但拒绝向公众透露具体信息。

5 月 29 日，中央电视台《经济半小时》播出《雀巢早知奶粉有问题》。看完节目，消费者对其中的四个场景印象深刻：①采访过程中，雀巢(中国)有限公司商务经理孙女士先后 3 次摘下话筒要求结束采访，先后三次用沉默来回答记者的提问。②孙女士始终认为产品是合格的，奶粉符合《国际幼儿奶粉食品标准》。但当她翻开了声明中提到的这个国际标准时，在碘含量的上限这一栏数字是空着的。这也就意味着，无论雀巢奶粉的碘含量有多高都是符合这个国际标准的。③孙女士说，雀巢公司是在浙江省工商局作出决定之后，才通过媒体了解到自己的产品碘含量超标的。但实际上有关部门在对外公布检测结果前曾给了雀巢公司 15 天的时间让他们说明情况，而这段时间他们并没有及时警示消费者。④当被问及这些奶粉究竟销往什么地方时，她拒绝回答。

5 月 30 日，越来越多知情的消费者到超市要求退货，然而大部分消费者的退货要求却遭到了拒绝。雀巢方面依然没有就问题奶粉事件给出关于召回或者退货的进一步答复，导致大部分消费者退货无门。同日，在接受浙江卫视的采访时，雀巢公司的孙女士称非常遗憾，公司在此对给消费者带来的不必要的麻烦表示道歉。但针对消费者提出的退货要求，孙女士回应奶粉只超了这么一点，所以我们认为安全。

城门失火，殃及池鱼。金牌成长 3+奶粉出事，连带雀巢几乎所有产品都受影响。在搜狐、新浪等国内几大门户网站所做的调查中，八成网民表示暂不买或今后再也不用"雀巢"。

这次碘超标事件是"错误的价值观＋错误的新闻发言人＝失败的危机公关"，雀巢成了经典的反面教材。其失败之处在于以下几点。

(1) 对危机不敏感，对危机的未来走向缺乏判断，没有危机管理体系。15 天之前就知道被列为不合格产品，但是心存侥幸，没有做好任何应对危机的准备。虽然在媒体披露当天，雀巢公司代表出来发言，但那时已经火烧眉毛，无济于事了。

(2) 坚持安全说，缺乏诚信，价值观缺失。搬出国际标准推三阻四，没有丝毫的诚信可言，没有表现出任何为消费者负责的价值观。

(3) 不愿意承担责任。当全国各商场均已撤货时，雀巢还在表示不回收，此种胸怀，怎能让消费者去原谅你和信赖你？

(4) 公关人员沟通能力太差。作为雀巢的代表，采访时不识时务，故作玄虚。可怜天下父母心，雀巢作为婴幼儿的食品，质量出了问题，当然让人瞩目和担心。然而雀巢的公关公司和公关人员却动不动摆出公事公办的架子，称"如果有进一步的消息我会再告诉你们"，"采访到此结束"，那种傲慢与冷漠，尽显无遗。

种瓜得瓜，种豆得豆。在危机事件中，如果你种下的是诚信和负责任的种子，那你就会收获消费者的信任和信心；但如果像"鸵鸟"一样总想把头埋在沙子里，那你收获的将是消费者的心寒和市场的毁灭性打击。

13.3.2　肯德基的"雄鹰"政策

2005 年 2 月 18 日，英国在食品中发现苏丹红，下架食品达 500 多种。2 月 23 日，中国国家质检总局发出紧急通知，重点检控进口产品中的"苏丹红一号"，以防进入国内流通渠道。肯德基所属百胜餐饮集团立即要求供应商对相关调料进行检测，并提供书面确认。2 月 25 日，百胜供应商广东中山基快富食品公司发来书面回复确认其供应的产品不含苏丹红。3 月 4 日，北京市有关部门从亨氏辣椒酱中检出"苏丹红一号"，并确认苏丹红来自广州田洋。百胜再次要求所有供应商继续排查"苏丹红一号"，并把重点转向国内原料。

2005 年 3 月 15 日，在肯德基新奥尔良烤翅和新奥尔良鸡腿堡调料中发现了微量"苏丹红一号"成分。3 月 16 日，百胜要求全国所有肯德基餐厅停止售卖新奥尔良烤翅和新奥尔良鸡腿堡两种产品。同时启动内部流程妥善处理并销毁所有剩余调料，防止问题调料回流到消费渠道。通过媒体和餐厅发布中国肯德基"有关苏丹红一号问题"的声明，向公众致歉。

3 月 22 日，肯德基启用的新调料在经过北京市食品安全办公室确认不含苏丹红后，香辣鸡翅、香辣鸡腿汉堡、劲爆鸡米花三种产品随即恢复生产。3 月 28 日，肯德基在全国 16 个城市，同时召开新闻发布会，宣布经专业机构对肯德基几百种相关品项检测，证实所有产品不含苏丹红。公司查明所有问题均来自中山基快富公司的供应商宏芳香料(昆山)有限公司。宏芳曾向基快富提供两批含苏丹红的辣椒粉。这两批辣椒粉中的一部分用在了肯德基的新奥尔良和香辣产品中。会上，肯德基宣布了新的食品安全措施，全力防范今后类似事件的发生，这些食品安全措施包括：要求所有主要供应商增加人员，添置必要检测设备，对所有进料进行必要的食品安全抽检，提升供应商的检测能力；要求供应商更加严格地选择上游供应商，严防缺乏守法意识、不能坚持食品安全的供应商混入供应链，加强对上游供应商的控制。这些食品安全措施在一定程度上挽回了消费者的心，肯德基还表示将投资不少于 200 万元成立一个现代化的食品安全检测研究中心，对所有产品和原料进行安全抽检，用自身的能力确保所有肯德基产品符合食品质量和安全标准。

分析此案例，可给人以如下几点启迪。

(1) 在肯德基遭遇危机时，其危机公关的反应非常迅速，所实施的各项公关措施环环相扣，且处置得当。可以看出，肯德基打的是一套组合拳。

(2) 由于其在第一时间以不回避问题的积极态度通过媒体公布事件进展，在公众中塑造了"肯德基是一个有信誉和敢于承担责任的企业"的良好形象，在一定程度上减轻了消费者的疑虑和来自媒体的压力，防止了舆论环境的进一步恶化。

(3) 企业高管及时出现在新闻发布会上，以坦诚的姿态向公众介绍事件的过程，并巧妙地将视线从肯德基产品转移到供货商身上，同时积极配合政府部门的调查，给公众造成

了"肯德基也是受害者"的印象。

(4) 肯德基另一巧妙之处是将公众的视线引向对苏丹红的关注，而非肯德基本身，这样无疑也减缓和弱化了针对肯德基自身的不利影响。

从这一事件不难看出，肯德基似乎从一开始就掌握了主动权，肯德基所属的百胜餐饮集团一经发现苏丹红，就积极地面对这一事件，几乎没有任何试图掩盖事实的做法，因为那样只能让他们在媒体和舆论面前完全被动。他们主动采取一系列措施，包括：食品安全检查，与媒体积极地沟通，适时地表明自己"诚信"的经营原则。"肯德基苏丹红事件"不是肯德基的灾难，反而成了他们做广告的绝佳机会，通过这个事件，肯德基利用媒体这一强有力的工具，不仅"宣传"了他们的经营理念，而且非常巧妙地对其食品的安全性做了一番介绍。用"塞翁失马，焉知非福"来形容肯德基再贴切不过了，利用苏丹红事件，肯德基进一步强化了企业的形象。

回顾一下同是食品行业的雀巢，在奶粉事件中的做法，他们先是消极应对媒体和消费者的质疑，而后是积极自辩，将碘含量超标归咎于奶源，在种种为自己开脱的花腔都耍完了，谎言不攻自破的时候，雀巢公司又换了一副嘴脸，他们公开道歉，但是表明"只换不退"。在顾客大量流失以及企业诚信度大大降低后，雀巢终于意识到了自身的问题，但为时已晚，品牌形象一落千丈。

13.4　"雄鹰"政策的原则、计划与实施

13.4.1　"雄鹰"政策的原则

危机沟通中"雄鹰"政策的主要特征是：主动迅速出击；果断承担责任。英国老资格公关学者布莱克(Blake)教授提出，危机沟通须遵循以下原则：立即作出反应；向新闻界提供全部和准确的情况；尽最大可能安抚受害者和他们的家属。

1. 里杰斯特的三 T 原则

英国危机公关专家里杰斯特(Regester)对此提出著名的三 T 原则。

1) 以我为主提供情况(Tell You Own Tale)

如果企业针对媒体的信息沟通渠道超过一个，那么随时有可能因为主渠道之外那些渠道的一个微小的错误而使企业陷入被动。在企业危机发生之后的 24 小时内，媒体的实时监控更容易造成信息泄露，尤其在互联网空前发达的今天，所有信息都有可能在最短的时间内到达任何一个角落。这时企业内部高层领导唯一可做，同时也必须做的一点就是：企业内部所有针对媒体的信息沟通渠道只能保留一个，这个渠道或者是 CEO，或者是指定的新闻发言人，以任命指定的新闻发言人最为恰当。

2) 提供全部情况(Tell It All)

有关企业危机的第一篇报道出炉后 24 小时内，会爆出无数的带有臆想色彩的信息。如果这时的企业领导者比媒体晚一步了解更多的信息或者事实真相，那么媒体危机公关将

非常吃力。但不管企业领导者是否了解得比媒体多，这时作为新闻发言人，他所能做的就是提供其所了解的全部事实，并且必须强调其所确认的事实和观点。不过对于那些暂时还无法回答的猜测和疑问，必须真诚地说："我们暂时还没有确认你说的这些情况是否属实，不过我们会很快调查清楚，并给大家一个准确的答复。"

3) 尽快提供情况(Tell It Fast)

在危机出现后的 24 小时内是应对的最佳时机，也被称为危机处理的"黄金 24 小时"。原因不仅仅因为媒体的猜测会在这段时间里大量涌现，如果拖延，给企业带来的损失将呈几何级数放大。

2. 加拿大 DOW 公司的危机沟通原则

加拿大 DOW 公司制定的危机沟通原则的要点如下。

- 诚实第一，永远诚实。
- 同情心，人道主义。
- 公开化，坦率。
- 日夜工作。
- 有预见性，不被动应付。

3. "雄鹰"政策应遵循的原则

根据上述论述，"雄鹰"政策应遵循以下主要原则。

(1) 坚持诚信。企业的诚信是危机管理的出发点和归宿。企业的诚信是企业的生命，而危机的发生必然会在不同程度上给企业信誉带来损失，甚至造成难以弥补的损失，危及企业的生存。在危机管理的全过程中，企业要努力减少对企业诚信带来的损失，争取公众谅解和信任。

(2) 未雨绸缪的原则。作为企业的领导人要有强烈的危机意识，要有远见，未雨绸缪，在事先制订好危机应急计划，确定和培训处理危机的专职或兼职人员。这是"雄鹰"政策的基础，有了充分的准备，企业才能在危机出现时，有信心、有计划地实施"雄鹰"政策，做好危机沟通工作。

(3) 快速反应的原则。凡是危机基本都是突发性的，而且会很快传播到社会上去，引起新闻媒介和公众的关注。尽管发生危机的组织或企业面临极大的压力，但仍须迅速研究对策，作出反应，使公众了解危机真相和企业采取的各项措施，争取公众的同情，减少危机的损失。

(4) 坦率的原则。通常情况下，任何危机的发生都会使公众产生种种猜测和怀疑，有时新闻媒介也会有扩大事实的报道。因此，危机单位要想取得公众和新闻媒介的信任，必须采取坦率的态度。20 世纪发生在苏联的切尔诺贝利核事故就是因为没有将全部真相公布于众，结果引起整个欧洲的恐慌。

13.4.2 "雄鹰"政策的计划

"雄鹰"政策制订的计划一般按照以下几步进行。

(1) 事前危机调查和危机预测。危机调查中首先要弄清楚组织的类别和特征，其次要列出组织可能发生的各种危机事故。常用的方法有两种：找出在组织的历史上曾经发生过什么危机，因为发生过的事情可能再次发生；找出该组织的同行或类似组织发生过什么危机。

(2) 确定重点沟通对象。这是关键一环，即考虑发生危机后谁会受到影响，然后考虑与这些群体沟通的方案。一般而言，内部员工、受害者亲属、新闻媒介被视为企业危机沟通中不可忽略的沟通对象。

(3) 做好危机管理方案。总的来说，危机管理方案包括：计划、组织、反馈、控制、指挥、目标。对于具体的企业，要针对自己的特点和需求制定出具体的管理方案。

(4) 做好危机沟通方案。危机沟通方案是危机处理的基本依据，其内容可以概括为内部、外部和内外联系渠道三个部分。内部即指企业应当时刻准备在危机发生时，将公众利益置于首位，备好企业的背景材料，并不断根据最新材料予以充实，掌握报道的主动权，以企业为第一信息源，向外界宣布发生了什么、企业正在采取什么措施进行补救。同时，及时成立危机管理小组，统筹规划行动方案，以坦诚的态度面对公众。外部主要是指传媒和公众，危机沟通方案应当制定出怎样与传媒建立良好的关系，怎样在危机中与传媒保持合作的态度，以及公众可能出现的抵触情绪，对公众影响力大的宣传方式等。而内外联系渠道主要是一些具体措施的运用，如危机新闻中心，确保企业内有足够受训人员以应付媒介和其他外部公众的查询等。

(5) 危机沟通训练。如果缺乏危机发生时能够有效进行沟通的员工，那么危机管理沟通的方案、步骤就是形同虚设。

13.4.3 "雄鹰"政策的实施

世事难料，在企业发展过程中，危机常常不期而至，防不胜防，而如何快速有效地化解危机，有效地实施"雄鹰"政策就成为考验企业生存与发展能力的关键，知名企业王老吉无疑是一只很棒的"雄鹰"。

2008 年的"5·12"汶川大地震，王老吉慷慨解囊，为灾区捐款 1 亿元。如此高调献爱，加之行之有效的网络营销，赢得了国人的感动和敬意，王老吉的品牌美誉度和影响力以及销售额随之快速增长。可就在 2009 年的 5 月 11 日，王老吉却被卫生部指认，其饮料中所含的中药成分夏枯草不在允许使用范围之内。在乳业三聚氰胺、蒙牛 OMP 事件后，快速消费品饮料行业中的品牌新贵王老吉面临着致命的考验。

一个企业的优秀，不仅仅体现在日常发展中，更体现在危机处理中。王老吉在此次"夏枯草危机"事件中的表现可圈可点，甚至让我们看到了国际大企业危机处理时表现的风范，值得肯定。

2009 年 4 月 13 日，杭州消费者叶征潮在他的博客上公布王老吉侵犯自己的健康权和知情权，认为自己的胃溃疡是由于饮用王老吉所致。此外，重庆有消费者称饮用王老吉后头晕，也计划起诉王老吉，并声称是为了"全体市民的身体健康而打官司"。

2009 年 5 月 11 日，国家疾控中心营养与食品安全所常务副所长严卫星给红罐王老吉定了性：王老吉中的有些成分和原料，不在食品安全法已经规定的既是食品又是药品的名单之列。这意味着流传了 170 多年的、以王老吉命名的凉茶涉嫌违法添加非食用物质和滥用食品添加剂。至此，王老吉卷入"添加门"风波。

然而，在外界看来，王老吉应该马上站出来作出澄清和解释。可是对于外界的质疑与媒体的曝光，王老吉像什么都没有发生一样，干脆置之不理。其实，正当人们为其为何如此低调失语而百思不得其解时，王老吉的危机公关却在悄然进行。危机之后的第二天，广东食品协会就紧急召开记者招待会，向媒体出示卫生部 2005 年签发的《关于普通食品添加夏枯草有关问题的请示》批复，称王老吉凉茶中含有夏枯草配方是合法的，不存在添加物违规问题。事发仅 4 天，卫生部也发布声明确认王老吉凉茶在 2005 年已备案，并认可夏枯草的安全性。

这份 2005 年的"请示"是否确有此事，我们不得而知。但可以肯定的是，王老吉的危机公关抓住了关键点，可谓一剑封喉。其实，在危机公关方面，王老吉早就积累了丰富的经验。

这已不是王老吉第一次应对类似危机了。早在 2005 年，职业打假人以王老吉配料中含有夏枯草"没有列入国家 110 种药食同源名录"将其告上法庭。事发之后，王老吉管理层迅速出面澄清，并组织中医药专家针对夏枯草问题撰写应诉材料，最终赢得官司。此后，王老吉还牵头粤港澳凉茶企业，由政府出面，成功将凉茶申请列入中国非物质文化保护遗产目录。

危机爆发后，当事者立即站出来辩解，往往会给人以"掩耳盗铃"的感觉，而专业和权威部门出具证明与报告，为其"洗冤"——站在第三方的立场上，往往能令人信服。事实上，这是一些国际知名企业、跨国公司屡试不爽的危机公关之道。如 2006 年的宝洁公司化妆品 SK-II 疑似重金属超标以及 2009 年强生婴幼儿用品被指含有毒物质事件，全是走上层"路线"，根本不去理会外界是如何义愤填膺。

王老吉这次危机公关实践，为现实中的成功危机公关提供了注脚，其表现也成为其他企业的榜样。但是在"雄鹰"政策的实施过程中，还应该注意以下事项：

(1) 面对危机，应考虑到最坏的可能，并及时有条不紊地采取行动。

(2) 在危机发生时，以最快的速度建立"战时"办公室，或危机控制中心，调配经过训练的高级人员，以实施控制和管理危机的计划。

(3) 使新闻办公室不断了解危机管理的进展情况。

(4) 设立热线电话，以应付危机期间外界打来的各种电话。要选择接受过训练的人员来负责热线电话。

(5) 了解企业的公众，倾听他们的意见，并确保企业能了解公众的情绪。

(6) 设法使受危机影响的公众站到企业的一边，并帮助企业解决有关问题。

(7) 邀请公正、权威性的机构来帮助解决危机，以协助保持企业在社会公众中的信任度。与那些受人尊敬、立场公正的机构进行公开的合作，是解决危机的关键。由社团、权威性机构出面讲话，一般给人以公正的感觉，容易得到公众的信任、舆论的同情。美国著

名的饮料公司百事可乐公司曾发生过在罐装百事可乐饮料中发现注射器针头事件。虽然不合逻辑，但媒介报道却让人宁可信其有。百事可乐公司与美国食品与药品管理局密切合作，由该局出面揭穿这是件诈骗案，政府部门主管官员和公司领导人共同出现在电视荧屏上，事实得以澄清。

(8) 时刻准备应付意外情况，随时准备改变企业的计划，不要低估危机的严重性。

(9) 要善于创新，以便更好地解决危机。

(10) 别介意临阵脱逃的人，因为还有更重要的事情要处理。

(11) 把情况传给总部，不要夸大其词。

(12) 危机管理人员要有足够的心理承受能力。

(13) 掌握舆论的主导权，尽力以组织发布的消息为唯一的权威性来源。在危机发生而事故真相尚未查明前，可向媒介提供事件相关的资料来占领舆论阵地。这就是里杰斯特的所谓"填补信息真空的策略"。

(14) 当被问及发生了什么危机时，只有确切了解危机的真正原因后，才对外发布消息。

(15) 不要发布不确切的消息，绝不要用猜测或不真实的信息来填补消息的空白，这会损坏自己的组织，并可能会使公司上法庭。

(16) 宣布召开新闻发布会的时间，以尽可能地减轻公众电话询问的压力，做好新闻发布会的全面准备。

(17) 记住媒介通常的工作时间。如果发生巨大的灾难，企业也许会接到世界各地(不同时区)打来的电话。如果必要的话，新闻办公室 24 小时工作。

(18) 如果媒体的报道与事实不一致的话，应予以坚决回击，邀请公正权威的机构来帮助组织；若遇到威胁中伤的行为，应要求这些反对者撤回并表示道歉。

(19) 建立广泛的消息来源，与记者和当地的舆论媒介保持良好的关系。

(20) 要善于利用和控制危机沟通的效果。

(21) 在危机沟通中，避免使用行话，用简洁明了的语言来说明企业对所发生事情的关注。在雀巢婴儿奶粉危机中，雀巢公司在国际社会开展抵制其产品运动的初期，仅使用没有感情色彩的科学和法律语言来回应公众的批评，结果令公众感到雀巢公司立场僵硬，对存在的问题漠不关心。毫无疑问，公司的沟通工作是失败的。

(22) 确保企业在处理危机时，有一系列对社会负责的行为，以增强社会对企业的信任度。在有人员伤亡的事故中，尤其要突出宣传企业全力以赴抢救伤员和遇险人员的实际行动。

(23) 当危机处理完毕后，吸取教训，并以此教育全体员工。

13.4.4　危机中与新闻媒体沟通的方法

因为大众对危机及企业的了解，几乎全部来自各种新闻媒体的报道，所以，在企业处理危机的过程中，与新闻媒体的沟通居于核心的地位。

作为企业的管理者，处于危机的关键时刻，面对媒体和特定群体的注目，应如何去应对以收到最佳沟通效果呢？首要的一步是应该意识到，管理者有责任利用新闻采访的机会把关于危机的信息公正、准确地传递给公众，以积极的态度去面对大众传媒，把接受采访

看作重建企业信誉的良好机会。常采取的方法如下。

(1) 制定沟通政策。

(2) 预先做准备：取胜的关键。

(3) 与新闻记者建立良好关系。

(4) 妥善应答。

(5) 掌握好时间。

(6) 非语言沟通。

(7) 保持控制。

企业为更好地实现与新闻媒介的有效沟通，须注意三大方面的工作：

(1) 正确认识新闻媒介的运作和需要。

(2) 采取恰当的策略与新闻媒介沟通。

(3) 学会自己写新闻稿。

习　　题

一、思考题

1. 什么是危机沟通中的"雄鹰"政策和"鸵鸟"政策？

2. "雄鹰"政策应遵循哪些原则？

3. "雄鹰"政策制订的计划一般按照哪几步进行？

4. "雄鹰"政策在实施中的关键点是什么？

二、案例分析题

索尼的危机公关

2005年是索尼郁闷的一年，坏消息接连不断，使得索尼公关部门因此而忙于四处"救火"。2005年，闹得沸沸扬扬的"CCD(成像元器件)"事件在8月底终于有了结论，问题出在索尼的CCD设计上。为此，10月底索尼公司不得不公告"保修期外CCD免费维修"。本以为可以消停一段时间的索尼怎么也没有想到，12月还有一道公关难题摆在面前。经曾因揭露雀巢奶粉碘超标而声名显赫的浙江工商局检验，6款索尼数码相机由于自动白平衡失效等问题被判为不合格产品。与前两次相比，此番难度有过之而无不及，因为这次不仅涉及消费者，而且政府部门和媒体也卷进来了。

是谁在给索尼公司频频出公关难题？是政府？是消费者？是媒体？还是索尼自己？也许索尼没有时间理会这些问题，面对袭来的危机，当务之急是如何处理好上面几个相关者之间的关系，从此索尼就展开了和媒体、政府和消费者之间的公关博弈。

索尼公关：寻求博弈均衡点

"这是无稽之谈，我们不可能做出这种没有原则的事。"康先生针对"连夜公关遭媒体拒绝"的报道有些气愤地说。

据有关媒体报道，在发布索尼数码相机不合格的通报之后，许多媒体都收到了索尼"公关"者的电话，电话大致内容是"以大量订阅报纸为条件，要求撤下这条稿件"。此后，浙江省工商局新闻中心的工作人员证实许多媒体的确接到过该类电话。

"对于有些媒体这样报道负面消息，至少说明索尼公司的媒体关系做得很不到位，很少有媒体会违背自己的职业操守和昧着良心去捏造事实，引来不必要的官司和麻烦。"一位国际公关专家如此看待这个问题。当然，不管是否"公关"了媒体，索尼问题相机的事实是存在的，国内的绝大部分媒体都对此做了详细报道。由此，一些消费者和商家也开始重视起来了，开始关注索尼的反应。

和媒体之间博弈的结果有点模糊，但是却可以清晰地看到博弈的均衡点沿着"事态扩大"的方向滑行。和媒体博弈相比更具有实际意义的是和政府、消费者之间的博弈，因为和他们两者的较量可以直接确定索尼的成本和收益，博弈的均衡点在此必然产生。

在浙江工商局公布相机不合格的第二天，索尼在发给媒体的声明中表示，相机检测不合格的原因是测定相机产品的指标存在差异，否认自己产品存在瑕疵，这就是大多数媒体称的第一次回应，也就是和政府博弈的开局。浙江工商局本着严谨的态度对索尼数码相机进行了二次检测，并且同时采用两个检测标准，其中一个为索尼上海分公司的数码相机标准。检验结果是"双标准"判定相机不合格，在检测现场的索尼负责人只好在事实面前签字承认。

在和政府此轮博弈后，索尼向社会发出第一次公告。这次公告的主要内容是承认浙江工商局的检测结论，并且向消费者表示道歉，但是并没有解决消费者关心的实际问题——如何处理存在瑕疵的相机。"显然，索尼公司没有正视问题的严重性，而国内一些商家就已经相当重视，像永乐这样的家电连锁商已经主动撤下索尼这 6 款相机。也许索尼公司想看看消费者的反应。"一位已经购买索尼相机并正在索尼维修站退货的消费者说，"反正当时我就是很着急，天天在网上搜寻索尼信息，看看索尼的态度。"在此期间，腾讯科技公司进行了一项网上调查，短短几天，有超过 15 000 名网友进行投票，82.21% 的网友决定不再购买索尼相机。实际上，在第一次公告之后，消费者在通过其他多种渠道和索尼展开博弈，要求退货的呼声由此也越来越大。

也许是消费者、政府和媒体的压力过大，第三次回应才勉强出台，索尼向社会进行第二次公告。"第二次公告和第一次相比，变化的主要核心是增加了消费者可以退货。"康先生说，"我们发了两次公告，第一次是在 15 号，第二次是在 19 号，严格说第二次只是对第一次进行一些修正而已，没有太大的变化。"

为什么在短短不到一周的时间里，对于一个已经承认的事实要分两次公告？"公告发布主要是根据和有关部门沟通的情况和事态发展的状况而确定。"康先生解释说。但是在问及"当时事态进展情况是什么"，康先生表示，涉及公司一些具体事务，不便说。这里的具体事态的进展就是索尼公司和消费者、政府和媒体的博弈过程，实际也可以反映索尼和各方博弈的心理历程，这段历程是酸是甜只有索尼自己清楚。

第二次公告之后，消费者开始退货了，事态开始日渐平息。从事态平息的表面现象来看，索尼寻求的博弈均衡点可以说已经出现，那就是"给消费者退货"。但这是不是最佳的均衡点，"召回"是否比这点更佳，只有耐心观察事态进展才能得出有说服力的结论。

危机公关的秩序

"无论是从理论上还是从实践来讲，危机公关处理是有严格秩序的，其秩序依次是维护企业品牌形象、控制事态扩散和降低企业损失。"名道公共关系传播研究所所长贺咏光认为，"当危机来临时，首先要维护企业品牌形象，这是涉及企业发展和长远利益的；当能够确保维护企业品牌形象实现时再考虑'控制事态扩散'，在事态扩散性方面并不是扩散面越小就越好，当然也不是事态扩散越大越好，其大小取决于企业的掌控能力和公关策略，例如，强生公司因产品包装问题而召回儿童用药泰诺，实际把事态扩大了，但是在社会上形成正面影响；最后才考虑'降低企业的损失'，这里的损失是指如退货这样的短期损失，实际损害企业品牌形象和事态处理不妥也会造成企业的损失，那是偏中长期的。任何违背这个危机公关顺序的策略将不会是一个很好的策略。"

"从危机公关秩序来看，索尼在这方面显然处理不到位，"贺咏光说，"我们不知道到底是什么原因引起，或许是公关人员不专业，或许是没有高层决策者参与。"

在此，暂且不分析引起的原因，针对索尼公司的公关行动，可以比较清晰地看到索尼公关并没有遵守公关秩序。

危机来临之际，索尼首先考虑到的是把事态缩小，比如试图通过质疑检测标准结束危机，以为"缩小事态"就是本次公关的博弈均衡点。试想一下，如果索尼是把"维护企业品牌形象"放在首位，结果可能大不相同，其公关行动必然是先自行检测，再根据检测结论采取下一步行动。

当结束了对检测标准的争议后，索尼并没有因此而"拨乱反正"，把危机公关的重点提升到维护企业品牌形象上来，而是沿着降低企业损失的路线前行，迟迟不愿意抛出退货的公告，试图降低企业的损失。相反，如果把重点转移到维护企业品牌形象上来，公关行动应该是在第一次公告时就决定退货。"这种违背公关秩序的行动必然导致事态扩大，企业形象受损。"贺咏光说。这句话恰如其分地反映了索尼的现状。

(资料来源：刘小兵. 经济观察报. 2006.04.04)

分析：

(1) 索尼公司在这次事件中应吸取什么教训？

(2) 如果你是索尼公司公关部的负责人，你认为应该在哪些方面改善索尼的公关技巧？

 微课视频

扫一扫获取本章相关微课视频。

| 13-1 鸵鸟和雄鹰政策.mp4 | 13-2 雄鹰政策的原则、计划及实施.mp4 | 13-3 危机中与新闻媒体的沟通方法.mp4 |

第 14 章　跨文化沟通

【学习目标】

- 理解跨文化沟通的含义。
- 了解跨文化沟通的过程。
- 理解跨文化沟通的障碍及其克服。
- 了解东西方文化的差异。
- 掌握跨文化沟通策略。

"森林大王"卢伟光

2005 年 3 月下旬，正值植树节前夕，由联合国森林对话组织、世界自然基金会等主办的 2005 年"国际森林环境论坛"在香港举行，会议重点讨论并力求制定全球森林保护和开发标准。

温州商人、上海安信地板有限公司董事长卢伟光也因其 2004 年在巴西收购森林的大手笔而应邀与会并演讲。他也是唯一在会上发言的中国企业家。

卢伟光做的是木地板生意，与巴西的原始森林早已结下了不解之缘。2004 年 11 月份，国家主席胡锦涛访问巴西，随团访问的企业家包括宝钢集团董事长谢企华、中国建设银行董事长张恩照等，在巴西投资了森林的卢伟光也一同随行。他说："就此次出访而言，企业家队伍中直接获益最大的应该是我。"因为他趁此机会又在巴西境内亚马孙河畔添置了 8.5 万公顷的原始森林。加上此前他在巴西购买的另外 1.5 万公顷原始森林，卢伟光在巴西已经拥有了 10 万公顷原始森林。卢伟光也因此被人们称为"森林大王"。刚刚参加完香港会议回到上海的卢伟光接受了《今日早报》记者的专访。

记者："据说您现在大量的木材是从巴西进口的，是这样吗？"

卢伟光："对，因为从 1994 年到 1998 年巴西木材都是通过台湾地区的贸易商的转口贸易卖给我们。那个时候我们不懂国际贸易，也没去过很多国家，所以台湾贸易商与我交易的过程中，我经常去工厂看我自己订购的产品，检验产品质量好坏。有一包地板里面就有一个胶带纸上面印着巴西供应商的电话号码和传真号码，通过这一点，我也尝试着跟他们联络。"

记者："您是后来跟巴西的供应商一下就联系上，开始跟他们合作了呢，还是也有一段磨合期？"

卢伟光："有一段磨合期。因为巴西人的想法和我们中国人的文化传统相差十分巨大，而且他们对中国的了解很少，也不知道中国人经济条件怎么样，现在能不能吃饱饭。

你说买他们很多地板，很多木材，他们会觉得这么贵的东西，你能买得起吗？我经过和他们多次的交流，向他们介绍中国的情况，中国的经济状况很好，老百姓的生活水平提高很快。而且生活水平提高，最大的体现就是买房子，买房子就要装修。听了我的介绍，他们还是半信半疑。"

记者："为了跟巴西人做成生意，您具体都做了哪些努力？"

卢伟光："2000 年我在北京的新工厂开业的时候，就邀请巴西的供应商来参加我们的开业典礼。把他们请到中国来后，我还带他们去上海浦东，去北京的长城、故宫、天安门参观，让他们对我们的国家、我们的企业有一个更为感性的了解。另外，我们还必须尽量融入他们的文化之中。比如，我现在到巴西去，一到了休闲时间或者节假日，我总会脱去西装，换上衬衫和供应商们一起晒晒太阳，下场和自己的巴西员工们踢几场球。因为在巴西，你必须按照他们的思维方式思考，也必须按照他们的生活方式生活。"

记者："您一直从巴西进口木材，后来怎么想到在那边买森林了？"

卢伟光："我们在巴西的生意发展到一定阶段后，我就觉得应该有自己的原材料基地。森林资源虽然是可再生的，但巴西的森林绝对是稀缺资源。我们现在把森林买下来，对于我们以后的发展来说具有非常重要的战略意义。"

记者："现在我们都知道，您跟巴西人做生意已经很成功了。那您在这整个过程中有没有一些挫折或者失败的经历呢？"

卢伟光："当然有。可以说，我们在巴西有今天的地位，完全是因为 2001 年的一次赔本生意。那年春节前夕，因为市场被普遍看好，很多亚洲商人都增加订货量。但按照传统习俗，绝大部分装修工程在那时候都停工暂歇，没人买货，商家手头的现金一下子窘迫起来。不知道是巧还是不巧，印尼盾暴跌，1 美元本来兑换 8 500 印尼盾，一下子跌到了 1∶13 000。大部分供应商都转向印尼采购，包括和巴西合作多年的中国台湾人。当时我就在犹豫：如果按照原来合同中规定的汇率从巴西订货的话，自然能够赢得巴西人的尊敬和喜爱，今后就能够得到更优惠的价格，但贷款利率加上汇率损失，折合起来要亏损 1 700多万元人民币，几乎是当时一整年的利润；可是如果毁约的话，自己这 3 年在巴西辛苦经营的渠道和信用都要毁于一旦。"

记者："这样的决定一定非常困难。"

卢伟光："是啊，当时我只知道未来两三年中国的房地产业必然还会发展，我有机会把这笔钱赚回来。至于这笔损失需要多久才能赚回，能否全部赚回，我却没有十足的把握。但最终我还是把钱打到对方账户上。就像森林里的树木一样，一年长一个轮，所有的事物也都有周期。这是该做的事，不得不亏的钱。整个中国的房地产业正处于高速发展期，今后两三年只要保持增长，这个成本我承担得起。"

记者："那现在您回想起当初的决定，有一种怎样的感触呢？"

卢伟光："现在回想起来还算幸运，因为当年绝大部分经销商都宁愿选择毁约，以避免这笔损失。而我，不仅仅给供应商带去了资金，也确立了自己在巴西良好的名声，其他供应商也都倾向于给我供货。"

(资料来源：今日早报. 2005.03.30.)

从卢伟光成就"森林大王"梦想的历程不难看出，商务往来中多元文化的交融起着多么重要的作用。事实上，随着跨国公司和合资企业的繁荣，经济生活中的跨文化沟通已成为必要。有效的跨文化沟通是跨国公司管理的出发点，因为在跨国公司中，管理者和员工面对的是不同文化背景、语言、价值观、心态和行为的合作者，管理是在异文化之间的沟通和交流的基础上进行的。因为涉及语言、习俗、历史等文化差异和文化理解等问题，跨文化沟通难度更大，技巧性更强。沟通不当轻则造成沟通无效、闹笑话，重则造成误解或关系恶化。因此，无论是国际商务管理者还是其他员工，都必须了解跨国公司中文化的多样性，冲突产生的背景，加强自身学习，掌握跨文化沟通技能，有效处理由文化差异所导致的冲突。

14.1　全球商务与跨文化沟通

出口无论是对于企业经营的成功，还是对整个国家经济发展都是必不可少的。许多公司，甚至是从事服务业的公司，都离不开在其他国家的销售商或业务机构。这些国际机构花更多的时间与客户交流，致力于创新。

14.1.1　全球化与职业环境

根据《商业周刊》的报道，全球已有三分之二的行业处在全球化经营阶段或正向这一阶段迈进，利润的增长来自总部所在国家之外的地区。如麦当劳在 100 多个国家经营，其在美国之外的地区的收入超过总收入的 60%，诺基亚 98%的销售额来自其母公司所在地芬兰之外的国家和地区。3M 公司 61%的销售业务是面向国际市场的。

在我国"一带一路"倡议下，越来越多的中国企业走出国门，他们探索企业的跨文化管理，用文化建立不同国家相互沟通的桥梁。有的企业在政府的支持下，通过开展与沿线国家的文化交流与合作，通过和谐共处促进相互信任和融合。

对于管理者而言，国际沟通经历对于他们的职业生涯发展常常极为重要。内维尔·艾斯戴尔(Neville Isdell)，之所以能成为可口可乐公司的首席执行官，是因为他曾成功地使可口可乐公司打入印度、东欧及其他一些国家。有了这些经验以后，艾斯戴尔开始经营采用欧式瓶罐装的可口可乐饮料。道格·利普(Doug Lipp)因对日语的偏爱开创了他成功的职业生涯。利普在上大学时学了日语，在迪士尼实习期间，凭借他的日语技能参与开办了东京迪士尼乐园。之后，他担任了迪士尼更高层的工作，而目前已拥有了自己的企业。西门子是德国的一家工程与电子公司，高层管理者绝大部分由德国人担任，对于海外业务，则聘用本地人员管理(比如，美国经理负责美国的业务)，于是，英语也就成为公司的标准工作用语。

爱默森电器公司副总裁罗波特·斯塔利(Robert Stanley)说："如果你想在 20 年后成为本公司的管理者，最好现在获得一些在亚洲工作的经验。"随着中国的崛起，越来越多的国家及跨国企业都看好中国市场。为了满足日后跨国公司在中国发展的需要，许多国家特别是欧洲的政府、企业及高等院校设立奖学金、减免学费招收中国学生，以便为企业今后向海外拓展做好人才储备工作，为企业的多元文化管理奠定基础。事实上，通晓两国语言和文化的留学归国人员在国内的企业、高校等都非常受青睐。显然，具有跨文化沟通技能的人才现在越来越受到关注。

14.1.2　跨文化沟通的含义与模型

跨文化沟通是指跨文化组织中拥有不同文化背景的人们之间的信息、知识和情感的互相传递、交流和理解过程。

跨文化沟通中的文化并不是有关人类社会的宽泛意义上的文化概念，而是指由某一群体的人们发展、共享并代代相传的行为方式，即某一组织特有的行为特征。其文化要素涵盖了认识体系、规范体系、社会关系和社会组织、物质产品、语言和非语言符号。

当信息的发送者和接收者不属于同一文化单元时，就需要进行跨文化沟通。在跨文化沟通过程中，一种文化单元中经过编码的信息，包括语言、手势和表情等，还需要在另一种特定文化单元中经过解码和破译，方可被对方接收、感知和理解。在跨文化沟通的解码过程中，原文化信息的含义会被异文化所修改、曲解、删节或增加，会导致编码者和解码者所指的含义和行为上的差异。跨文化沟通专家萨姆瓦(Samovar)曾提出了一个跨文化沟通模型(见图14-1)。他用A、B、C表示三种不同的文化，其中A和B是较为相近的文化，C和A、B有较大的差距，图形和图形间距离的远近表示文化之间差距的大小。

在每一图形内部，各有一个与外部图形相似但稍有不同的小图形，萨姆瓦用它来表示受该文化影响的个体。图形的变异说明：文化只是影响个体成长的一部分因素，还有其他因素在起作用；文化对不同个体的影响具有差异性。

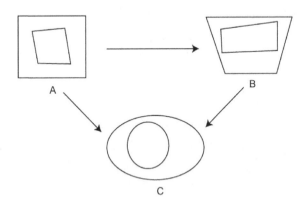

图 14-1　跨文化沟通模型

沟通的发生用箭头表示。从一种文化发出的信息带有编码者所要表达的意图。当一个信息被编码时，它带有原文化的特点；当编码的信息到达另一个文化单元时，它的解码受到该文化的影响。与原信息相比，重新被编码的信息受到了文化的影响和修改，在含义上已经发生一定的变化。

不同文化差异的大小，对编码的难易、信息改变程度都有影响。例如，信息在 A 文化、B 文化之间发生的变化比 C 文化与 A、B 文化之间的变化要小，这是因为 A 文化与 B 文化之间有较多的相似之处，而 C 文化与 A、B 文化之间则有较大的差异。

14.2　缺乏跨文化沟通能力的表现

跨文化沟通能力就是能够与来自不同文化背景的人们进行有效交流的能力，在不同文化背景中工作就像在自己的国家工作一样，具有超越本民族文化的能力。沟通能力包括了解自己和理解对方的能力、激励他人的能力、说服能力、号召力和团队精神。在国际商务交流中，仅仅懂得外语是不够的，还要了解不同文化之间的差异，接受与自己不同的价值观和行为规范。缺乏跨文化沟通能力具体表现在以下几方面。

(1) 过于保守。由于消极地看待和惧怕文化冲突的影响，管理者往往排斥新思想、新创意，按照呆板的规章制度控制企业的运行。在这样的公司中，无论是在管理理念上，还是在管理风格和方法上，来自不同文化背景的管理者之间总存在不可逾越的鸿沟，外方管理者与当地员工之间关系紧张、缺乏和谐，因而，员工对工作没有热情且缺乏积极性，直接影响到企业各项计划和措施的实施以及组织目标的实现。

(2) 信息闭塞。由于上述不和谐的存在，组织成员之间的距离会越来越大，致使组织中的正式沟通中断，上情无法下达，下情无法上传，更不用说共同分享知识和信息了。结果管理者无法获得必要、有益的信息或了解事件真相，导致决策错误。

(3) 非理性反应。管理者如果消极地看待文化冲突的影响，就会作出非理性的反应，如感情用事，固执己见，拒绝采纳合理化建议等。这些会引起员工的抵触情绪，甚至非理性行为，结果是误会和矛盾加深，对立与冲突更加激烈。

(4) 怨恨心理。一旦冲突发生之后，如果不能及时有效地得到处理和解决，那么，冲突导致的负面影响会给冲突双方今后的交往带来阴影，导致组织中人际关系的长期不和谐。甚至，如果有些组织成员对某件事、某个人耿耿于怀，那么他们对于群体，乃至组织都会具有一定的威胁性或破坏性。

下面是一个忽略跨文化沟通管理导致巨额损失的案例：

技术标准在国际工程中是一项非常重要的内容，它决定了工程材料的采购、施工方案的确定、验收标准以及工程造价等。目前，中国企业采用的是国标(GB)或行业标准。其他国家除了自己国家的规范外，有的使用美标、英标、欧标、南非标准，甚至有的规定采用上述两种以上的规范。

由我国企业承包建设的东南亚某国燃煤电站项目，该项目规定其电站锅炉的现场传接检验必须遵循美国的 ASME 标准，但中方公司在投标阶段未提出偏差，在执行阶段又忽略要求，自行决定在检测中应用中国标准，被业主发现后勒令停工整改。最后导致中国承包商工期违约并遭受罚款。

14.3　跨文化沟通的障碍

一方面，全球化趋势创造了新的沟通方式、手段和机会；另一方面，国家、民族、文化差异又使组织在全球化进程中遇到了来自内部和外部的沟通障碍。

1. 组织内部的沟通障碍

在内部管理上，不同的价值观、不同的生活目标和行为规范将导致管理成本增大。比如，由于组织目标的整合与实施难度的提升从而导致组织管理环节增多，具体表现为员工结构改变及组织层次和部门增多，这就为有效沟通增添了障碍。

(1) 员工结构的改变增加了沟通的难度。劳动力结构在民族、国籍方面趋于多样化，有些跨国集团和合资公司中有来自数个国家的员工，他们在语言、行为方式、生活方式、价值观念甚至非语言表达方式等方面都存在差异，这些差异是多元文化冲突的主要根源，在员工之间、员工与管理者之间筑起了一道沟通的屏障。

(2) 组织层次和部门的冗杂，导致信息丢失。一些大型跨国公司，因规模庞大，所以组织层级数目繁多，信息在传递过程中被过滤的可能性增大。由于每个层级都对信息进行过滤，所以所传递的信息的失真度也随之增大。

2. 组织外部的沟通障碍

在外部经营上，由于语言、习惯、价值观等文化差异，使得经营环境更趋复杂，从而加大市场运行的难度。组织的外部沟通障碍主要包括：信息多元化、社会文化多元化、组织外部沟通对象多元化。

(1) 信息多元化。由于信息的来源是全球范围的，所以对信息的正确解码的难度就大为增加。有时同一信息在不同国家的含义可能不一致；有时信息来源使信息的准确性和真实性不够等。

(2) 社会文化多元化。主要指社会活动的各个方面都打上了跨文化的烙印，人们的需求、对产品和服务的偏好等，都不同程度地受到全球化进程的影响。组织必须充分考虑国家经济水平、社会传统、信仰、价值观等特性，以确定自己的市场战略、管理风格等。

(3) 组织外部沟通对象多元化。组织外部沟通的对象包括有关机构、部门、群体或个体。由于经济全球化的进程不断深入，相互依赖程度也日趋增加，各组织之间存在着千丝万缕的联系，因而为多元文化之间的碰撞、跨文化沟通障碍的形成提供了更多的机会。能否与其他组织进行良好的沟通是企业生存和发展的重要条件。

14.4　影响跨文化沟通的因素

影响跨文化沟通的因素是多方面的，概括起来主要有以下几个方面。

1. 感知

感知与文化有着密切的联系。一方面，人们对外部刺激的反应，对外部环境的倾向

性、宽容度和接受度，是由其所代表的文化决定的；另一方面，感知的结果又会对人们所代表的文化的发展及其跨文化沟通实践产生影响。

2. 偏见和成见

偏见是建立在有限的或不正确的信息来源基础上的，在跨文化沟通中不容易避免。从客观上来说，偏见具有简化认识过程的作用，但实际上这是一种懒惰的方法，它忽略或不花力气去处理大量活生生的语言和非语言信息，只抱着虚幻的、不一定是事实的想法去套用现实，以逃避由于茫然失措带来的焦虑、不安和紧张。事实上，偏见会直接或间接地影响跨文化沟通。

3. 种族中心主义

种族中心主义是人们作为某一特定文化中的成员所表现出来的优越感，它以自身的文化价值观和标准作为至高无上的衡量尺度去解释和评判其他文化环境中的群体。

4. 语言

语言文字是人们交流、传递信息和思想的产物，也是人们进行沟通的工具。语言有着丰富的文化内涵及其特殊的文化背景。比如，英语中有这样一个句子"When you are down，you are not necessarily out."，许多英语初学者不懂其意思，原因是不了解这句话的文化背景。这原来是一句拳击术语。在拳击中拳击手若被对手击倒，裁判数到 10 还未能起身则被判输，但在许多情况下，裁判还没数到 10 时，倒地的拳手就起身继续战斗了。因此这句话的字面意思是："当你被人击倒时，并不意味着你就输了这场比赛。"它的寓意是：当你遭遇困难时，未必就丧失了成功的机会。

5. 翻译

对于翻译者来说，翻译任何体裁或题材的内容都是有一定难度的。因为翻译者不仅应该熟谙与母语国家相关的政治、经济、历史和文化等知识，同时还要深刻了解与外语国家相关的文化和知识。另一种语言所包含的文化信息有时难以被察觉，有时即便为翻译者所理解，但也会苦于在本民族语言中找不到对应物而无法正确译出，因此会导致文化信息丢失。当然，如果翻译者的能力和水平有限，那么误解和尴尬也就不可避免了。

6. 非语言因素

非语言沟通是通过形体、表情、空间、时间等非语言方式进行的沟通，但不同民族、不同国家对非语言沟通的方式存在较大差异。非语言沟通在生活和工作中随处可见，微笑、皱眉、开会时的座次、办公室的大小、让来访客人等候的时间长短等，这些非语言内容传达出高兴或愤怒、友善或距离感、权势或地位等信息。诠释这些非语言交际的含义，人们几乎都是下意识地体会和揣摩，就像时时刻刻在呼吸一样。

7. 价值观

在跨文化沟通中，由于拥有不同文化背景的沟通双方在价值观上的迥然不同，会给相

互之间的交流增加难度，有时往往会使看似简单的问题变得复杂化。如果沟通双方就某一问题的看法和想法涉及必须坚持或必须反对的价值观时，冲突就会凸现，其沟通破裂的可能性就会增大；如果沟通双方所涉及的问题其价值观的兼容性较大，那么双方有效沟通的范围就会扩大。东西方文化在价值观上的差异突出表现为以下几点。

(1) 在年龄观念上，东方尊重长者，而西方重视青年。

(2) 在个人观念上，东方主张"无我"，从众心理严重；而西方强调"自我"，竞争欲望强烈。

(3) 在成就观念上，东方侧重守业，表现出集体精神；而西方追求创业，个人利益为先。

8. 思维方式

思维方式是指一个人的思维习惯或思维程序。人们在自己的文化氛围中形成了具有各自特色的看待问题和认识问题的习惯方式。比如，中国人通常朋友碰面都会客气地问："吃饭了没？"其实这只是中国人打招呼的一句客套话，就如同"你好！"一样，但是西方人听到了却以为是要请他吃饭呢。

9. 文化休克

文化休克是指在跨文化沟通中，人们由于失去了自己熟悉的社会交流信号或符号，对于对方的符号不熟悉而产生的深度焦虑症。在美国，人们崇尚竞争，从教室到运动场，到董事会会议室，处处讲竞争，其经济体制也建立在自由企业的基础之上。但世界上还有许多文化崇尚合作，人们不容易接受美国式的竞争。例如，在纽约，一个美国人可能对一个外国移民说："你的妻子很漂亮，可惜你养不起她！既然如此，那你就把她让给我吧，因为我爱她，我可以给她更好的生活。"碰到这种事，外国移民真会产生"文化休克"。

14.5 东西方文化的差异

归根到底，上述诸多影响跨文化沟通的因素主要源于东西方文化的差异，因此有必要了解下列主要的具体差异。

1. 世界观的不同

西方文化是建立在古希腊文明的传统之上的，而亚洲地区如印度、日本、中国、韩国等国以及其他东南亚国家的传统文化深受东方宗教和哲学思想的影响，如佛教、印度教、儒教、道教、神学等都对其产生了深远的影响。

2. 宇宙观的不同

文化存在最基本的方式是，或以清晰明了的方式，或以隐喻暗指的方式表达出自然与宇宙的关系以及自然与人类的关系。东西方传统文化视角的分歧点正是源于这个基本的假设或前提。以中国为代表的东方文化的本质是天人合一，西方文化的主要特征是天人分离。

3. 思维方式的不同

西方文化建立在古希腊文明的传统之上，西方文化在思维方式上以亚里士多德的逻辑和分析思维为特征；而以中国为代表的东方文化则建立在深受儒教和道教影响的东方传统之上，在思维方式上以辩证和整体思维为主要特征。西方文化重分析；东方文化重综合。

4. 学习目的的不同

东方文化根据直觉判断事物，强调感觉、感知潜藏于所有事物之下并互相联系。东方文化一直致力于对心理过程的追求，追求整体的、知觉的、美学的连续统一。东方文化认为学习的目的在于陶冶心灵，在精神上提升自身，从而与自然、世界相融合，而学习的最终目的是超越现实。而西方文化则是根据宇宙的二元化理论学习知识、认识世界，强调理性地追求知识。西方人学习的目的是要以理性的眼光看世界，从而改变世界。

5. 时间观的不同

传统的东方时间观认为，时间是一种自然节奏，这种自然节奏与人类行为相和谐。而传统的西方时间观则认为，时间是一种钟或者机器的节奏，这是一种固定节奏的时间观念，人类的行为应当遵循这种固定节奏。

6. 沟通方式的不同

上述东西方文化在世界观、宇宙观、思维方式、学习目的以及时间观等方面的差异和个体因素上的独特性，势必给东西方跨文化沟通方式带来影响，主要表现在语言和非语言的运用及展示上。

东方人的人际交流方式是微妙的、含蓄的、非语言的、感性的，他们那些充满隐喻的含蓄性的语言往往涵盖了深层次的含义，需要进行反复思考或推敲才能真正领悟。而西方人在语言沟通中更倾向于采用直接明了、富有逻辑性的表述。例如，东方人总是避免直接否定他人，东方人保持沉默代表的是不同意，而在西方人看来这是默许的意思；东方人总是很谦虚，不轻易接受表扬，而有时在西方人看来这是虚伪的表现。

14.6　跨文化沟通的策略

对东西方文化差异的比较进一步使我们认识到，要克服并消除跨文化沟通的障碍，首先必须了解文化差异、正确认识文化差异，并在此基础上认同文化差异，从而达到融合文化差异的目的。

1. 了解文化差异

在跨文化沟通中，交流双方不仅需要明确各自文化的特点，更要通过各种途径了解对方国家包括政治、经济、文化、历史、社会性质、语言特点、生活方式、风俗习惯、地理位置等诸多方面的情况，然后加以比较，以明确在不同的文化中什么是可以做的，什么是禁忌的。只有这样，才能比较客观地、深层次地了解文化差异，从而避免不必要的误解和

冲突。要做到这一点，沟通双方都必须练好内功，在了解自己文化的基础上，通过学习和训练提高自己对文化差异的敏感度和认知度。

2. 认同文化差异

跨文化沟通中产生失误和冲突的根源主要是交流双方没有取得文化认同。文化认同是人类对于文化的倾向共识与认可，是人类对自然认知的升华，是支配人类行为的思想准则和价值取向。在跨文化组织中文化认同是相互的，人们需要这种相互的文化认同，以便跨越文化交流中的重重障碍，促进相互的信息、知识、技术共享与合作。文化认同的益处在于：它一方面可以促进以多元文化为特征的跨国公司中不同文化之间的顺利沟通，促进组织内部的和谐与团结，提升组织的凝聚力和竞争力；另一方面又可以确保多元文化的共存，从而提高员工的文化满足感。人们都会觉得自己的文化是最好、最文明的和最优秀的，其他文化都不如自己的文化好，这就是所谓"文化优越感"。而培养接受、尊重和认同文化差异的意识，是拓展跨文化沟通视野的良好开端。文化认同原则可以被认为是指导跨文化沟通的基本原则。

3. 融合文化差异

文化融合所强调的是对多种文化的扬弃。其结果是形成一种综合了多种文化精华的新文化，这与文化认同中保留多种文化的共同存在是不同的。融合文化差异是了解文化差异和认同文化差异的最终目的所在，因此，从解决跨文化沟通障碍的效果看，文化融合是所有对策中最为有效的一种。

我们应该通过学习掌握跨文化理论和知识，善于从文化差异中发现精华部分，将两种或多种不同文化有机地融合在一起。这样，在与来自不同文化背景的人们交往的过程中，就会在意识上正视、珍视文化差异，在态度上尊重文化差异，在行为上正确表现自己，从而避免文化差异所造成的误会和不信任感，建立良好的跨文化工作关系，达到在新型的文化环境中游刃有余。

14.7　跨文化沟通的技巧

了解文化差异、认同文化差异和融合文化差异是进行有效跨文化沟通的根本所在。跨文化沟通中的文化感知、文化认同和文化融合是一个系统工程，在具体实施中需要各方面协调运作，方能见效。然而，要真正达到跨文化沟通的有效性，则取决于跨文化沟通的技巧。基于对一些跨国公司的跟踪研究，以下建议可供参考。

(1) 树立共同价值观，形成跨文化沟通的认同感。跨文化沟通必须找到切入点和共同点，代表时代趋向的先进文化和本地文化的有机结合，必然极具感召力，使企业员工乃至当地消费者形成认同感。这往往取决于跨国公司的经营发展战略、商业准则，也体现了企业文化的品位和境界。

(2) 推行竞争性人事管理体制，形成跨文化沟通的压力感。不同文化间存在一定的差异，在企业内部这种文化差异必然表现为不同人事管理体制的冲突。要形成跨文化的沟通

融合，必须通过组织结构的变革、人事的调整、劳动力资源的优化组合、绩效评价机制来实现。推行竞争性人事管理体制，企业员工会在新旧两种人事体制的冲突中感受到切身的危机和非常的压力。相对先进有效的人事管理新体制、适时配套的体制变革程序、合理适度的冲突压力，将会迅速地促进员工对新的企业文化的认可，跳跃式地促进企业跨文化的沟通融合。

(3) 严格规章制度，形成跨文化沟通的强制力。跨文化沟通不仅要注重宣传，而且还要有必要的制度保障，以防止变成空洞的说教。建立和完善各种制度，尤其是建立严格的奖惩制度，对于塑造和实践企业文化具有强制的保障作用。这是企业管理的自身要求，更是跨文化间沟通融合的特定背景下的客观要求。通过严格执行企业规章制度，在强制性地整合文化差异的过程中，实现跨文化的沟通融合。

(4) 重视员工培训，形成跨文化沟通的引导力。企业文化建设应以人为本，要培养员工自觉献身于企业的责任意识、价值观和道德规范，并使之为广大员工所认同和接受，形成一种内化的动力机制，从而使广大员工以主人翁的积极姿态出现在自己的企业里，使企业的目标变为全体员工的共同目标，员工们就会把企业的事当作自己的事，竭尽全力地参与企业的生产经营活动，把自己的聪明才智无私地奉献出来。这种人格化的企业行为已不再是一种带有强制性的行动，而是员工自我价值不断追求和不断实现的过程，企业也就获得了强大的内聚力和创新能力。

(5) 辅以娱乐交谊活动，形成跨文化沟通的亲和力。中西方文化的差异是客观存在的，这种差异的淡化必须建立在互相理解、尊重传统的基础之上。如果不经过经常性的文化交流和思想沟通，这种差异带来的文化冲突是难以消除的。企业内部的文化交流，如各种宣传活动、信息发布交流活动、文体活动、节日聚会等，都有助于加强企业员工之间的沟通，有利于疏导员工的内心冲突，应尽可能地鼓励所有员工积极参与这些活动。

综上所述，跨国公司内由于多元文化及其差异的存在，必然会产生冲突，要缓和这种冲突，实施有效的跨文化沟通是重要的途径。在进行跨文化沟通时，最重要的是寻求本土员工的认同感，最大限度地实现多元文化的融合。在企业中，实现多元文化融合的努力就是新型的企业文化的建设过程，企业文化的建设并不排斥员工各自原有的不同文化，而是要求员工在保持自己原有文化的同时，积极融入具有共识的企业文化。除了涉及管理沟通中的一般沟通技巧外，跨文化沟通技巧还应特别强调积累经验的重要性。

14.8　一些国家和地区的文化特点

百里不同风，千里不同俗。不同的国家有不同的民俗，即便在同一个国家，不同的地区之间也存在一些风俗差异。因此在涉及跨文化沟通时，掌握这些小知识是非常重要的。

14.8.1　美国的文化特点

一般而言，美国人在日常生活中不讲俗套，见到陌生人习惯于打招呼，但那不一定是想与之做朋友。碰到认识的朋友时，你要热情主动地问候对方。别人问候你时，也要大方地回应对方，表示关心和礼貌。说话时语气诚恳、态度大方，当别人问候你时，回答尽量简洁。在参加社交时应该注意：通常向地位较高者介绍地位较低者，向女士介绍男士，向年长者介绍年轻者时，介绍后握手须简短有力，以表示真挚。应该指出，如果对方是女士，要等对方先伸手，以免失礼。

赴约要准时，但是需要注意，如果是社交场合，不是公事，早到是不礼貌的。因为女主人要做准备，你去早了，她还没有准备好，会使她难为情。最好晚到 10 分钟。如果你是去饭店赴宴，也以晚到几分钟为宜。如果你比主人先到，则会令人难堪。如果遇到特殊情况无法按时赴约，一定要打个电话告知和解释，千万不要让人傻等。

美国人比较好客，时常会对朋友说"随时来找我"，有些邀约是相当诚恳的，但是你可不要真的"随时"上门拜访，登门拜访前一定要事先电话预约。如果接到印有"R.S.V.P."缩写的邀约函，无论去与否你都应该打个电话告诉对方。如果请柬上印有 Regrets only，这是告诉你：当你不能应邀出席时才需回复。如果应邀参加家庭聚会，别忘了带上一瓶酒或一束鲜花，或一些具有中国风情的小礼物。当然，你在应邀出席聚会前，可以直接询问主人需要捎上什么礼物。应该指出，无论你有多忙，宴会结束后不久别忘了给主人寄上一张致谢卡或感谢信。如果当晚留宿在主人家，应该将致谢卡或感谢信寄给女主人。

餐桌礼节：在用中餐或西餐时，礼仪差异很大。比如，在用西餐时，餐巾是用来拭嘴的，不可以用来擦手或餐具。如果调料(盐、胡椒)瓶离你比较远，可以请隔座代劳递送，但不可伸手跨过邻位去取。刀叉放置的方式很有讲究，如果你还在用餐，刀叉应暂时斜放在盘的边缘，这表示你尚在用餐之中；如果你将刀叉完全放在盘中，则表示你用餐完毕。

在重要场合应该注重着装礼仪，通常请柬上会有着装要求的提示。如果不清楚服装的要求，可以侧面问一下其他参加者。请柬上有些字如 casual，表示休闲，但是并不意味着你就可以穿着十分休闲，如果写有 semiforreal 表示半正式场合，但是建议你最好还是打领带。另外，如果你是着西装，记住西装外套通常只扣上扣，或者都不扣，切忌全扣。如果着西装背心，背心最下面的一粒纽扣通常是不扣的。如果你着深色西装，则应配黑色皮鞋和深色袜子，千万不要穿黑鞋配白袜。女士出席正式场合以着裙装及高跟鞋为宜。

此外，美国人比较注重个人的隐私权，在工作时间内或在公司里，不会和同事谈自己的个人事情，也不喜欢别人打听自己的私事。

14.8.2　英国的文化特点

英国人善于体谅对方、理解别人，做事总是力求尽善尽美，不希望留下坏印象，绅士风度到处可见。

英国人初次见面时，以握手为礼，不像东欧人那样常常拥抱。随便拍打客人被视为非礼。英国人注重穿着，只要出家门，就要西装革履。他们常常以貌取人，所以特别要注意外表仪容。

英国人待人十分客气，讲话时"谢谢""请"常常不离口，因此，和英国人讲话也要客气礼貌，不论职位高低，都要以礼相待。请人办事要客气委婉，不要使用命令的口吻。

英国人尊重妇女的社会风气十分浓厚，如走路相遇、乘电梯、乘公共汽车等男士都要谦让，让女士优先。在宴会上，首先应该给女宾或女主人斟酒。在街上同行，男士应走外侧，以保护妇女免受伤害。如果丈夫偕妻子参加社交活动时，应先将妻子介绍给贵宾。

在英国商务礼仪中，衣着讲究，好讲派头，出席宴会或晚会时，习惯穿黑色礼服，衣着要笔挺。英国人时间观念比较强，如果要拜会某人，首先要预约。赴约时应该准时，最好提前几分钟到达。

英国是个多民族国家，各民族都习惯于遵循自己的传统，所以不要只是用 English 来表示"英国的"。如遇到两位英国人，他们分别来自苏格兰和威尔士，如果你称他们是"英国人"，那么，他们会告诉你，自己是苏格兰人或威尔士人。

在英国不习惯于邀对方早餐时谈生意。通常，他们的午餐比较简单，对晚餐比较重视，视为正餐。一般重大宴请活动多在晚上进行。应该记住，在正式宴会上，通常严禁吸烟。进餐吸烟，被视为不礼貌。

到英国人家里做客，最好带点价值较低的礼品，如鲜花、巧克力、葡萄酒，或是具有我国民族特色的工艺品，他们会感到很高兴。他们不大欣赏带有客人公司标记的纪念品。赠送礼品切忌太贵重，以免有行贿之嫌。服饰、香皂之类的物品也不宜作为礼物送人，这样似乎太涉及个人的私生活。送花不要送菊花，在英国甚至在欧洲其他国家，菊花只用于万圣节或葬礼。也不宜送百合花，在英国白色的百合花象征死亡。其他的花都可送人，如果怕出现尴尬的情况，在买花时可以先询问一下花店服务员。

在接受礼品时，英国人习惯于当着客人的面打开礼品，无论礼品价值如何，或是否有用，都会给予热情的赞扬表示谢意。

在公务活动中，通常忌谈个人私事、家事、婚丧、年龄、职业、收入、宗教等问题。英国人认为 13 是个不吉祥的数字，在交往中应尽量避免 13。特别是在用餐时，忌讳 13 人同桌。如果 13 日又恰逢星期五，则被认为双重的不吉利。在英国，车辆是靠左行驶，上街走路时要格外注意交通安全。

在英国的习俗中有许多节假日，例如 6 月的第一个周末是银行春假(圣灵降临)节；8 月最后一个周末是银行暑假节。因此商务活动宜安排在 2～6 月或 9 月中旬至 11 月。圣诞节(12 月 25 日)和复活节(从 3 月 21 日后第一个满月算起后面的第一个星期日)的节日气氛最浓，在这两个节日的前后两周最好不要安排公务访问。

14.8.3　德国的文化特点

德国人在社交场合上举止庄重，讲究风度。你很少会见到他们表现出漫不经心的样子，因为在他们的意识中，这些漫不经心的动作被认为是对客人的不尊重，是缺乏教养的表现。

德国人注重礼节。在社交场合与客人见面时，一般行握手礼。与熟人朋友和亲人相见时，会拥抱亲吻。与客人交往时，习惯于对方称呼他们的头衔，但他们注重实事求是，不喜欢听恭维话。

德国人态度严谨，注重细节，对工作严肃认真，一丝不苟。在工作场合不可以开玩

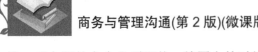

笑，对上司的命令必须服从。德国人的时间观念也很强，一旦约定时间，迟到或过早抵达都被视为缺乏礼貌。德国人具有很强烈的民族优越感，做事认真务实。在商务谈判中你有时可能会觉得对方很固执，然而，只要是双方认同的条款，他们会不折不扣地去执行。

德国人有严格遵守交通规则的习惯，不随便停车，更不会闯红灯。在车站里，甚至在列车上，大多有专门的吸烟区域，喜欢吸烟的朋友在德国作公务旅游时要特别注意，不要在禁烟区域吸烟。

14.8.4 法国的文化特点

与英国人以及德国人相比，法国人在待人接物上有自己独特的表现，主要有以下特点。

法国人爱好社交。对于法国人来说社交是生活中的一个重要部分，没有社交活动的生活就像没有色彩的世界。

法国人诙谐幽默，天性浪漫，在人际交往中他们大都表现得爽朗热情，喜欢高谈阔论，善于开玩笑，不喜欢不苟言笑的人，看到愁眉苦脸的人会觉得胃疼。法国人善于冒险、追求浪漫的形象已是举世公认。

渴求自由，纪律性较差是法国人的另一个特点。"自由、平等、博爱"是写进法国宪法的国家箴言。他们追求自由的意识十分强烈，喜欢自由地独来独往。和法国人约会需要事先约定，并且准时赴约。如果他们来迟了，不要感到特别的惊讶。

法国人比较傲慢，自尊心很强。法国人拥有极强的民族自豪感，在法国人眼里，世界上的一切都是法国最棒。走在街上你想找一个会说英语的法国人似乎有点难，当你和法国人交谈时，如果能讲几句法语，对方一定热情有加。

法国的时装、艺术以及美食是世人有口皆碑的。法国非常讲究服饰礼仪，在正式场合，法国人通常要穿西装、套裙或连衣裙，颜色多为蓝色、灰色或黑色，质地则多为纯毛。

在餐饮礼仪方面，值得一提的是，法国人一般用餐时不将两肘支在桌子上，不将刀叉直接放在餐桌上，而只是放一半，另一半则放在碟子上。

如果想给法国人送花，注意不要随意送上菊花、牡丹花、玫瑰花、杜鹃花、水仙花和纸花等。和英国人一样，法国人也忌讳 13 这个数字和星期五。

法国人对礼物比较挑剔，他们对具有艺术品位和纪念意义的物品情有独钟，而对于那些带有明显的广告标志以及刀、剑、剪、餐具之类的物品却不屑一顾。男士不宜向一般关系的女士赠送香水。接受礼物时，礼貌的做法是当着送礼者的面打开包装。

14.8.5 意大利的文化特点

一般而言，意大利人的时间观念不是很强，无论是赴约还是开会，可能经常会迟到，不要在意。倘若你被邀请到意大利人家里做客，不必早到，稍晚一点为宜。

如果想给意大利人送花的话，不要送黄雏菊，因为那表示哀悼。与意大利人握手时，避免交叉握手，因为那被视为不吉利。握手的时间不宜过长，摆动的幅度不宜过大。

意大利人喜欢当着送礼人的面打开礼物以示喜欢和谢意，如果在打开礼物的同时再加

一句"这正是我想要的!",对方会非常高兴。

给意大利人送礼时,千万不要送手帕,因为那被视为不吉利。但是,丝巾会很受欢迎。意大利人也把 13 日和星期五视为不吉利的日子,因此,应避免在那天邀请意大利人赴宴。意大利人不喜欢把雨伞撑开后放在房间或客厅。

14.8.6　澳大利亚的文化特点

在澳大利亚,人们初次见面时喜欢热情握手,访问结束时也得如此。澳大利亚人非常注重礼貌修养,谈话通常温文尔雅、轻声细语。澳大利亚人的时间观念特别强,有准时赴约的良好习惯。

总之,虽然人们有不同的文化背景,但是,无论是与哪里的人们交流,只要我们在跨文化沟通之前准备充分,不被我们自己的文化所局限,努力培养跨文化沟通技巧与能力,以适应这个多元文化不断发展的世界,就会有助于我们更好地迎接跨文化沟通的挑战。

习　题

一、思考题

1. 跨文化沟通的意义是什么?
2. 缺乏跨文化沟通能力有哪些表现?
3. 跨文化沟通模型说明了什么?
4. 跨文化沟通障碍的因素有哪些?
5. 有效跨文化沟通的策略是什么?
6. 如何提升自己的跨文化沟通技能?
7. 试比较你所熟悉的不同地域或不同国家的人,他们有哪些独特的文化和习惯?
8. 试述不同地域或国家的文化习惯对跨文化沟通的影响。

二、案例分析题

迪士尼在中国的营销之路

运营之初,香港迪士尼公园的经营令人失望。迪士尼的管理层急切地想弄清原因并实施变革。

对许多美国人来说,一提到迪士尼乐园,就会让他们想到这个坐落在能实现孩子们梦想的充满欢乐和神奇的土地上的灰姑娘城堡。经过多年的宣传和不断推出新的娱乐产品,迪士尼乐园已成为美国家庭娱乐的象征。然而,正如迪士尼公司官员所发现的那样,并非人人都认同这些文化意识。

在香港迪士尼公园开业仅仅 6 个月之后,迪士尼官员就开始苦苦思索新公园游客稀少的原因。他们向中国旅行机构寻找答案,从事旅游预订业务的旅行社非常直接地表达了他们的看法。其中一些旅行社相信,迪士尼官员并没有认真去了解当地市场和中国文化。

根据旅游业的反馈信息以及对其他市场的调查,迪士尼制订了新的广告计划。独创的

广告展示了迪士尼公园的鸟瞰图；全新的电视广告强调以人为本，展示的是游客参观各景点的场景。新的印刷广告强调了三代同游迪士尼这一主题，向人们展示了迪士尼是一个能够消除代沟、让所有家庭幸福快乐的乐园。

迪士尼公司还想方设法让游客在公园里能够过得更加舒服。过去，园内景点提供三种不同语言的服务，结果游客们都被引导到了最近的游园路线——通常是为讲英语的游客所提供的。现在，园内有三种标志分别清楚地标出在哪条路线上该用哪种语言与游客沟通。园内还大量使用中文导游、中文阅读材料以及中文字幕，这些都有助于游客理解并尽情享受各种巡演和各个景点。除此之外，在用餐区还设有加座，因为中国人的用餐时间比美国人要长。迪士尼一直希望这种改进能够为香港迪士尼吸引到更多的游客。

分析：

(1) 为什么香港迪士尼在运营之初的经营令人失望？

(2) 你认为香港迪士尼采取的改进措施会有成效吗，为什么？

(3) 如果在上海开一家迪士尼，它应该与香港迪士尼所提供的服务相同还是不同，为什么？

三、综合研究课题

"一带一路"沿线国家众多，请选择其中一个国家，研究其文化特点，并就与这个国家的跨文化沟通提出建议。

东亚：蒙古国

东盟10国：新加坡、马来西亚、印度尼西亚、缅甸、泰国、老挝、柬埔寨、越南、文莱、菲律宾

西亚及相邻16国：伊朗、伊拉克、土耳其、叙利亚、约旦、黎巴嫩、以色列、阿富汗、沙特阿拉伯、阿曼、阿联酋、卡塔尔、科威特、巴林、希腊、塞浦路斯

南亚7国：印度、巴基斯坦、孟加拉、斯里兰卡、马尔代夫、尼泊尔、不丹

中亚5国：哈萨克斯坦、乌兹别克斯坦、土库曼斯坦、塔吉克斯坦、吉尔吉斯斯坦

原独联体7国：俄罗斯、乌克兰、白俄罗斯、格鲁吉亚、阿塞拜疆、亚美尼亚、摩尔多瓦

中东欧16国：波兰、立陶宛、爱沙尼亚、拉脱维亚、捷克、斯洛伐克、匈牙利、斯洛文尼亚、克罗地亚、波黑、黑山、塞尔维亚、罗马尼亚、保加利亚、马其顿、阿尔巴尼亚

 微课视频

扫一扫获取本章相关微课视频。

14-1 跨文化沟通的含义和模型.mp4

14-2 影响跨文化沟通的因素.mp4

14-3 跨文化沟通的策略.mp4

参 考 文 献

[1] 基蒂·O. 洛克. 商务与管理沟通[M]. 10 版. 北京：机械工业出版社，2013.

[2] 詹姆斯·S. 奥罗克. 管理沟通——以案例分析为视角[M]. 4 版. 北京：中国人民大学出版社，2011.

[3] 斯蒂芬·P. 罗宾斯. 管理学[M]. 13 版. 北京：中国人民大学出版社，2017.

[4] 康青. 管理沟通[M]. 4 版. 北京：中国人民大学出版社，2015.

[5] 查尔斯·贝克. 管理沟通——理论与实践的交融[M]. 北京：中国人民大学出版社，2003.

[6] 苏珊娜·杰纳兹等，组织中的人际沟通技巧[M]. 3 版. 北京：中国人民大学出版社，2011.

[7] 王朝晖. 跨文化管理原理与实务[M]. 北京：北京大学出版社，2014.

[8] 杜慕群. 管理沟通[M]. 3 版. 北京：清华大学出版社，2018.

[9] 魏江. 管理沟通——成功管理的基石[M]. 4 版. 北京：机械工业出版社，2018.

[10] 郭朝阳. 冲突管理：寻找矛盾的正面效应[M]. 广州：广东经济出版社，2000.

[11] 胡巍. 管理沟通：案例 101[M]. 济南：山东人民出版社，2005.

[12] 芭芭拉·格兰兹. 高效沟通的 399 条黄金法则[M]. 哈尔滨：哈尔滨出版社，2005.

[13] 彼得·德鲁克. 卓有成效的管理者[M]. 北京：机械工业出版社，2005.

[14] 陈晓萍. 跨文化管理[M]. 北京：清华大学出版社，2005.

[15] Sigband and Bell Communication for Managers[M]. 6th Ed South-Western Publishing, 1994.

[16] Linda. Intercultural communication in the global workplace[M]. 4th Ed. Dongbei University of Finance & Economics Press, 2009.